Ócio estético valioso

SERVIÇO SOCIAL DO COMÉRCIO
Administração Regional no Estado de São Paulo

Presidente do Conselho Regional
Abram Szajman
Diretor Regional
Danilo Santos de Miranda

Conselho Editorial
Ivan Giannini
Joel Naimayer Padula
Luiz Deoclécio Massaro Galina
Sérgio José Battistelli

Edições Sesc São Paulo
Gerente Marcos Lepiscopo
Gerente adjunta Isabel M. M. Alexandre
Coordenação editorial Cristianne Lameirinha, Clívia Ramiro, Francis Manzoni
Produção editorial Bruno Salerno Rodrigues
Coordenação gráfica Katia Verissimo
Produção gráfica Fabio Pinotti
Coordenação de comunicação Bruna Zarnoviec Daniel

María Luisa Amigo
Fernández de Arroyabe

Ócio estético valioso

TRADUÇÃO Rubia Goldoni

Título original: *Ocio estético valioso*
© María Luisa Amigo Fernández de Arroyabe, 2014
© Edições Sesc São Paulo, 2018
Primeira publicação em espanhol pelo Instituto de
Estudos de Ócio da Universidade de Deusto, Espanha.
Todos os direitos reservados

Tradução Rubia Goldoni
Preparação Tatiane Godoy
Revisão Renata Carreto, Fátima Couto
Projeto gráfico de miolo e diagramação Flávia Castanheira
Capa Rebeca Gomes
Fotografia de capa Isabel Alexandre

Dados Internacionais de Catalogação na Publicação (CIP)

Am530   Amigo Fernández de Arroyabe, Maria Luisa
        Ócio estético valioso / Maria Luisa Amigo Fernández
        de Arroyabe. Tradução de Rubia Goldoni.
        São Paulo: Edições Sesc São Paulo, 2018.
           288 p.
           Bibliografia
           ISBN 978-85-9493-107-8

        1. Teoria do Ócio. 2. Ócio estético. 3. Ócio estético valioso.
        4. Ócio criativo. I. Título. II. Goldoni, Rubia.

                                            CDD 306.4812

Edições Sesc São Paulo
Rua Cantagalo, 74 – 13º/14º andar
03319-000 – São Paulo SP Brasil
Tel. 55 11 2227-6500
edicoes@edicoes.sescsp.org.br
sescsp.org.br/edicoes
❐❐❐❐ /edicoes   sp

Para Manuel.

Ache belo tudo o que puder.
VINCENT VAN GOGH

Nota à edição brasileira

A partir da estética e de sua relação com a teoria do ócio, este livro analisa o impacto da fruição artística nos momentos de descanso como importante elemento para o desenvolvimento humano. Sem delimitar as linguagens mais apropriadas a esse usufruto, a autora aproxima-se da música, da literatura, da pintura e da escultura para expor sua tese.

Em contraponto à cultura do consumo, valor basilar da sociedade ocidental contemporânea, as experiências de ócio estético valioso proporcionam o contato direto com a arte e, consequentemente, o desfrute da beleza, sem que seja necessário pagar por isso. Além disso, estimulam a liberdade individual e a sensibilidade.

A arte constitui um saber sobre a condição humana, distinguindo-se de outros modos de conhecimento. As experiências de ócio estético têm destacado caráter relacional, envolvendo diretamente a crítica implícita à arte em face de um empenho ativo do público para compreendê-la. Daí seu caráter libertário não apenas como práxis mas, sobretudo, como instrumento político transformador.

Por conseguinte, a proximidade do conceito de "ócio estético valioso" das atividades promovidas pelo Sesc São Paulo motiva a publicação deste livro.

15   PRÓLOGO

25   CAPÍTULO 1

Experiências de ócio estético

- **28**   Exemplos de experiências de ócio estético
- **39**   Primazia da experiência nos dois âmbitos disciplinares
- **46**   A beleza como horizonte de ócio estético
- **71**   Os fenômenos de ócio estético aqui estudados
- **100**   Predomínio do estético na esfera social e a experiência de ócio estético

109   CAPÍTULO 2

Compreensão das experiências de ócio estético

- **114**   Caráter temporal das experiências de ócio estético
- **123**   Caráter temporal das experiências e sua ressonância na consciência
- **128**   Traços que caracterizam a experiência de ócio estético
- **169**   Dimensão ética: a transformação do receptor

175	**CAPÍTULO 3**

Valores da experiência de ócio estético

182	Valores da experiência criativa de ócio estético
200	Valores da experiência recriadora de ócio estético
227	Valores da experiência de ócio estético na compreensão da realidade: inteligência
243	Valores da experiência de ócio estético na compreensão dos outros seres humanos: consciência

267	**REFLEXÃO FINAL**

273	Bibliografia
287	Sobre a autora

PRÓLOGO

Já faz alguns anos que estou convicta de que a arte nos oferece um âmbito imenso de fruição. Nós nos deleitamos com os poemas que escolhemos, com o concerto que ouvimos, com a montagem de uma peça de teatro, ou com o quadro que atrai nosso olhar no museu. Este livro é uma tentativa de compreender essas experiências e de torná-las transmissíveis. Tive a sorte de poder desenvolver minha pesquisa no Instituto de Estudos de Ócio da Universidade de Deusto. A docência no doutorado foi meu primeiro estímulo para ir depurando uma teoria sobre o vínculo entre o ócio e a estética. Posteriormente, entrei para os programas de formação continuada. A partir daí, me animei a direcionar o tema do ócio estético para essa experiência, tentando fazer os alunos participarem de sua potencialidade valiosa. Desse modo, o instituto me permitiu, por um lado, articular a teoria e o esforço de compreensão, e, por outro, me colocou o desafio de transmiti-lo, de tentar formar outras pessoas em benefício dessas experiências.

Um momento essencial nessa trajetória se deu durante o processo de preparação e realização do programa Fruir as Artes [Disfrutar las Artes]. Os idealizadores do projeto e nós, os professores, temos muito interesse em focá-lo na experiência de fruição das artes. Queremos transmitir essa ideia-chave: o ócio é um espaço privilegiado para falar da fruição da arte. Assim nasceu o programa, e ele se mantém com a seguinte intenção: tornar realidade essa experiência satisfatória, privilegiando a promoção da experiência prazerosa, por meio da educação estética e do conhecimento. Essa aposta não significa recusar a compreensão da arte, nem esquecer sua dimensão intelectual; ao contrário, ela aponta para um saber sobre a arte no sentido etimológico, como degustação ou gosto, que é, no fim das contas, o horizonte próprio do estético.

Este livro é fruto dessa dupla trajetória a que me referi e tenta se aproximar de sua compreensão a partir da estética e da teoria do ócio. Ambas as disciplinas oferecem vetores-chave para desdobrar sua riqueza e apontar os traços que caracterizam a experiência. Esta obra foi pensada para as aulas de "Chaves estéticas para fruir as artes", um módulo do programa Fruir as Artes, cujo objetivo é favorecer experiências de ócio estético satisfatórias, aumentando o interesse pela arte e privilegiando o prazer de olhar, de escutar, de nos abrir às obras. Mas não só. Tive a intenção de colocar, ao alcance dos alunos, poemas, narrativas, obras de artes plásticas ou de música que lhes permitam apreciar as artes quando lerem tranquilamente esses textos, fora da sala de aula. Essa orientação traz consigo um diálogo implícito com os estudantes que, muitas vezes, se explicita. Gostaria que a obra também fosse útil aos alunos de doutorado que elaboram teses no âmbito do ócio estético.

Estou convencida de que, quando nos abrimos para uma obra de arte, a acolhemos em nossa intimidade e participamos dela, essa obra vive, ganha vida, se recria graças a nós. Assim se produz a experiência de ócio estético, como um encontro valioso. É nela que vamos deter nossa atenção, tentando fomentar sua qualidade. Com a intenção de deslindar as experiências valiosas, incorporei o conceito de "valor" ao título do livro. Utilizo o termo em um duplo sentido. *Ócio estético valioso* aponta para as experiências profundas, ricas, valiosas, que se distinguem de outras que a sociedade de consumo nos oferece com tanta profusão. Sem nenhuma pretensão, diria que ante a banalidade e a trivialidade que às vezes nos rodeiam, temos as grandes obras de arte. Elas estão aí para as tornarmos nossas, para fruí-las e, assim, nos enriquecer. Mas isso requer nossa decisão e nossa participação. De modo que "valiosas" alude à qualidade da experiência e também a sua potencialidade, porque humanizam, quer dizer, favorecem o desenvolvimento humano, valorizando a sensibilidade, a inteligência e a consciência.

Adoraria não perder nunca o nível experiencial, que é o que nos faz emocionar e vibrar com as obras. É nesse contexto que trato de dar razões e certas explicações que esclareçam, que ajudem a compreender.

Como disse antes, este texto tem uma intenção pedagógica, de educação de ócio estético, correspondente ao módulo "Chaves estéticas para fruir as artes". Não entendo o termo "chave" no sentido de abertura de um mundo hermético, como se lêssemos um código cifrado. Não, com esse termo me refiro aos conceitos que vão nos ajudar e às razões que nos iluminam.

Gosto de falar de artes no plural. Não miro apenas as artes plásticas, como parece conotar a palavra no singular. Levarei em conta a música e a literatura, a pintura, a arquitetura, a escultura. Quer dizer, o campo tradicional das artes. Sem dúvida, não vou tratar de todas com a mesma intensidade, e alerto que vou privilegiar a literatura e, especialmente, a poesia.

A seleção de obras que apresento neste livro é muito pessoal. Como toda escolha, é limitada e não pretende esgotar as expectativas que podemos ter da arte. Devo reconhecer que minha seleção é emocional. Escolhi aquelas que, para mim, têm uma importância particular, que despertaram minha emoção. Este livro é também um lugar de comunicação, em que comento aquilo de que gosto, o que me interessa, me importa e me impele a procurar o porquê. Os textos, as imagens e a lembrança de algumas obras musicais que apresento convidam a nos voltar para nós mesmos, a escutar as ressonâncias que as obras despertam em nosso íntimo. Esse conceito, que Kandinsky avivou no século xx, explica bem a experiência íntima, espiritual da arte. Algumas vezes essas vivências são como um clarão que responde ao nosso desejo de busca. Quando se produzem, o deleite é imenso; quase diríamos que nos ultrapassa, e adquirimos a consciência de que estamos vivendo uma experiência rica. Reconhecemos, nessas ocasiões, a genialidade dos artistas que as criaram, que foram capazes de gerá-las em formas transmissíveis, graças às quais podemos apreciá-las, recriá-las. Valorizamos e admiramos os artistas por terem encontrado a palavra, a forma, a imagem. Com isso não quero dizer que vamos destacar experiências extraordinárias. Esse não é meu objetivo; pelo contrário, minha proposta é a fruição dessas experiências no contexto de nossa vida cotidiana. É essa familiaridade que desejo estimular em minhas aulas.

No campo das experiências de ócio estético o subjetivo é uma faceta valiosa e um aspecto essencial da experiência. Não estamos em um horizonte científico, em que é preciso chegar a descobertas além dos gostos pessoais, em espaços interpessoais e universais. O valor do pessoal reafirma que acolhemos as obras de maneira diferente porque somos diferentes, porque temos expectativas diferentes e porque elas nos afetam de maneiras diversas. O encontro com as obras é sempre um espaço de diálogo – que se dá com a própria obra, com seu criador e com o ser humano – que todos compartilhamos, mas, ao mesmo tempo, a experiência é pessoal, porque a leitura é a nossa. Nesse sentido, a experiência de ócio estético nos abre um horizonte que cabe a cada um descobrir.

Podemos nos aproximar da arte por diversos motivos: por interesse econômico, para conhecer uma época ou por outras razões. Neste livro privilegiei outra orientação, afinada com a filosofia do Instituto de Estudos de Ócio. Trata-se da fruição e, ao mesmo tempo, do desenvolvimento pessoal. Nesse marco de experiências satisfatórias que potencializam nosso desenvolvimento, me interesso, especialmente, pela arte como exploração do eu, como espaço de conhecimento de nós mesmos, dos sentimentos e inquietações que compartilhamos com os outros. Incluo esta reflexão no âmbito do ócio estético. Mas, antes de tudo, quero fazer uma observação: não vamos falar de arte porque está na moda ou porque temos museus, ou infraestruturas culturais magníficas, como é o caso de Bilbao. Nosso interesse vai mais além. A arte é expressão de um mundo, de uma riqueza interior, da visão de uma pessoa que foi capaz de expressá-la. É mais uma maneira de compreender a nós mesmos e a sociedade. É obra de uma pessoa e, ao mesmo tempo, a transcende, mostrando as marcas da sociedade em que está inserida. Portanto, reduzi-la a um olhar superficial ou conjuntural revela uma grande pobreza. Isso não quer dizer que cada experiência tenha que se aprofundar nela, tentando descobrir todas as facetas possíveis, como se fosse uma pesquisa. Tento evitar um olhar redutor e favorecer um olhar aberto, rico em possibilidades. Partindo desse contexto, adianto que meu interesse não é a história, nem os estilos, nem as filiações de um autor a outro, e sim a capacidade da arte para mostrar a alma humana, suas inquietações e seus problemas, suas dificuldades de se relacionar com os outros e seu enraizamento na sociedade, suas emoções, suas compaixões e suas perguntas sobre o mundo. Daí, também, a riqueza potencial que avalia o valor dessas experiências que cada pessoa deve realizar.

Podemos nos perguntar como é possível favorecer essa experiência se sabemos que é pessoal e que requer, inevitavelmente, a ação decidida de cada pessoa. Creio que podemos facilitá-la por meio das obras, considerando-as esteticamente e indicando um caminho para alcançar a experiência valiosa. O que isso quer dizer? Quer dizer que nosso olhar e nosso ouvido terão essa atitude de partida. Não olharemos uma cadeira de Gaudí, por exemplo, como um utensílio, um móvel, mas, sim, como um objeto estético. Vamos partir do seguinte pressuposto: todas as pessoas têm experiências estéticas. Uma criança se deleita com as cores, com os sons, com o brilho. Ela não foi educada esteticamente, nem tem consciência de que se deleita e, muito menos, de que se deleita esteticamente. Mas é uma resposta inata diante da realidade. Isso significa que nas diferentes idades temos diversas vivências e, na medida em que nos habituamos mais ao encontro com as artes, incrementamos as possibilidades de experiências prazerosas. Sempre o faremos de uma maneira pessoal, embora muitos fatores convirjam para ela, tais como a educação, a familiaridade com as obras de arte ou nosso temperamento.

Poderia parecer um pouco pretensioso pensar que vamos ensinar a fruir quando isso é algo que todos sabemos. E em parte é verdade. Mas trata-se de aproveitar essa base natural para educá-la, para lhe dar mais oportunidades, como quando um amigo recomenda um livro que você não conhece. Creio que essa é uma ideia-chave da educação estética. Ela nos tira de nossa individualidade e nos apresenta um horizonte que implica os outros. Informa-nos sobre o que os outros veem, sobre o que os outros pensam e nos ajuda a nos abrir, a nos situar em outro nível. O que os outros pensam não é o que nós pensamos, mas nos situa em outro espaço, pode nos abrir perspectivas. Assim, embora os juízos estéticos sejam subjetivos, eles projetam um horizonte de intersubjetividade e nos dão uma riqueza maior.

Este livro se destina a responder a uma pergunta: a experiência de ócio estético é valiosa? Sou tentada a respondê-la rapidamente e de forma afirmativa. Estou acostumada a ouvir as experiências dos alunos em seus encontros com a arte e, em especial, as de quem participa do programa

Fruir as Artes. Isso me coloca em uma relação diária com a literatura, a música, as artes plásticas... e favorece essa resposta intuitiva. No entanto, como assinalei antes, nestas páginas me proponho a apresentar argumentos que tornem claro o valor dessas experiências, por isso começarei sem pressupor nada, perguntando, em primeiro lugar, de quais experiências falamos. Vou fazê-lo com textos de artistas e autores que procurei e selecionei ao longo desses anos. Poetas, pintores, músicos, escritores, ensaístas, filósofos e pesquisadores do ócio foram o núcleo central de minha reflexão. O caminho seguido foi a busca, a análise e a tentativa de estruturar um pensamento coerente sobre o ócio estético, ressaltando suas experiências valiosas. O que é uma experiência de ócio estético? Em que consiste? Quais são suas principais características? Essa experiência é valiosa? Em que condições? *Ócio estético valioso* tenta responder a essas perguntas, relacionando a teoria do ócio e a estética, em uma aproximação conceitual. Com o apoio constante de obras de arte, analisa a especificidade da experiência do ócio estético, suas características essenciais e os valores do ponto de vista criativo e recriador.

Dedicarei o primeiro capítulo a mirar nessas experiências com diversos exemplos que as mostrem claramente. No segundo capítulo, a proposta é buscar sua compreensão. Como podemos compreender essas experiências que vivemos cotidianamente? Como capturar em traços, em características-chave, a riqueza experimentada? A compreensão faz parte de nossa tarefa docente de facilitar a comunicação e favorecer sua fruição. Sabemos que nos situamos em outro nível, reflexivo, teórico e, como tal, fundamental para transitar por um modelo que seja fiel à realidade. O terceiro capítulo tem como foco o valor dessas experiências, tentando mostrar por que as obras criadas são valiosas e que valores ajudam a ampliar nos receptores que as acolhem ativamente, participando delas. A experiência recreativa de ócio estético pode ser muito valiosa para a formação de nossa mente, a compreensão da realidade e dos outros seres humanos. Depende de nós que as experiências sejam realmente valiosas; de nosso esforço, de nossa autenticidade na própria experiência e de ampliarmos nossa capacidade de recriação.

As experiências valiosas às quais me referirei terão como centro, fundamentalmente, a arte. Não é meu propósito limitá-las a esse âmbito, mas a riqueza que nos oferece faz com que meu foco de atenção seja esse. Espero que tanto os alunos como os leitores possam apreciá-las, auxiliados por algumas pautas de conhecimento e uma aproximação da reflexão teórica.

Creio que as experiências de ócio estético nos proporcionam momentos prazerosos, por vezes de grande emoção. Mas, além disso, nos ajudam a ir além de nós mesmos, nos levam a nos interrogar sobre nossa própria condição humana e a compartilhar com as outras pessoas aspirações, ideais e preocupações de nossa existência. Assim, com a experiência das artes também nos realizamos como pessoas. Meu desejo é que este livro ajude nessa tarefa.

CAPÍTULO 1

Experiências de ócio estético

> *No decorrer dos anos tenho observado que a beleza, como a felicidade, é frequente. Não há um dia em que não estejamos, por um instante, no paraíso.*
>
> Jorge Luis Borges[1]

Quem nunca se deleitou ouvindo uma música, lendo um poema ou contemplando um quadro? Borges afirma que esse paraíso é frequente. Minha proposta é voltar a um desses momentos, recuperá-lo, torná-lo presente e pensar sobre essa experiência. Proponho-me a trazer aqui textos de artistas. Não que eles tenham uma experiência privilegiada. Não, faço isso, simplesmente, porque é mais fácil encontrar entre os artistas em geral, e particularmente entre os escritores, exemplos que ilustrem essas experiências. Nossa primeira tarefa será descobrir essas vivências, prestar atenção nelas para observar sua riqueza. Focalizarei essas experiências no âmbito do ócio. Nós as chamamos de experiências de ócio estético e tentamos deslindá-las de outras, circunscritas a outros espaços.

---

[1] *Obras completas*, Madrid: Círculo de Lectores, 1993, p. 365. [Trad. Josely Vianna Baptista, *Poesia*, São Paulo: Companhia das Letras, 2009.]

Exemplos de experiências de ócio estético

No Museu Guggenheim tivemos a oportunidade de viver uma experiência bastante original de ócio estético: a *Green aria, una ópera de aromas*, de Stewart Matthew. A obra é composta de música e de perfumes que, com uma luz apropriada, provocam no espectador sensações olfativas e auditivas. Nas poltronas da sala são instalados dispensadores de essências para facilitar a recepção das fragrâncias. Trata-se de uma encenação experimental, em que os protagonistas são os perfumes. A Terra, o Aço Brilhante e o Metal Verde assumem o papel de personagens singulares, que se fundem com composições musicais e outros sons. A tecnologia e a criatividade possibilitam uma experiência estética original, multissensorial, que tenta integrar o olfato e a audição, prescindindo do mundo audiovisual. Não há canto, não há libreto, mas uma estrutura na qual os perfumes apresentam, encenam a obra em quatro movimentos. Nós, espectadores, nos sentíamos arrebatados por um mundo estético pouco frequente na arte: as fragrâncias. Um mundo de associações e correspondências – sinestesias baudelairianas – se abria para cada um de nós naquele contexto de luzes, sons e perfumes combinados ao longo de trinta minutos.

Achei muito curioso, depois disso, encontrar um belo texto do poeta mexicano Amado Nervo, intitulado "La música luminosa: la luz que canta", em que ele relata uma experiência sensorial, de certo modo semelhante à *Ópera de aromas*. No texto ele mostra o impacto estético de um órgão óptico na Exposição Universal de 1900, em Paris, e reflete sobre a união entre estética e tecnologia, produzindo novas experiências estéticas:

Quem quer que tenha comparecido à Exposição Universal de 1900, em Paris, não terá esquecido, sem dúvida, as maravilhas contidas nesse palácio de sonho, erguido no campo de Marte, e que se chama Palácio da Óptica.

Havia neste palácio, de caprichosa arquitetura, inúmeras salas, nas quais o viajante via a optilografia luminosa, os aparelhos criados para a telegrafia luminosa [...]. Mas quem viu isso e muitas outras coisas mais, que não digo para não tornar essa lista interminável, não terá esquecido, com certeza, nem poderá esquecer jamais, o órgão óptico da Sala Franklin, que proporcionava, para pasmo dos olhos, audições mais coloridas de divino efeito.

A audição colorida, dizem os chamados "decadentes", é o privilégio de um reduzido número de pessoas excitáveis em grau heroico, as quais, com isso todos hão de convir, jamais chegaram a um acordo com respeito à cor que corresponde a um determinado som.

Como cada cor e cada som – dizem esses suprassensíveis artistas modernos – se devem a vibrações de número conhecido, é cientificamente possível estabelecer uma gama de cores cujos intervalos correspondam – mais ou menos – aos da gama musical, e, portanto, também é possível "pôr em cores" um número musical.

O órgão óptico a que me refiro, e que encantou a todos os apaixonados pelo insólito que foram ao Palácio da Óptica, realizava essa audição colorida.

Cada tecla do teclado, ao ser tocada, acendia, por meio de um interceptor de mercúrio e de um fio condutor, cinco lâmpadas incandescentes da mesma cor. Vinte matizes bem graduados, segundo a regra enunciada pelo sr. Charles Henry, compreendendo o espectro inteiro, iluminavam-se sucessivamente, e o brilho deles se prolongava durante todo o tempo em que o dedo se mantinha sobre a tecla correspondente, apertando-a. Havia cinco fileiras de vinte lâmpadas, e nenhuma feira, daquelas que encantavam nossos sonhos infantis, podia comparar-se àquela música visível que dançava em mil matizes ante nossos olhos no escorregador encantado.

Segundo aqueles que estudaram essas coisas, os sons graves, de grande amplitude de onda, correspondem aos vermelhos e aos alaranjados; os sons agudos fisicamente correspondem aos azuis e roxos; e como, além disso, a série das cores é de forma cíclica, o violeta, por exemplo, aproxima-se do vermelho, e o aparelho de que falei podia funcionar deste modo ao contrário, quer dizer, podia associar os vermelhos aos sons agudos e os violetas aos sons relativamente mais graves.

Construído o mágico instrumento, alguém se perguntou se a melodia colorida poderia diminuir o prestígio da melodia musical, ou, ao contrário, aumentar seu efeito; se esta ou aquela tinha mais poder estético, observando-se que está provado que os sons não funcionam da mesma forma que as cores, já que as cores de grande amplitude de onda excitam mais a sensibilidade visual que os violetas; os sons agudos mais que os graves, e que, do ponto de vista fisiológico, os vermelhos correspondem aos sons agudos.

Não serei eu quem tentará resolver o problema; só direi que, unidas do modo que eu disse, a cor e a música eram algo não pressentido, algo divino que teria feito um rei Luís da Baviera ou um conde Robert de Montesquieu mergulharem em êxtase. [...]

De minha parte, o que posso dizer é que nunca me aproximei tanto dessa misteriosa fronteira onde termina a realidade e começa o sonho.[2]

Ler a última frase, que reflete a experiência do escritor, afastada do debate científico empenhado em analisar a relação da longitude de onda dos sons e as cores, nos tranquiliza. Amado Nervo privilegia a experiência estética do fenômeno que teve a oportunidade de ver. Um século depois do experimento comentado por Nervo, a experiência estética *tende a colorir a totalidade das experiências*, e todas as formas de vida devem se apresentar com a marca da beleza. É o que afirma o ensaísta francês Y. Michaud[3]. O professor destaca a primazia da dimensão estética em nossa sociedade que *pôs os óculos da estética*. Não é difícil observar fenômenos que o confirmem, a simples vista de qualquer um de nós. O predomínio do estético se manifesta na gastronomia, na transformação das cidades e no cuidado dos centros históricos, ou em outros lugares mais tradicionais, como a jardinagem ou o urbanismo. Não deixa de ser significativo, nesse sentido, que R. Buergel, curador da 12ª Documenta de Kassel (2007), tenha convidado o *chef* Ferran Adriá para esse evento máximo da arte, que acontece a cada cinco anos. O especialista em arte comentou que a

---

[2] Amado Nervo, *Obras completas,* Madrid: Aguilar, 1951, I, pp.1436-7.
[3] Yves Michaud, *El arte en estado gaseoso,* México: Fondo de Cultura Económica, 2007.

comida tem a ver não só com a satisfação de uma necessidade humana, mas também com o prazer e a percepção sensorial.

Além disso, o consumo converge para essa virada estética e põe a nosso alcance uma forma de vestir apropriada para cada atividade. Se, por exemplo, observamos o esporte, reconhecemos facilmente que há roupas desenhadas para todos os âmbitos esportivos. É equivocado pensar que nessa oferta só conta a função. O atrativo estético desempenha um papel importante. O consumo está canalizado na publicidade, onde a primazia do estético salta aos olhos. Certa vez, pude observar esse fenômeno, de forma mais sutil e refinada, em um almoço que se seguiu a uma defesa de tese de doutorado. Ao terminar a refeição, compartilhada com outros professores, fomos convidados a experimentar esteticamente. Tratava-se de provar uma bebida que ofereciam sob o lema "a plenitude dos sentidos". O que mais chamou minha atenção foi que nos propuseram captar os odores concentrados em alguns frascos de essências. Éramos solicitados a reconhecer os aromas condensados e identificá-los, depois, ao degustar a bebida. Um mundo refinado preparado para a visão, o paladar e o olfato.

Uma experiência musical em Manhattan

Antonio Muñoz Molina escreveu um livro reunindo experiências e fragmentos de sua vida em Nova York. O título da obra é *Ventanas de Manhattan* [Janelas de Manhattan]. Em uma de suas páginas o escritor descreve a experiência estética de assistir a um concerto, o *Réquiem alemão*, de Brahms, em meio ao tráfego e ao barulho da cidade. O concerto acontece no auditório do Avery Fisher Hall e é transmitido em um telão na rua:

> Nas passagens mais tranquilas, a música se mistura aos ruídos da cidade, aos motores e às buzinas dos carros, às sirenes onipresentes da polícia e dos bombeiros. Mas quando o volume do réquiem aumenta gradualmente, quando o coro se dispõe a proclamar que toda carne é pasto e que os dias do homem sobre a terra não são nada, precedido pelo *crescendo* dos tímpanos e das cordas, acompanhado pelos sopros que, pouco depois,

invocarão os trompetes da ressurreição dos mortos, a música retumba na esplanada e no pórtico do Lincoln Center, onde eu e muitos espectadores nos refugiamos da chuva, ressoa nas paredes escalonadas de tijolo e nas fachadas verticais de vidro, abafando os ruídos do tráfico, arrastando-os como uma inundação que leva consigo tudo o que encontra no caminho e o transforma em parte de seu próprio caudal: os golpes dos tímpanos, as vozes do coro masculino e as do coro feminino estremecem com uma força simultânea de ascensão e desmoronamento, de fim do mundo e apelo à ressurreição, e não importa que não acreditemos em outra vida para que essa música nos arrebate com a emoção do sagrado, como não importa que ao mesmo tempo soem as sirenes, que esteja chovendo, que os carros se amontoem, buzinando em um engarrafamento.[4]

Lemos o texto e reconhecemos a experiência porque, talvez, tenhamos vivido uma parecida. Não importa que não tenhamos tido a sorte de estar em Nova York, nem de escutar o *Réquiem alemão* de Brahms. O que nos é familiar são o impacto e a emoção, a intensidade desse momento, em que as circunstâncias ficam em um segundo plano: a chuva, o barulho, as sirenes. É a música, com os trompetes, os tímpanos e a força da voz humana, o que transmuda o lugar em um âmbito de plenitude. Pouco importa que seja o centro de Nova York; as lojas e os atrativos da cidade ficaram relegados, sob a emoção que permeia o momento. O texto mostra muito bem como a atenção utilitária se perdeu e se privilegiou a admiração. Não são os objetos que capturam o olhar, como em um dia de compras; é a música que atua sobre quem está tendo essa experiência, que assume essa possibilidade que sai a seu encontro. O próprio escritor sintetiza, em outro lugar, as chaves dela: o olhar estético se detém na beleza das coisas, ao isolá-las em um reino autônomo "acima do espaço e do tempo, das circunstâncias materiais que envolveram em sua origem a obra de arte e das peripécias de sua transmissão"[5]. Guardemos essa observação, que nos conduz a um reino autônomo acima do espaço e do tempo.

---

[4] Antonio Muñoz Molina, *Ventanas de Manhattan*, Barcelona: Seix Barral, 2004, pp.102-3.
[5] *Ibidem*, p.196.

Na reflexão estética se fala de fase admirativa e de contemplação. Veremos esses conceitos mais adiante, mas, agora, vamos privilegiar o exame do processo da transformação da realidade pela experiência estética e do surgimento de uma relação de vínculo, de intimidade entre a música e o ouvinte. Vejamos esse vínculo em outro texto. Neste caso, é de um ensaísta, Antoni Marí, e se chama "La tentación del absoluto":

> Ouvir Mozart e, em particular, a ópera *Don Giovanni*, provoca uma estranha e profunda fascinação. E digo fascinação com todas as consequências que pode acarretar o uso desse termo; já que talvez uma das características dominantes de toda fascinação seja a suspensão do juízo; um estado de espera em que nem se afirma nem se nega nada e em que dificilmente se dá uma reflexão crítica, porque quando esta se produz, parece não ser uma reflexão consciente, e sim uma consequência do pensar que, levada por uma corrente de ideias, lembranças, analogias e comparações, ela avança impulsionada pelos acontecimentos, sem que haja lugar possível para a reflexão sobre o que está acontecendo.
>
> E o que acontece em *Don Giovanni* é um conjunto de fatos que se vão unindo uns aos outros, em um ritmo contínuo e imprevisível, e de uma intensidade tão alta que não temos mais remédio senão nos deixar levar pela violenta desordem de seu juízo. Não adianta nada o espectador conhecer a obra e, inclusive, sabê-la de cor, já que parece que é a realidade da música, atualizada pelos instrumentos, o que nos pega desprevenidos; como se a memória tivesse esquecido tudo o que com certeza nos fascina: a presença real da música.[6]

Na sequência do texto Marí comenta as diversas impressões que a obra vai produzindo no espectador. Com os compassos da abertura, *uma espécie de terror percorre a nossa espinha*. Notemos que o ensaísta encontrou uma imagem muito apropriada, fácil de reconhecer. A expressão lembra Borges, quando diz: "Tenho para mim que a beleza é uma sensação física, algo que sentimos com o corpo inteiro"[7]. O escritor alude ao prazer como

---

[6] Antoni Marí, *La vida de los sentidos,* Barcelona: Tusquets, 2006, p.123.
[7] Jorge Luis Borges, *Obras completas*, Madrid: Círculo de Lectores, 1993, p.165. [Trad. Heloisa Jahn, *Borges oral & Sete noites*, São Paulo: Companhia das Letras, 2017.]

cócegas, ou o que, em outros termos, seria interpretado como uma descarga de serotonina[8]. A abertura é uma porta que se abre para outro espaço de terror que procede de nós mesmos, de nossa imaginação e nosso entendimento, e que não podemos eludir ou evitar. O desenvolvimento da obra nos mantém completamente concentrados no que está ocorrendo na cena. Passados apenas vinte minutos da representação, o ensaísta assinala que o espectador é levado para outro espaço transcendental, em que emerge a verdade, em cuja presença "só há lugar para o silêncio isolado de sua contemplação e para a consideração da natureza humana que nos é mostrada, aqui, em toda a complexidade de seus sentimentos e de seus recursos expressivos"[9].

Marí vincula ao termo "contemplação" o ato de reconhecimento da natureza humana. Ele salienta que, à medida que a ópera avança, nosso juízo realiza uma síntese das diversas expressões e experiências às quais assistiu e que têm como eixo central o ser humano. O ensaísta reúne, com grande precisão, os elementos que configuram a experiência estética em suas diferentes fases, da admiração ao juízo que formulamos, de maneira mais ou menos consciente, com a referência da natureza humana. Admiração, contemplação e juízo seriam aqui elementos caracterizadores dessa experiência tremenda, perturbadora até "a espinha".

A experiência é temporal, pois vai se desenvolvendo no ritmo da representação, e, no entanto, há uma ruptura do tempo provocada pela intensidade da vivência. Marí expressa isso muito bem no primeiro fragmento reproduzido. Trata-se de um estado de espera no qual o espectador anula a capacidade reflexiva crítica pela força da música que o invade fisiologicamente. Mozart consegue isso por meio de um ritmo contínuo e imprevisível de alta intensidade. A música sobressalta o espectador, mesmo no caso de ele já conhecer a obra. A presença real da música produz esse impacto e aciona todas as nossas faculdades, sensíveis e intelectuais.

O texto de Muñoz Molina apresenta uma experiência parecida. A intempérie acentua a dimensão soturna do *Réquiem*. Ressaltei anteriormente como quem ouve essa música, o sujeito da experiência, parece

---

8 Howard Gardner, *Verdad, belleza y bondad reformuladas,* Barcelona: Paidós, 2011, p. 68.
9 Antoni Marí, *La vida de los sentidos,* Barcelona: Tusquets, 2006, p. 126.

abstrair-se do lugar, esquecendo-se da chuva, das buzinas dos carros e do ruído da praça. No entanto, o lugar exerce uma ressonância que funciona como mais um elemento de sentido, dada sua proximidade do local do atentado às Torres Gêmeas do World Trade Center.

A música se eleva e ganha a tensão do cataclismo, sugerindo um âmbito de morte. Faz isso com intensidade, vinculando a força do *Réquiem* à lembrança da tragédia ocorrida em setembro de 2001. Essa é uma dimensão-chave das obras de arte que veremos ao longo destas páginas. Trata-se da capacidade que tem a arte para condensar experiências e acontecimentos de nossa vida e expressá-los de maneira simbólica. O *Réquiem* de Brahms é uma obra de grande força expressiva, que comove quem a escuta. Mas ao fazê-lo naquele lugar, próximo ao local da grande tragédia, por conta da memória recente das pessoas que faleceram, a emoção é maior.

A experiência mostra assim outro nível de sentido: descobrimos um acontecimento significativo que a música torna presente. A vivência alcança um grau de riqueza que transcende a própria intimidade de quem a está vivendo e o leva a compartilhá-la com os outros. A presença dos que morreram se soma à intensidade do lamento do *Réquiem*. O escritor exprime o estremecimento "de ascensão e queda, de fim do mundo e do apelo à ressurreição". A música arrebata o ouvinte com a emoção do sagrado. A experiência atingiu outra dimensão.

Experiência de união com a natureza

Os exemplos que vimos, com a *Ópera de aromas*, Muñoz Molina e Marí, focaram nossa atenção no horizonte da arte. Falamos de apreciar experiências de ócio estético e o faremos pensando nas artes, não porque queiramos reduzir a dimensão estética à artística, mas porque as artes nos oferecem uma ampla variedade de comunicação dessas vivências. Mas não cabe dúvida de que a natureza também oferece um enorme horizonte de experiências estéticas. Assim o viram os artistas românticos, e qualquer um de nós pode igualmente reconhecê-lo. Quem não se lembra daquele momento de intensidade estética na montanha, contemplando o mar ou um jardim? O jesuíta L. Armendáriz, em um livro recente que reúne sua longa trajetória de montanhista, se pergunta por que alguém sobe a montanha; entre as diferentes razões apontadas por ele, segundo os interesses de uns ou de outros, destaca: "Há um subir porque a pessoa adora a natureza e por isso não se incomoda em chegar mais tarde para ir olhando a paisagem e se deleitando com ela, parando, de vez em quando, para admirar o cenário, sondar profundidades e soltar a vista por largos horizontes, deixando-se comover pelo que se vê e *está ali* como um milagre"[10]. Há uma *escola do subir* a montanha que tem a ver com a *escola do viver*, considera o professor.

As grandes montanhas, os desertos, as cataratas e outros lugares emblemáticos oferecem ao nosso olhar espaços naturais para o fruir estético e para o ócio.[11] Na atualidade, com frequência se intervém na natureza para adequá-la esteticamente e favorecer experiências de ócio. Os traçados de trilhas nas florestas próximas às cidades ou as intervenções nos núcleos históricos também obedecem a critérios estéticos. Não é apenas a conservação ou o cuidado dos edifícios, e sim sua adaptação para que tenhamos uma natureza ou um entorno adequados a nossas expectativas de ócio estético.

Gostaria de apresentar agora um texto do poeta Rainer Maria Rilke, retirado de *Apontamentos do diário espanhol*. Certamente a condição de artista facilita a comunicação do autor. Transcrevo um trecho significativo, embora a riqueza da experiência seja mais bem observada na íntegra:

> Deve ter sido há pouco mais de um ano que, no jardim que desce do castelo para o mar em declive bastante pronunciado, ocorreu-lhe algo prodigioso. Passeando com um livro na mão, conforme tinha por costume, ocorreu-lhe aproximar-se de costas de uma árvore cujo tronco se ramificava em dois à altura aproximada de seus ombros. Nesse momento, sentiu- se tão agradavelmente apoiado e tão descansado em semelhante posição que, esquecendo-se de ler e identificado por completo com a natureza, ficou mergulhado em uma contemplação quase inconsciente. Pouco a pouco

---

10 Luis María Armendáriz, *Caminos de monte, senderos de trascendencia*, Bilbao: Mensajero, 2012, p. 303.
11 Andrés Ried Luci, "Una aproximación a la relación Naturaleza y Ocio", em: Yolanda Lázaro e Amaied Makua, *OcioGune 2010. Ocio y valores*, Bilbao: Instituto de Estudios de Ocio; Universidad de Deusto, 2010, pp. 305-15.

sua atenção se ia despertando para um sentimento que nunca antes tinha experimentado. Era como se do interior da árvore lhe chegassem vibrações quase imperceptíveis. Pensou de modo espontâneo que um ligeiro vento que acariciasse delicadamente a superfície da encosta poderia ser, talvez, a causa do fenômeno produzido na madeira, embora tivesse de reconhecer que o tronco era muito robusto para ser agitado por um sopro tão suave.

O que o encantava sobremaneira não era, porém, esta ou aquela consideração, e sim o fato de achar-se cada vez mais surpreso ou, melhor dizendo, comovido com o que acontecia com ele e que o levava de forma urgente e permanente àquele estado. Acreditava não ter alcançado jamais uma plenitude de sensações tão sutis. Seu corpo foi tratado, de certo modo, como uma alma, e posto em situação de assumir um grau de influência que em outro estado corporal não teria podido certamente registrar com aquela nitidez. Mais ainda, nos primeiros instantes sequer pôde distinguir qual era o órgão sensitivo através do qual se transmitia e propagava aquela comunicação tão peculiarmente tênue. Tampouco o estado que configurava nele semelhante comunicação era tão perfeito e persistente, tão distinto de todo o resto e, ao mesmo tempo, tão pouco suscetível de representar por meio de uma comparação com o até agora vivido, que, apesar de tão saboroso, de modo nenhum podia chamá-lo prazer. Não obstante, empenhado em precaver-se sempre do mais mínimo, perguntou-se com insistência a respeito do que lhe acontecia, e em seguida lhe veio à boca uma expressão que o satisfez: "Atraquei do outro lado da natureza". Às vezes, como em sonhos, essa expressão lhe produzia agora um prazer singular, e a considerava de uma exatidão próxima ao absoluto. Repleto por toda parte e sempre mais regularmente por aquela afluência que se repetia em intervalos de uma estranha intimidade, seu corpo se fez indescritivelmente sensível e apto tão somente para morar nele, pura e prudentemente, como um espectro que, habitando já outro lugar, entrasse melancólico na existência tenra do que já tinha sido, para pertencer de novo, embora um tanto disperso, ao mundo considerado então como indispensável.[12]

---

[12] Rainer Maria Rilke, *Epistolario español*, Madrid: Espasa-Calpe, 1976, pp. 259-60.

O sujeito desta experiência se identifica com a natureza e vivencia uma plenitude de sensações, surpreso e comovido. Um sentimento que até então não tinha experimentado leva-o a perceber os objetos que o rodeiam mais verdadeiros que nunca, em um estado de comunicação até então desconhecido. O poeta se refere ao estado vivido como *contemplação pensativa*. Veremos essas características mais adiante, e ressaltarei como esse domínio é gradual e pode ser experimentado com maior ou menor intensidade.

As experiências que acabamos de ver têm traços comuns e um *ar familiar*, embora sejam diferentes. Contudo, nos perguntamos agora: onde enquadramos essas experiências? Que âmbito conceitual se ocupa delas?

Primazia da experiência nos dois âmbitos disciplinares

Até agora me referi às experiências comentadas qualificando-as de estéticas. Para sermos mais exatos, podemos falar de experiências de ócio estético. Vou me deter brevemente nesse ponto.

Ao longo da história da cultura, diversos pensadores se empenharam em diferenciar os campos das disciplinas que nos ajudam a entendê-la. Tradicionalmente, no que nos ocupa, confluem dois: a estética e o ócio. Os filósofos que refletiram sobre temas estéticos distinguiram a experiência estética de outras experiências com as quais nos relacionamos com o mundo, destacando o papel da atitude. Hospers o faz de maneira muito clara e insiste que a atitude é a chave. E em que consiste? Ele responde: "A atitude consiste fundamentalmente em separar a experiência estética das necessidades e desejos da vida cotidiana e das respostas que damos, por hábito, a nosso ambiente como pessoas práticas"[13].

Se essa distinção de atitude é negada, apagam-se as diferenças para deslindar o estético do não estético. Mais adiante irei comentar e comparar a atitude estética. Por ora, vou destacá-la como o ponto de partida da distinção. Sobre ela se dá a experiência que os teóricos do ócio e da estética analisam. Normalmente, percebemos uma cadeira como um objeto para sentar ou o céu escuro como um sinal de chuva; mas o olhar

---

[13] John Hospers, *Significado y verdad en las artes*, Valencia: Fernando Torres, 1980, p.22.

estético se dá quando essas respostas ficam em suspenso e observamos o desenho da cadeira ou a cor surpreendente do céu. Isso quer dizer que nos surpreendem e provocam um olhar diferente do que temos no trato cotidiano com as coisas. É também uma atitude de espanto que nos comove e solicita nossa capacidade de resposta. A experiência continua se nós, voluntariamente, permitimos que ela siga seu curso.

É importante lembrar que o pensamento estético considerou a experiência como o núcleo fundamental de seu saber. Quando nasceu como disciplina, no século XVIII, reconheceu o papel da experiência: a estética é experiência e conhecimento sensitivo. Não esqueçamos que a nova disciplina teve função na educação da sensibilidade, no Iluminismo e no Romantismo. Nessa linha, Schiller escreveu, em 1795, *A educação do homem numa série de cartas*[14]. No final do século XVIII o autor denuncia que a sociedade moderna tende a considerar o homem apenas em seu aspecto profissional e, portanto, a limitá-lo e a fazer dele um ser fragmentário e especializado. Schiller reivindica a necessidade de restabelecer a harmonia do ser humano integral, capacitado de dignidade e liberdade. Por outra parte, vale lembrar que o autor escreve as *Cartas* em uma época revolucionária, e na primeira parte delas é patente a crítica à situação e aos fatos desencadeados pela Revolução Francesa. Ele vê na arte um campo de elevação do ser humano: "A arte deve abandonar a realidade e elevar-se acima da necessidade, pois é filha da liberdade e quer receber suas normas da necessidade dos espíritos e não da indigência da matéria. Mas agora reina a necessidade e submete a humanidade a seu jugo tirânico"[15]. Schiller pensa que a arte é filha da liberdade e tem uma função mediadora no homem e na sociedade, pois torna possível a harmonização de duas tendências opostas e complementares da natureza humana. A cultura estética devolve a liberdade aos homens e é também o único caminho que se pode seguir a fim de conseguir que a humanidade passe da vida sensível à racional, unindo-as harmoniosamente.

---

14 Friedrich Schiller, *Cartas sobre la educación estética del hombre*, Madrid: Aguilar, 1961 [trad. Roberto Schwarz e Márcio Suzuki. *A educação estética do homem numa série de cartas*, São Paulo: Iluminuras, 2002]; *idem, Escritos sobre estética* (antologia), Madrid: Tecnos, 1990.
15 *Ibidem, Cartas sobre la educación estética del hombre, op. cit.*, p. 28.

Alguns artistas das vanguardas do início do século XX lutaram para estender a fruição da arte a amplas camadas da população. Um deles foi F. Léger. É dele o texto seguinte e um quadro muito significativo sobre o tema, denominado *Os prazeres do ócio*:

> Na época da Frente Popular dissemos: "Precisamos fazer alguma coisa." Existia a jornada de oito horas, a semana de quarenta etc. Dissemos ao senhor Husiman, diretor de Belas-Artes: "Abra os museus no fim da tarde". Ele respondeu: "Vocês vão me arruinar com o salário dos guardas". Por fim, abriu os museus, e as pessoas iam em massa.
>
> É preciso criar momentos de ócio para os operários. A sociedade atual é muito dura, e os operários carecem da liberdade indispensável para ver, para refletir, para escolher. Se conseguiram algumas horas para assear-se, para se vestir, para fazer uma porção de coisas, não parece que tenham conseguido o que faz falta para chegarem a nós.[16]

Nos textos de Léger há uma reivindicação de momentos de ócio que compensem o tempo de trabalho e permitam o acesso das classes populares aos museus. Léger pede um horário mais amplo dos museus para que os trabalhadores possam visitá-los e desenvolver sua sensibilidade.

Alguns autores restringem a utilização do termo estético a determinadas experiências e o negam a outras; para outros, como é o caso de John Dewey, o estético é o desenvolvimento desejável em toda experiência. Dewey, em sua obra *A arte como experiência* (1934), defende que o estético é uma qualidade inerente a toda experiência satisfatória, por isso seria extensível ao ócio. Seu conceito de experiência parte do conceito comum, mas ele o limita àqueles momentos, na história de um indivíduo, em que um ou vários processos de vida adquirem intensidade e unidade em torno de um objeto, de um acontecimento, de uma situação. Em cada momento de nossa vida vivemos experiências, mas a reflexão de Dewey está focada naquelas em que o material experimentado segue seu curso até seu cumprimento. Esse tipo de experiência carrega consigo uma

---

16 Fernand Léger, *Funciones de la pintura*, Madrid: Cuadernos para el Diálogo, 1975, p.180.

qualidade individualizadora e autossuficiente que a caracteriza como um todo. A unidade, a integração, a qualidade que a permeiam mostram sua singularidade. São momentos que dão intensidade ao viver. Ora, um traço característico dessas vivências é para Dewey sua qualidade estética. Assim, o estético é o desenvolvimento intenso e clarificado dos traços que pertencem a toda experiência. A qualidade estética a aperfeiçoa até completá-la e lhe dar unidade emocional[17]. Essa qualidade não é própria das experiências que usualmente chamamos estéticas, mas pertence a toda experiência que tenha os aspectos destacados, quer dizer, a toda experiência completa. A experiência ótima de Csikszentmihalyi (1998) e os traços caracterizadores da experiência de ócio recolhem os principais aspectos do conceito de Dewey.

Contudo, as características apontadas por Dewey foram destacadas de uma ou outra maneira por diversos autores. A dificuldade da posição desse autor radica antes em estabelecer os limites com outro tipo de experiências da vida, que podem ser intensas, integradas, unificadas, mostrar-se como um todo, como ele diz, e, no entanto, pertencer a outros interesses não especificamente estéticos, e sim religiosos, de pesquisa ou de outros âmbitos.

No pensamento contemporâneo os estudiosos da estética escreveram sobre a primazia da experiência e sua centralidade na sociedade. Gianni Vattimo, por exemplo, sublinha a esteticidade que transborda os canais tradicionalmente estabelecidos, como a sala de concertos, o teatro ou a galeria.[18] Yves Michaud se refere ao triunfo e ao predomínio da estética nas formas sociais, a ponto de a experiência estética tender a permear a totalidade das experiências; e as formas de vida devem apresentar-se com a marca da beleza: "O mundo se tornou totalmente belo. Esse é o triunfo da estética"[19].

Ambas as reflexões, a estética e o ócio, aproximam as duas disciplinas em um ponto central: a função privilegiada que nelas tem a experiência[20].

---

17 John Dewey, *El arte como experiencia,* México: Fondo de Cultura Económica, 1949, pp. 34-52.
18 Gianni Vattimo, *El fin de la modernidad*, Barcelona: Gadisa, 1987.
19 Yves Michaud, *El arte en estado gaseoso*, México: Fondo de Cultura Económica, 2007, p. 49.
20 María Luisa Amigo, "Estética del ocio". Em: Manuel Cuenca (org.), *Aproximación multidisciplinar a los estudios de ocio*, Bilbao: Universidad de Deusto, 2006, pp. 41-58.

A experiência é um pilar-chave nas diferentes ramificações de estudo do ócio humanista relacionado aos valores da pessoa e a seu desenvolvimento integral. O mesmo ocorre na reflexão estética: a experiência estética é o ponto de partida de muitos pensadores. Nos diferentes escritos que marcaram a reflexão sobre o ócio, no Instituto de Estudos de Ócio da Universidade de Deusto, a experiência do ócio foi estudada a partir de diversas perspectivas: em relação à experiência do turista[21], aos itinerários esportivos[22], vinculada ao ócio solidário[23] etc., e, em especial, no trabalho de Cuenca Amigo[24]. Esse estudo tem como foco uma pesquisa teórica transdisciplinar sobre a experiência valiosa de ócio, interrogando-se pelas condições que a tornam possível. As conclusões apresentadas são relevantes para a compreensão do fenômeno do ócio em geral, e terei em conta suas contribuições para a reflexão sobre o ócio estético. Voltaremos ao estudo mais adiante.

Todas as pesquisas foram se constituindo, especialmente, na coleção *Documentos de estudios de ocio*, que já conta com cerca de cinquenta volumes e avalia as diferentes orientações do campo de estudo, vinculadas por um conceito de ócio como experiência pessoal: "Uma experiência integral da pessoa e um direito fundamental. Uma experiência humana integral, quer dizer, total, complexa (direcional e multidimensional), centrada em atuações desejadas (livres, satisfatórias), autotélicas (com um fim em si mesmas) e pessoais (com implicações individuais e sociais)"[25].

Os pesquisadores do instituto se empenharam em ressaltar sua potencialidade para o desenvolvimento pessoal e comunitário. Destaca-se a primazia da pessoa, seu papel de interação com a realidade, assim como

---

21 Ana Goytia, *Los rostros de Ulysses*, Saarbrücken: Dr. Müller, 2008.
22 María Jesús Monteagudo, "Reconstruyendo la experiencia de ocio", em: María Jesús Monteagudo (org.), *La experiencia de ocio*, Bilbao: Universidad de Deusto, 2011, pp. 81-110.
23 Manuel Cuenca (org.), *Aproximación multidisciplinar a los estudios de ocio*, Bilbao: Universidad de Deusto, 2006.
24 Jaime Cuenca Amigo, *El valor de la experiencia de ocio en la modernidad tardía*, Bilbao: Universidad de Deusto, 2012.
25 Manuel Cuenca (org.), *Aproximación multidisciplinar a los estudios de ocio, op. cit.*, p.14.

suas possibilidades criadoras e receptivas[26]. Resumiram-se as condições que tornam a experiência do ócio valiosa, tais como a consciência e a diferenciação, a assimilação, a significação, a transformação, a emoção e o caráter memorável. A pesquisa de Jaime Cuenca analisou a condição necessária e suficiente da experiência do ócio, cifrando-a na interpretação orientada ao interior pela qual o sujeito se descobre a si mesmo fruindo a experiência.[27] Esses aspectos comuns são a chave para a compreensão da experiência do ócio estético de que tratamos aqui.

No contexto internacional se conceituou o ócio definindo-o como uma área da "experiência humana, com seus benefícios próprios, entre eles a liberdade de escolha, a criatividade, a satisfação, a fruição e o prazer, e uma felicidade maior". Assim o caracterizam a "Carta internacional sobre la educación del ocio", de 1993[28], e muitos outros autores[29]. As pesquisas mais recentes do Instituto tentam aprofundar a reflexão sobre a experiência do ócio valioso, quer dizer, um ócio com valores positivos para as pessoas e para as comunidades. Enfatiza-se a dimensão social, que sempre esteve presente na concepção do ócio humanista, mas agora ela é potencializada, reconhecendo explicitamente o aspecto essencial de seu valor comunitário[30]. Na mesma linha se orienta o *Manifesto por um ócio valioso para o desenvolvimento humano*, que se tornou público em 2013, por ocasião dos 25 anos do Instituto de Estudos de Ócio. O manifesto quis chamar a atenção especialmente para a importância dos valores, das

---

26 Manuel Cuenca, *Temas de pedagogía del ocio*, Bilbao: Universidad de Deusto, 1995; *idem, Ocio y formación*, Bilbao: Universidad de Deusto, 1999; *idem, Ocio humanista*, Bilbao: Universidad de Deusto, 2000; *idem*, Eduardo Aguilar, Cristina Ortega, *Ocio para innovar*, Bilbao: Universidad de Deusto, 2010; *idem*, "Aproximación a las experiencias culturales desde los planteamientos del ocio humanista", em: Cristina Ortega, *Nuevos desafíos de los observatorios culturales*, Bilbao: Universidad de Deusto, 2011a (pp.19-48); María Jesús Monteagudo, "Reconstruyendo la experiencia de ocio", em: María Jesús Monteagudo (org.), *La experiencia de ocio*, Bilbao: Universidad de Deusto, 2008, pp.81-110; Roberto San Salvador del Valle, *Políticas de ocio*, Bilbao: Universidad de Deusto, 2000.
27 Jaime Cuenca Amigo, *El valor de la experiencia de ocio en la modernidad tardía*, Bilbao: Universidad de Deusto, 2012, p.229.
28 Manuel Cuenca, *Pedagogía del ocio*, Bilbao: Universidad de Deusto, 2004, p.316.
29 Douglas A. Kleiber, "La intervención para el desarrollo y la educación del ocio", em: Cristina De la Cruz (org.), *Educación del ocio*, Bilbao: Universidad de Deusto, 2002, pp.69-83; Robert A. Stebbins, *Serious leisure*, New Brunswick: Transaction, 2008; José Antonio Caride, "Lo que el tiempo educa", em: *Arbor, Ciencia, pensamiento y cultura*, nº 754, mar.-abr. 2012, vol. 188, pp.301-13.
30 Manuel Cuenca, "Ocio valioso en tiempo de crisis", em: Susana Torío *et alii* (org.), *Crisis social y el estado del bienestar*, Oviedo: Universidad de Oviedo, 2013, pp.5-20.

capacidades, do respeito às culturas, do bem-estar, da convivencialidade e do empoderamento que se pode promover a partir do ócio.

Na experiência do ócio, a atitude, a disposição da pessoa, é um elemento-chave na precisão do conceito, à qual se somam outras não menos essenciais. O ócio depende da ação do sujeito, de sua voluntariedade, de sua consciência diferenciadora e, portanto, em um primeiro grau, da atitude que adota diante dos acontecimentos, da vida cotidiana ou dos fenômenos culturais. A criatividade e a liberdade estão claramente vinculadas à experiência do ócio. O ser humano é capaz de inventar possibilidades, e essa capacidade caracteriza sua vida criativa. Não se trata só de conhecer o que as coisas são, como também de descobrir o que podem ser, dependendo de nossa relação com elas, de nossa criatividade e de nossa participação. A interpretação foi assinalada como um elemento-chave da experiência valiosa do ócio[31], condição da sua possibilidade. Veremos mais adiante sua relevância para a compreensão do ócio estético valioso.

Liberdade, criatividade, atitude, participação e satisfação confluem em nossa disposição diante da realidade para demarcar a experiência do ócio. Em definitivo, para enquadrar uma interpretação da experiência que possibilite seu desdobramento valioso. De modo que ócio e estética convergem na experiência. Contudo, esse seria um âmbito geral que devemos definir mais, tentando delimitar os elementos característicos do ócio estético.

Bastam, por ora, essas notas para enquadrar a reflexão que estou fazendo e que ampliarei no próximo capítulo. Avancemos, agora, um pouco mais e tratemos de esclarecer um aspecto-chave do âmbito do ócio estético: a *beleza*.

---

[31] Jaime Cuenca Amigo, *El valor de la experiencia de ocio en la modernidad tardía*, Bilbao: Universidad de Deusto, 2012.

A beleza como horizonte de ócio estético

Até agora destaquei a centralidade da experiência e a atitude como ponto de partida que a possibilita. Avançarei um pouco mais reivindicando a beleza.

Nas experiências de ócio estético se privilegia a relação com a realidade, do ponto de vista estético, fruindo sua contemplação, sem outra finalidade além da apreciação da beleza. Frui-se algo pelo que é em si mesmo, por nossa relação com o objeto, independentemente de sua posse, de seu uso ou de seu consumo. O que significa que a relação de ócio estético é autotélica.

Proponho a beleza como horizonte do ócio estético, e para compreender em que sentido o faço, aponto, em primeiro lugar, sua posição essencial nessa relação, como a verdade o é para o conhecimento ou o bem para a dimensão moral. Evidentemente isto não significa que sejam campos estanques. Iremos vendo como a experiência de ócio estético se abre ao conhecimento e à ética.

Dizendo mais claramente: sob o binômio ócio estético, compreendemos as experiências criativas e receptoras, que criam e recriam o objeto estético. As primeiras nos conduzem, em primeiro lugar, ao âmbito da criação; e as segundas, à recriação. Mas em ambas há uma dimensão de criatividade, de participação e de recepção estética. Vale lembrar as palavras de G. Steiner, ao destacar os limites da criação:

> Sempre que se trata dos modos estéticos de fazer, o conceito de criação é ao mesmo tempo inevitável e incômodo. Uma compreensão rigorosa

da *mimesis* (como na *República* de Platão), uma leitura estrita da *imitatio* (como a de certos neoclássicos e hiper-realistas) não vai além da recriação. [...]
Talvez a fantasia artística só recombine, faça um mosaico, justaponha por meio de montagens e colagens o que, de fato, já está lá. Coloca-se a cabeça ou o tronco de um ser humano no corpo de um cavalo. Alguma vez um pintor inventou uma cor nova? [...] Nenhuma forma artística nasce do nada; vem sempre depois.[32]

Nestas páginas vou deter-me, sobretudo, nas experiências recriadoras, por serem uma área mais universal que as primeiras, se com elas nos referimos estritamente à criação artística. Nem todas as pessoas são criadoras no sentido forte da palavra, mas todos nós somos capazes de recriar, de acolher e participar esteticamente. Tanto um como o outro caso, criação ou recriação, nos conduzem à pessoa e a uma determinada atitude diante da realidade. Podemos articular esse âmbito de relação sob o termo beleza. As palavras-chave são, portanto, a pessoa, a experiência, a atitude, a criação, a participação, a contemplação, todas elas reunidas sob o âmbito da beleza.

O que é a beleza? Essa é uma pergunta difícil de responder se tentamos fazê-lo conceitualmente. Platão terminou um diálogo dedicado ao tema com a seguinte afirmação: *o belo é difícil*[33]. A experiência criadora e receptora nos conduz ao âmbito da beleza e da arte. Os teóricos da estética ou da filosofia da arte têm dificuldade para explicar o que é a beleza hoje. Sabemos que as complicações da teoria vêm, em grande medida, da prática da arte e, em especial, de muitas propostas artísticas do século XX, que não buscaram a beleza. Mas não só, já que certos embates procedem da filosofia da linguagem e de certa crítica pós-moderna que questionou a legitimidade da beleza, assim como a da bondade e da verdade[34]. É importante lembrar que arte e beleza não têm por que caminhar juntas.

---

32 George Steiner, *Gramáticas de la creación*, Madrid: Siruela, 2001, p. 32.
33 Platão, *Diálogos I, Hípias Maior*, Madrid: Gredos, 1985, 304e.
34 Howard Gardner, *Verdad, belleza y bondad reformuladas*, Barcelona: Paidós, 2011, p. 18.

A arte pode ter outra intencionalidade, e a busca da beleza não tem por que ser seu principal objetivo.

A criação dessa obra buscava a beleza? Creio que podemos responder tranquilamente que não. Trata-se de uma imagem que nos interroga de maneira direta, e é mais fácil pensar que tenha sido esse o seu propósito. Contudo, essa reflexão não nos impede de inserir as criações artísticas no horizonte da beleza. Sabemos que muitos artistas do século xx se esforçaram em transformar a arte, em criar obras novas com novos materiais, em fazer uma arte nova... A própria palavra beleza foi para muitos deles um propósito do qual fugiram.

No entanto, de uma perspectiva mais fenomenológica, como receptores das obras, sentimos a beleza e a valorizamos. À margem da reflexão teórica, o indivíduo comum, todos nós enquanto sujeitos de experiência, demandamos a beleza, precisamos dela e a vivenciamos. Sabemos que existe uma dimensão sensível e a reconhecemos intuitivamente, como uma plenitude de presença. Gadamer escreve que "o belo, por estar cheio de sentido, se torna evidente"[35]. Nós nos sentimos envolvidos ao reconhecê-la e a apreciamos como um valor. Talvez não saibamos defini-la – não sabemos o que é o belo –, mas reconhecemos sua luminosidade e seu peculiar caráter sensível e espiritual. A beleza nos emociona, e nós a sentimos. Borges expressa essa ideia no seguinte texto:

> Por falar no bispo Berkeley [...], lembro que ele escreveu que o gosto da maçã não está na própria maçã – a maçã não tem gosto em si mesma – nem na boca de quem a come. Exige-se um contato entre ambas. O mesmo ocorre com um livro [...]. Um livro é um objeto físico num mundo de objetos físicos. É um conjunto de símbolos mortos. E então surge o leitor adequado, e as palavras – ou melhor, a poesia que as palavras ocultam, pois as palavras sozinhas são meros símbolos – saltam para a vida, e temos uma ressurreição da palavra. [...] Se preciso definir poesia [...] digo algo como: "Poesia é a expressão do belo por meio de palavras habilmente entretecidas". Essa definição pode ser boa [...], mas todos sentimos ser bastante frágil. [...] Isso

---

[35] Hans-Georg Gadamer, *Verdad y método*, Salamanca: Sígueme, 1977, p.579.

significa que *sabemos* o que é a poesia. Sabemos tão bem que não podemos defini-la em outras palavras, tal como não podemos definir o gosto do café, a cor vermelha ou amarela nem o significado da raiva, do amor, do ódio, do pôr do sol ou do nosso amor pela pátria.[36]

Como sabemos que o vermelho é diferente do amarelo? Sabemos teoricamente? Não, é muito mais simples. Sabemos pelas próprias cores. Um professor meu, Jaime Echarri, defendia vigorosamente esse conhecimento do fenômeno: sabemos por que vemos o vermelho ou o amarelo. Não é uma resposta decepcionante, ou sem conteúdo. Ao contrário: ela ressalta a força da experiência. Em outro texto, Borges insiste na mesma linha:

> Um livro é uma coisa entre as coisas, um volume perdido entre os volumes que povoam o indiferente universo, até que ele encontra seu leitor, o homem destinado a seus símbolos. Ocorre então a emoção singular chamada beleza, esse belo mistério que nem a psicologia nem a retórica decifram. A rosa é sem *porquê*, disse Angelus Silesius; séculos mais tarde, Whistler declararia *a arte acontece*.[37]

É um verdadeiro paradoxo: perante essa vivência e necessidade cotidiana, no universo do discurso houve tal processo de descrédito que se chegou a dizer que "a beleza trivializa o que a possui...", ou chega a ser vista até como algo "moralmente reprovável", como lembra Danto em sua obra *O abuso da beleza*[38]. Mas renunciar à beleza, à verdade e à bondade na vida nos conduz a um mundo onde nada tem valor ou em que vale tudo. Antes de sucumbir a essa existência plana, devemos reivindicar esses valores, como aposta Gardner, determinando neles o essencial e irrenunciável[39].

No campo de experiências de ócio estético, podemos nos afastar da dificuldade da definição e reivindicar a beleza como o horizonte de articulação desses fenômenos. Por que a beleza? Em que sentido? A beleza

---

36 Jorge Luis Borges, *Arte poética*, Barcelona: Crítica, 2001, pp. 17-8. [Publicado originalmente em inglês, sob o título *This craft of verse*.]
37 *Idem*, "Prólogo a Oscar Wilde", *Ensayos y Diálogos*, Buenos Aires: Hyspamérica, 1985, p. 3.
38 Arthur Danto, *El abuso de la belleza*, Madrid: Paidós, 2005, pp. 65-6.
39 Howard Gardner, *Verdad, belleza y bondad reformuladas*, Barcelona: Paidós, 2011, p. 23.

é um âmbito de valor que reconhecemos nessas experiências. Com esse termo as diferenciamos de outro tipo de experiências, por exemplo, de conhecimento, no sentido estrito. No ócio estético não lemos um poema para classificá-lo, e sim para tomar parte dele e fruí-lo. Que essa fruição traga consigo um conhecimento peculiar, como veremos mais adiante, é outra questão. Tampouco lemos um poema para julgá-lo no sentido moral. O que não quer dizer que a experiência de ócio estético seja alheia às indagações morais, como também apontarei mais adiante. Simplesmente a primazia dessa relação não se fundamenta no conhecimento, nem na moral, mas na beleza. Lemos um poema, escutamos um concerto, contemplamos uma montanha e em todos esses casos temos experiências de ócio estético. Não consumimos o poema, o concerto, a montanha; nós os vivenciamos, os experimentamos ou, como se diz em estética, os contemplamos ou deles participamos. Monet não copia a praia nem as falésias de Étretat; ele tem uma experiência criadora e realiza a obra *Les rochers d'Étretat*.

Nesse sentido, podemos reivindicar a beleza como horizonte de ócio estético e como marca de distinção que diferencia essas experiências de outras que interessam ao ócio de um ponto de vista sociológico, psicológico, educativo etc. Não quero dizer com isso que os fenômenos de ócio estético são belos em tal sentido ou não são, ou que alguns sejam e outros não sejam, de acordo com uma determinada concepção poética. Não me refiro tampouco a uma beleza tradicional contraposta a uma moderna; essa não é minha intenção. Reivindico a beleza e a saliento como o contexto apropriado das experiências de ócio estético que as caracteriza e distancia de outras esferas da experiência humana: "Uma experiência de beleza se proclama: o ouvinte ou o espectador é consciente, ao menos de vez em quando, da peculiaridade da experiência. Parafraseando a formulação do poeta Coleridge, a beleza se caracteriza por uma poderosa experiência que se recorda com tranquilidade"[40].

A relação do ser humano com a beleza foi compreendida tradicionalmente como um âmbito de contemplação, como uma visão que se deleita com a presença do objeto, mas o deixa intacto. Poderíamos dizer agora

---

40 *Ibidem*, p.77.

que o contempla e não o consome. Voltarei, depois, a esses conceitos, mas já adianto que não compartilho dessa concepção de contemplação e que, ao contrário, vou insistir na participação, na descoberta, na interpretação e na temporalidade da experiência. Esse é o contexto em que se inserem as experiências de ócio estético.

Compreensão da beleza

Já sabemos que a beleza é uma questão controversa. Por conta disso, é preciso deixar um pouco mais claro em que sentido utilizamos esse termo. Proponho-me a esclarecê-lo na sequência, apontando diferentes linhas de compreensão, que pretendo ilustrar com vários textos. A compreensão da beleza foi mudando ao longo da história, o que não significa que uma teoria supere a anterior. Todas elas podem lançar luz sobre os fenômenos do ócio estético. Por isso é interessante nos determos aqui, porque a análise dessas concepções pode nos ajudar a enxergar a riqueza do conceito. Convido-os a diferenciar comigo os sentidos complementares que apresento a seguir. Vou fazê-lo em cinco direções, sem a pretensão de esgotar todas as teorias, mas com a intenção de destacar as mais interessantes e, em especial, aquelas que nos ajudam a compreender a experiência do ócio estético. São as seguintes: a beleza como âmbito de experiências criadoras e recriadoras do ócio estético; a beleza, o que nos agrada sem conceito; a beleza como harmonia; a beleza transcendente e espiritual; a beleza como sentido e a beleza como um âmbito de relação.

Primeiro sentido: a beleza como âmbito de experiências criadoras e recriadoras de ócio estético
A beleza como horizonte das experiências de ócio estético delimita um âmbito para elas, mas não impõe um critério uniforme. Incluímos nesse contexto as experiências criativas e receptoras que criam e recriam o objeto estético. Comentei antes que, nesse sentido, a beleza circunscreve um âmbito para a criação e a recepção estética, como a verdade o circunscreve para o conhecimento, ou o bem para a dimensão moral. Destacava também que

isso não significa que a relação estética não seja uma fonte de conhecimento ou não tenha uma perspectiva moral. Voltarei a essa questão, mais adiante.

A experiência criadora se condensa no esforço do artista para encontrar sua forma de expressão. O escultor com o cinzel na mão, o escritor plasmando a palavra e o pintor com seu pincel são a imagem do desafio da criação em busca da obra. Todo artista tem que encontrar a via, a forma que expresse o que deseja dizer. Sobre isso, Van Gogh escreve:

> Para expressar o amor de dois amantes usando o casamento de duas cores complementares, suas combinações e contrastes, as vibrações misteriosas de tons justapostos. Exprimir o pensamento de uma cabeça através do brilho de um tom claro sobre um fundo escuro. Exprimir a esperança através das estrelas. O ardor de um ser vivo através dos raios do sol.[41]

Observemos como o pintor fala em termos de cor, de complementaridade, de tons justapostos. Com eles Van Gogh tem de expressar o pensamento e a esperança. A expressão se configura no óleo, no texto ou no mármore. Os artistas realizam essa ação, e nós, como receptores das obras, podemos nos comunicar com elas, participar delas e torná-las nossas. Mas não podemos modificar a expressão escolhida pelo artista. Em nossa comunicação cotidiana privilegiamos uma ou outra palavra, mas a modificamos para ser mais eficiente. Na arte isso não acontece. Diz o poeta Gabriel Celaya, em *El arte como linguaje*:

> A mão de El Greco ou o verso de Góngora, em compensação, produzem em mim a impressão de algo inusitado, de algo não habitual. Surpreendem-me. Comovem-me até o mais fundo do meu ser. E, se eu os entendo, não é na medida em que posso relacioná-los a um código comum de signos. Essa mão e esse verso me falam de outro modo. Dizem por si mesmos o que querem dizer, e dizem tão bem que, se tento explicitar o conteúdo de sua mensagem, percebo que, ao modificar a forma como foram expressos,

---

41 Vincent van Gogh, *Cartas a Théo*, Barcelona: Labor, 1982, p.258. [Trad. Pierre Ruprecht, *Cartas a Théo*, Porto Alegre: L&PM, 2007.]

sua essência evaporou. Descubro que essas formas são o extremo oposto de "comuns". São únicas, insubstituíveis, intraduzíveis.[42]

O próximo exemplo vem de um poeta, Juan Ramón Jiménez, e apresenta o ponto de vista do receptor. Vimos essa perspectiva também nos textos de Borges anteriormente transcritos. O trecho seguinte nos situa de maneira brilhante no papel ativo que devemos ter nessas experiências. Observemos como o poeta une a riqueza da natureza e o olhar consciente a ponto de se perguntar: "Como ir embora, como deixar sozinha essa radiante beleza, que se eu não vejo ninguém vê, que não se vê – árvores, água, e os pássaros, onde estão?, céus cegos! – a si mesma?"

PARQUE DO OESTE
Não consigo me decidir. Volto devagar, subindo a claudicantes passos sem ritmo a doce vertente amarela, cheia de breves e densas sombras arroxeadas, com os olhos fixos, como seus, na redonda paisagem deserta das doze, que vai ficando sossegadamente para trás.

Descem as encostas suaves, verdes de nova relva outonal e azuis e brancos ainda de cálices tenros, para o riachinho azul, que salta e fala fundo e longe, atropelando nuvens brancas, entre olmos e flocos em cuja sombra intacta o ar puro é manjar saboroso. [...] Valezinho solitário! (E os pássaros, onde estão? Em nenhuma das copas que descem há um pássaro tranquilo?) E no alto das colinas, entre os aromáticos pinheiros suculentos de sombra verde-ouro, um céu celeste e transparente se afasta deveras para seu infinito.

Paro repetidas vezes. Como ir embora, como deixar sozinha essa radiante beleza, que se eu não vejo ninguém vê, que não se vê – árvores, água, e os pássaros, onde estão?, céus cegos! – a si mesma?[43]

O primeiro sentido de beleza reúne, portanto, essas experiências criadoras e recriadoras dos fenômenos estéticos. Ele aponta para o amplo campo de todas as criações artísticas e das infinitas experiências recriadoras. No próximo capítulo, destacarei os aspectos que as caracterizam

---

42 Gabriel Celaya, *Poesía y verdad*, Barcelona: Planeta, 1979, p.43.
43 Juan Ramón Jiménez, *Obra poética*, Madrid: Espasa-Calpe, 2005, II, 3, p.1104.

e, no terceiro, mostrarei algumas razões por que são valiosas. Deixemos agora o âmbito geral para, a seguir, passar a ver outro sentido que o termo "beleza" adquiriu na história da estética.

Segundo sentido: a beleza, o que nos agrada sem conceito
Os filósofos ensaiaram muitas definições de beleza e quase nunca chegaram a um consenso, embora haja algumas linhas históricas que prevalecem sobre outras. Uma definição que ficou famosa é esta: a beleza é o que agrada universalmente sem conceito[44]. Entende-se o sentimento de prazer que experimentamos como seres humanos ao contemplar esteticamente uma realidade que não duvidamos em qualificar de bela. O que Kant quer dizer? Simplesmente, que fruímos sem pensar que devemos definir o que vemos, enquadrá-lo em um sistema ou raciocinar sobre isso.

São Tomás já havia apontado essa compreensão da beleza quando disse que são belas as coisas que agradam ao serem vistas, resgatando um preceito do mundo antigo. É óbvio que isso não significa que, para São Tomás, a beleza se limitasse apenas às coisas sensíveis aos olhos; ao contrário, devemos entendê-lo em um sentido amplo que incorpore também a beleza espiritual. Observamos essa posição em muitas obras. Pensemos em Mozart, por exemplo, na *Pequena serenata noturna*, em sol maior. Sabemos que suas obras têm diversos níveis de profundidade, mas, quando essa música chega a nossos ouvidos, a primeira impressão, provavelmente, é a de delicadeza, de graça, talvez de devaneio. Reconhecemos com facilidade que ela nos agrada, que possui um ar festivo, alegre; em uma palavra, não hesitamos em reconhecer sua beleza.

Quando fruímos as cores de um entardecer, os tons de uma tela, a força luminosa de um quadro, nos situamos nesse nível: o que vemos, quer dizer, o que percebemos pelos sentidos, nos agrada. Podemos observar isso no seguinte texto de Pablo Neruda:

---

44 Immanuel Kant, *Crítica del Juicio*, México: Editorial Nacional, 1973 [1790], p. 59.

A PALAVRA

... Sim, senhor, tudo o que queira, mas são as palavras as que cantam, as que sobem e baixam... Prosterno-me diante delas... Amo-as, uno-me a elas, persigo-as, mordo-as, derreto-as... Amo tanto as palavras... As inesperadas... As que avidamente a gente espera, espreita até que de repente caem... Vocábulos amados... Brilham como pedras coloridas, saltam como peixes de prata, são espuma, fio, metal, orvalho... Persigo algumas palavras... São tão belas que quero colocá-las todas em meu poema... Agarro-as no voo, quando vão zumbindo, e capturo-as, limpo-as, aparo-as, preparo-me diante do prato, sinto-as cristalinas, vibrantes, ebúrneas, vegetais, oleosas, como frutas, como algas, como ágatas, como azeitonas... E então as revolvo, agito-as, bebo-as, sugo-as, trituro-as, adorno-as, liberto-as... Deixo-as como estalactites em meu poema, como pedacinhos de madeira polida, como carvão, como restos de naufrágio, presentes da onda... Tudo está na palavra... Uma ideia inteira muda porque uma palavra mudou de lugar ou porque outra se sentou como uma rainha dentro de uma frase que não a esperava e que lhe obedeceu... Têm sombra, transparência, peso, plumas, pelos, têm tudo o que se lhes foi agregando de tanto vagar pelo rio, de tanto transmigrar de pátria, de tanto ser raízes... São antiquíssimas e recentíssimas. Vivem no féretro escondido e na flor apenas desabrochada... Que bom idioma o meu, que boa língua herdamos dos conquistadores torvos... Estes andavam a passos largos pelas tremendas cordilheiras, pelas Américas encrespadas, buscando batatas, butifarras, feijõezinhos, tabaco negro, ouro, milho, ovos fritos, com aquele apetite voraz que nunca mais se viu no mundo... Tragavam tudo: religiões, pirâmides, tribos, idolatrias iguais às que eles traziam em suas grandes bolsas... Por onde passavam a terra ficava arrasada... Mas caíam das botas dos bárbaros, das barbas, dos elmos, das ferraduras, como pedrinhas, as palavras, as palavras luminosas que permaneceram aqui resplandecentes... o idioma. Saímos perdendo... Saímos ganhando... Levaram o ouro e nos deixaram o ouro... Levaram tudo e nos deixaram tudo... Deixaram-nos as palavras.[45]

---

[45] Pablo Neruda, *Confieso que he vivido*, Barcelona: Seix Barral, 1999, pp. 65-6. [Trad. Olga Savary, *Confesso que vivi*, São Paulo: Difel, 1983, p. 52.]

Lemos o texto de Neruda e sentimos uma cadência prazerosa que vai nos levando pelas palavras escolhidas. Os vocábulos que o poeta utiliza soam como música aos nossos ouvidos, nessa prosa que o artista faz brilhar diante de nossos olhos maravilhados. Assim se mostra a beleza que nos agrada e nos dá prazer. Os sofistas foram os primeiros pensadores que observaram e defenderam o vínculo entre a beleza e o prazer. Compreenderam, subjetivamente, a beleza como aquilo que visto agrada ou aquilo que provoca prazer, por meio da visão e da escuta[46]. Entre eles, Górgias destacou também o poder das palavras que comovem a alma, anunciando a capacidade transformadora da experiência estética. Voltaremos a esse ponto, mais adiante.

Essa dimensão é, talvez, a que todos reconhecemos como um entendimento comum. Se prescindirmos da reflexão filosófica, observamos que chamamos de belo ao que nos impressiona sensivelmente e nos causa prazer. Pois bem, foram filósofos como Kant que se empenharam em diferenciá-lo de outros prazeres ou de outros âmbitos, indicando sua especificidade.

Terceiro sentido: a beleza como harmonia
Uma longa tradição entendeu a beleza com um fundamento objetivo nas medidas e nas proporções. Trata-se da beleza como harmonia. A harmonia é a ordem e o equilíbrio entre várias partes; é a regularidade e a unidade dos elementos constituintes. Esse equilíbrio se deve a um ajuste de diferentes proporções. Assim, harmonia é o equilíbrio das proporções entre as diversas partes de um todo; depende da estrutura interna que a unidade essencial, na tensão de seus elementos, torna coesa. Essa concepção foi vinculada à beleza: todo conjunto harmônico foi considerado belo. O conceito se encontra nos pitagóricos, para quem todo o cosmos era harmonia[47]. Utilizaram-no também para se referir ao macrocosmo com os corpos celestes, as esferas. A ideia teve uma grande transcendência na história do pensamento e, sobretudo, na concepção estética.

---

[46] María Luisa Amigo, *Las ideas de ocio estético en la filosofía de la Grecia clásica*, Bilbao: Universidad de Deusto, 2008, p. 41 ss.
[47] *Ibidem*, p. 25.

A proporção consiste em determinar as diversas partes de um objeto, em conformidade com regras que podem ser expressas matematicamente. A proporção é o cálculo das partes assim como da totalidade, conforme o módulo estabelecido. Os gregos descobriram o número de ouro, ou proporção áurea: a proporção era de 0,382 para uma parte, e para a outra 0,618 – ou 0,528 e 0,472. Poderíamos dizê-lo de outro modo considerando a divisão de um comprimento em duas partes desiguais, nas quais a relação entre a parte menor e a maior é idêntica à que se estabelece entre esta e o todo. Essas relações produzem um efeito de equilíbrio e de beleza. Assim era calculada cada parte de uma obra de arte. Dividia-se a figura idealmente em duas: do cocuruto até o umbigo, e daí até a planta do pé. Essa segunda parte era mais comprida e ocupava 0,618 do comprimento total. Cada uma dessas dimensões, por sua vez, era subdividida em outras duas. Ia-se submetendo toda a superfície, sucessivamente, ao estudo das proporções. Desse modo se estabelecia o módulo, que constituía a base do cálculo inteiro[48].

Durante séculos, embora as proporções concretas fossem variando, a arte se compendiou segundo esse modelo. A fixidez que estabelecem se fundamenta na crença de que certas proporções naturais são perfeitas e regem o cosmos, por isso as criações da humanidade também devem empreender a ordem. O modelo foi, em muitos casos, a própria natureza, com suas formas perfeitas como o caracol. Esse modo de realização recebeu o nome de cânone, que podemos entender como uma norma fixada a partir dessa filosofia. O cânone se referia tanto à totalidade da edificação ou escultura como a seus detalhes e diversos componentes[49].

A beleza se mostra na perfeição das formas. Os templos gregos, as catedrais medievais e muitas obras da arte ocidental foram construídos com base em proporções minuciosamente estudadas. Possivelmente todos os compositores, se perguntados, destacariam o grande esforço em busca da forma que devem realizar para ensamblar os timbres dos diversos instrumentos ou combinar as diversas tonalidades escolhidas. Há alguns músicos, como Bach, por exemplo, em que a dificuldade e o

---

48 Alfonso López Quintás, *Estética musical*, Valencia: Rivera Editores, 2005, p.44.
49 Wladyslaw Tatarkiewicz, *Historia de la estética*, I, Madrid: Akal, 1987, p.54 ss.

êxito de suas composições mostram claramente essa riqueza harmônica. Encontramos essa mesma concepção na poesia. O poema a seguir é um famoso soneto de Garcilaso de la Vega, em que a beleza se revela no esplendor da juventude. O *carpe diem* e a melancolia espreitam no horizonte de temor pela passagem do tempo e as mudanças físicas que provoca.

> Enquanto que de rosa e açucena
> se mostra a cor no vosso gesto,
> e vosso olhar ardente, honesto,
> com clara luz a tempestade serena;
>
> e enquanto o cabelo, que no veio
> do ouro se escolheu, com voo presto,
> pelo formoso colo branco, erguido,
> o vento move, esparze e desordena:
>
> colhei de vossa alegre primavera
> o doce fruto, antes que o tempo irado
> cubra de neve o formoso cume.
>
> Murchará a rosa o vento gelado,
> tudo o mudará a idade ligeira
> por não fazer mudança em seu costume.[50]

A beleza da mulher que o soneto evidencia se insere na tradição renascentista. Podemos visualizá-la na pintura *O nascimento de Vênus*, de Boticelli.

A proporção deve determinar as dimensões das diversas partes de uma obra, tendo em vista o cânone estabelecido. Aqui entram em jogo a matemática e os cálculos minuciosos de relações, como acabamos de ver. Sua beleza se baseia, em grande parte, na harmonia de suas formas.

---

50 Garcilaso de la Vega, *Poesías castellanas completas*, Madrid: Castalia, 1972, p.59.

Essa concepção de beleza está ligada à filosofia platônica e neoplatônica, nas quais vou me deter a seguir. A harmonia era o substrato sobre o qual se projetava o esplendor, a luz da forma. Harmonia, esplendor e luz eram os conceitos estéticos chave na Idade Média. Sobre a base platônica, São Tomás definiu o belo como a luz que resplandece sobre o que está bem configurado. A beleza é ordem e proporção, que manifesta um valor expresso como luz. Trata-se de uma concepção metafísica, de participação no ser.

Essa concepção se esgota no mundo medieval? Certamente, não.

Se observarmos a *Composição com vermelho, amarelo e azul*, de Mondrian, poderemos nos deleitar ao ver uma composição tão limpa, tão clara. O vermelho se impõe com força e, ao mesmo tempo, nos damos conta de que outras duas cores, o azul e o amarelo, estão presentes na obra, mas parecem escapar. Talvez nos perguntemos o que levou o pintor a deslocá-las. Nós nos deleitamos com uma primeira aproximação, mas esse mesmo prazer nos leva a colocar outras questões. Se insistirmos, descobriremos o sentido da harmonia presente nesta e em outras obras de Mondrian, e com isso nos damos conta de que passamos a outra esfera que não é sensível. Não só nos deleitamos com a cor; vamos além e sentimos prazer com o equilíbrio que descobrimos, com a harmonia que entrevemos. O próprio pintor expressa isso em diversos textos, como o seguinte:

> Mediante a visão plástica corrigimos, de certo modo, nossa visão natural habitual, e é assim que reduzimos o individual ao universal e que a pura visão plástica nos une a este último. Desse modo, vê-se que a pura visão estética permite a expressão do verdadeiro pelo belo, quero dizer de uma maneira ainda velada. Mas o belo já não pode ser a beleza puramente exterior, pela simples razão de que a visão plástica pura vê através das coisas; assim, para os olhares da visão habitual, transformou-se em beleza abstrata.[51]

Mondrian contrasta a visão natural e a visão da arte. A arte nos proporciona outro olhar, além da realidade cotidiana, que tem seu próprio va-

---

51 Piet Mondrian, *Realidad natural y realidad abstracta*, Barcelona: Barral, 1973, p.46.

lor intrínseco. Capacita-nos a ver um mundo abstrato de relações e um âmbito universal.

Em suma, a beleza como harmonia é uma ideia muito arraigada em nossa tradição ocidental e chega até o século xx. Em diversas épocas, a arte esteve sujeita a medidas, e esse ajuste valorizou a beleza. A harmonia é a palavra-chave que percorre essa tradição dos pensadores pitagóricos à abstração geométrica. Proporção, medida, mesura, formas integradas no todo são os elementos-chave desta concepção. A beleza é fruto de uma relação harmônica entre as partes.

Quarto sentido: a beleza transcendente e espiritual
Devemos a Platão a concepção mais elevada da beleza na filosofia ocidental. Estudei esse tema em outro lugar[52] e gostaria, agora, de lembrar seus traços principais.

A beleza é para o filósofo ateniense uma realidade absoluta, meta de nossa aspiração. Ele a concebe como o arquétipo eterno, imutável, universal e independente do mundo sensível, autêntica realidade inteligível de que participam todas aquelas coisas que chamamos belas. Essa beleza é sempre idêntica a si mesma e especificamente una. Platão descreve no *Banquete* os traços que a definem, assim como a ascensão até ela por impulsos de Eros, mediador entre o mundo sensível e o inteligível. Se existe algo por que vale a pena viver, diz Platão, é para contemplar a beleza em si. Quando um homem chega a contemplá-la por meio do sentido apropriado, o fruto dessa visão ou união mística é o ser capaz de engendrar não aparências de virtude, mas a virtude verdadeira, de tornar-se amigo dos deuses e da imortalidade. Platão translada a beleza do sensível ao inteligível e revoluciona seu conceito, ampliando-o até abranger objetos abstratos e sujeitando a beleza sensível à inteligível.

A visão da beleza transcendente – propriamente platônica e original do filósofo – se complementa com a da beleza como harmonia, herdada dos pitagóricos. A primeira – que estamos destacando – se desenvolve no *Banquete* e pode ser encontrada em outros diálogos como o *Fédon*, o *Fedro* e a *República*.

---

[52] María Luisa Amigo, *Las ideas de ocio estético en la filosofía de la Grecia clásica*, Bilbao: Universidad de Deusto, 2008.

A segunda aparece, sobretudo, em suas últimas obras, *Filebo*, *Timeo* etc., mas pode ser encontrada em obras anteriores. A beleza dos seres depende de sua menor ou maior adequação ao arquétipo, numa gradação ascendente.

O *Banquete* é o diálogo platônico em que se reivindica, como em nenhum outro, o papel das emoções e a satisfação do desejo apaixonado de beleza, que conduz ao mais alto grau de felicidade. Eros é a força que detém nosso olhar nas realidades belas e que nos impulsiona para a beleza transcendente. A beleza é o objeto último de todo desejo, e o filósofo a apresenta em seus traços essenciais[53]. Platão vincula o impulso erótico à ânsia de imortalidade. Os frutos desse instinto são a fecundidade corporal e a espiritual, quer dizer, a criação poética, a invenção das artes e a ordenação das cidades[54]. O amor físico – desejo de possuir o corpo belo com o objetivo de engendrar outro corpo – já é desejo de imortalidade e de eternidade. O amor espiritual – fecundo nas almas – se represa no desejo de engendrar projeções do espírito: mundo da cultura, ações, leis, ciências e – sublinho especialmente – a criação poética. Em seguida, Platão eleva o discurso ao âmbito mais sublime de todo o diálogo: a iniciação perfeita nos mistérios do amor. Diotima refere a Sócrates os ritos finais e a suprema revelação, causa da existência das coisas do amor, que acaba de lembrar.

A via de ascensão vai, passo a passo, do amor de um corpo belo ao de dois, ao amor de todas as coisas físicas, ao amor das tradições e das instituições, ao horizonte do conhecimento, até o supremo encontro com a própria beleza. Esse encontro é uma súbita revelação da beleza absoluta, que Platão caracteriza como eterna, absoluta, transcendente, causa – por participação – das coisas belas. A beleza é eterna, não efêmera, absoluta, não relativa, imaterial, subsistente, monoeidética, inalterável e extramental. O filósofo valoriza o momento da contemplação: pelo que vale a pena o homem viver[55]. Em *Fedro*, Platão destaca o raro privilégio da beleza em relação às outras realidades transcendentes. Ela se manifesta com mais luminosidade e com mais intensidade. Nesse texto se delineia o que a tradição posterior denominará a beleza como esplendor. A beleza, que

---

[53] Platão, *Diálogos III, Banquete*, Madrid: Gredos, 1981, 210e-211a.
[54] *Ibidem*, 208e-209e.
[55] *Ibidem*, 210e-211d.

contemplamos outrora em visão beatífica na comitiva dos deuses quando fomos iniciados no mais bem-aventurado dos mistérios, tem isso de particular, que no mundo sensível é a mais luminosa e transparente das realidades e é percebida pelo mais penetrante dos sentidos, a visão. Daí que só a percepção da beleza tem esse grande poder evocador: "Só à beleza foi dado ser o mais deslumbrante e o mais amável"[56]. A beleza é uma realidade fronteiriça entre o conhecimento sensível e o inteligível; aquelas realidades não são perceptíveis aos sentidos, mas a beleza se deixa ver – ou melhor, entrever – em sua realidade imanente, e essa visão nos conduz à realidade transcendente. Daí também sua glória e sua limitação, pois a beleza ilumina o mundo das aparências fenomênicas e, ao mesmo tempo, nos impele a abandoná-las, aspirando a uma realidade que satisfaça nosso desejo sem limite de tempo. Entende-se por que Platão vincula, no *Banquete*, a contemplação da beleza à imortalidade. A beleza imanente se sobressai por sua luminosidade, e no entanto é preciso desprender-se dela, transcendê-la e ir em busca do ser mais pleno. Aqui reside a dificuldade de Platão com a arte imitativa. Os artistas, os poetas não são capazes de deixar para trás o mundo fenomênico a que ficam presos.

É justamente a temporalidade que transita por todo o mundo fenomênico que impulsiona a fuga do filósofo para o caminho seguro das essências eternas. Todos os seres do mundo sensível estão condenados à morte, e é essa caducidade que aferra o poeta às belezas transidas de finitude e faz com que as lamente antes que aconteçam:

> Não vá, lembrança, não vá!
> Rosto, não se desfaça, assim,
> como na morte!
> Continuem me olhando, olhos grandes, fixos,
> como uma vez me olharam!
> Lábios, sorriam para mim,
> como sorriram uma vez![57]

---

[56] *Ibidem*, 250e.
[57] Juan Ramón Jiménez, *Obra poética*, Madrid: Espasa-Calpe, 2005, II, 2, pp. 484-5.

Como se resignar ao esquecimento do que mais se quis, ao desaparecimento da vida que vibrou de amor? O poeta se afana por retê-la; justamente essas aparências fugazes são para ele o mais real, o que o impele a cantar, a salvá-las da morte. Essa vida responde ao mais íntimo de seu ser, à alma, onde cada homem crê encontrar a si mesmo à margem da vida cósmica e universal, como escreve Antonio Machado[58]. Nas palavras de Juan de Mairena: "Não esqueçamos que é justamente o tempo (o tempo vital do poeta com sua própria vibração) o que o poeta pretende intemporalizar, dizendo com toda a pompa: eternizar."[59]. É o que María Zambrano chama, com uma imagem brilhante, a melancolia funerária das belas aparências de que o filósofo se salva pela razão[60]. O poeta não renuncia à dor nem ao sentimento: a poesia mantém a memória de nossas desgraças.

Mas Platão condena o esforço do poeta e decreta a abolição desses fantasmas de fantasmas, imagens de imagens, quer dizer, cópia de cópia do autenticamente real, do que existe por si mesmo. Somente a contemplação da autêntica beleza em si pode preencher nossa vida. A visão, capaz de perceber a beleza que brilha, não pode perceber a verdade; o filósofo chega a ela pela reminiscência e pelo caminho da razão que o leva a abandonar as aparências brilhantes. O poeta permanece preso às belezas múltiplas e caducas da vida; o filósofo, ao contrário, vive com os olhos postos na beleza. A ascensão até ela trará o melhor fruto: a imortalidade. A filosofia é o caminho certeiro: a porta aberta à salvação da alma.

No século III d.C., o neoplatônico Plotino desenvolve a filosofia platônica da beleza em uma direção que será seguida por grande parte da arte medieval. Sua tese principal poderia ser resumida nesta ideia: a beleza é a revelação do espírito na matéria. A essência da beleza não é a proporção, a *symmetría*, e, sim, o que se manifesta na proporção, o que dela transparece[61]. A beleza é, acima de tudo, beleza espiritual; reside no espírito e se manifesta nos seres naturais e nas obras de arte. A beleza

---

58 Antonio Machado, *Prosas completas,* 11, Madrid: Espasa-Calpe, 1988, p.1315.
59 *Idem, Poesías completas,* 1, Madrid: Espasa-Calpe, 1988, p.697.
60 María Zambrano, *Filosofía y poesía,* México: Fondo de Cultura Económica, 2001, p.38.
61 Plotino, *Enéadas,* Madrid: Gredos, 1982, VI, 7, p.22.

sensorial tem elementos intelectuais: se os corpos são belos, são assim pelo espírito. Plotino se refere à forma interna de um ser como beleza e, ao mesmo tempo, ao modelo, ao ideal, como fonte de beleza. A beleza é engendrada e nasce quando o interior penetra na matéria; é isso o que faz o artista: conceder à pedra ou à palavra sua forma espiritual e verdadeira. Não é bela a matéria em si, mas o espírito nela revelado[62].

Plotino nos oferece uma ideia muito valiosa em relação à atitude da pessoa que tem a experiência da beleza. Para o filósofo, só o espírito é capaz de reconhecer o espírito e só ele pode perceber a beleza: somente a alma que chegou a ser bela pode perceber a beleza. A contemplação da beleza requer essa conversão interior do ser humano. O ser humano aspira a retornar ao absoluto e tem na arte uma via de ascensão. Esse é um ponto alto da reflexão plotiniana. Ele destaca também a relação entre a beleza e a arte. A beleza é o primeiro objetivo da arte, seu valor, sua medida. Diferentemente de Platão, Plotino afirma que os artistas não copiam a natureza, o mundo sensível, mas remontam às ideias: "E se alguém despreza as artes porque obram imitando a natureza... as artes não imitam simplesmente o visível, mas remontam às razões das quais deriva a natureza; além disso, também produzem muito por si mesmas; pois, como possuidoras de beleza, acrescentam algo que falta"[63].

A metáfora da luz é chave tanto em Plotino como em Platão. Na filosofia platônica, o bem é fonte de inteligibilidade para as formas, assim como o sol o é para o mundo sensível. Na metafísica de Plotino, o Uno irradia luz, e, no âmbito da arte, a forma é luz que ilumina a matéria, razão pela qual a alma pode percebê-la. A luz que resplandece sobre a matéria só pode ser atribuída ao reflexo do Uno, do qual emana. Deus é a fonte dessa corrente luminosa[64].

A primazia da dimensão espiritual modificará a arte, que irá deixando para trás o modelo mimético, ao estilo pompeiano, para dar relevo a uma arte mais de acordo com a transcendência[65]. As figuras se tornarão mais

---

62 Wladyslaw Tatarkiewicz, *Historia de la estética*, I, Madrid: Akal, 1987, p.328 ss.
63 Plotino, *Enéadas, op. cit.*, 1982, V, 8, p.1.
64 Umberto Eco, *Historia de la belleza*, Barcelona: Lumen, 2004, p.102.
65 Wladyslaw Tatarkiewicz, *Historia de la estética*, I, Madrid: Akal, 1987, p.334.

esquemáticas, e as formas orgânicas serão substituídas por outras mais geométricas. Os artistas tentarão transpassar os fenômenos materiais para que "se realizasse a contemplação interior e a comunhão não com a estátua, nem com a imagem, mas com a própria divindade"; "isso talvez não seja contemplação e sim outra maneira de ver, um êxtase"[66]. A arte é "deste mundo", pois provém da mente do artista, mas também do "outro mundo", pois tem sua fonte no inteligível. As imagens serão epifanias, manifestações de Deus. Vale lembrar a transcendência dessa compreensão no âmbito do ícone, da arte bizantina e da arte medieval em geral.

Quinto sentido: a beleza como sentido
Podemos falar de beleza em uma tragédia como *Medeia*? A experiência estética que temos na plateia participando de uma obra como essa nos conduz à beleza? Alguns pensadores responderiam que não. A história da estética nos oferece um panorama de categorias que foram sendo geradas na tentativa de estabelecer diferentes modalidades. Não vou entrar nelas porque creio que não são de muita ajuda. Contudo, por outro lado, pensar a beleza entendida de modo meramente sensível parece empobrecer o debate. Mesmo reconhecendo que muitas experiências mostram quase que exclusivamente sua riqueza sensível, reduzir a compreensão da beleza a elas, é, em minha opinião, de uma pobreza muito grande. Muitas obras de arte se dirigem à mente, atenuando com seu sentido a mediação sensível. Não é possível falar de beleza nesses casos? Creio que não só é possível como desejável. Alguns autores nos dão as pistas para encontrar esse caminho.

Acabamos de revisitar a filosofia platônica. Não nos deu o filósofo a chave para não entender a beleza em uma única dimensão? Lembremos que a beleza é o objeto último de todo desejo, e o filósofo a apresenta em seus traços essenciais[67]. Um olhar míope sobre este tema nos situaria no mesmo nível que os aficionados por audições e espetáculos que não conseguem ver além das vozes, das cores e das formas sensíveis: "Que os aficionados por audições e espetáculos – disse eu – gostam das boas

---

[66] Plotino, *Enéadas, op. cit.*, VI, 9, p.11.
[67] Platão, *Diálogos III, Banquete*, Madrid: Gredos, 1981, 210e-211a.

vozes, cores e formas e de todas as coisas elaboradas com esses elementos; mas que sua mente é incapaz de ver e gostar da natureza do belo em si mesmo"[68].

Não é preciso perder de vista toda dimensão sensível para reivindicar a dimensão intelectiva. Agora, gostaria que tomássemos outro caminho, aquele que nos leva ao sentido e à intencionalidade da obra. Encontramos apoio teórico em Aristóteles, Hegel[69] e, recentemente, em Danto[70].

O pintor alemão Anselm Kiefer disse que sua obra não busca a beleza. Tampouco tem a intenção de subjugar o observador a ponto de fazê-lo perder a consciência. Não, Kiefer tem outra intenção. Para ele o quadro é um interlocutor que me pergunta algo. Em 2007 tivemos a oportunidade de ver, no Museu Guggenheim de Bilbao, uma grande exposição do artista. Pensemos em uma de suas obras, *As célebres ordens da noite* (1997). Nessa obra de grandes dimensões, um homem está deitado no chão e, acima dele, o céu estrelado cobre a imensa tela. É um belo quadro? Não hesitaríamos em responder que sim. O pintor nos mostra uma experiência estética que reconhecemos como próxima, pois todos, em uma ou outra ocasião, ficamos maravilhados contemplando a beleza do céu. Pois bem, dizemos que é bela porque vemos a nós mesmos contemplando o céu? Talvez essa fosse a resposta mais fácil. Mas Kiefer vai mais além, e o que busca é nos propor perguntas sobre a existência, sobre nossa identidade, a respeito do nosso viver. A beleza desta pintura reside, fundamentalmente, em sua capacidade de condensar essas perguntas em uma imagem. A obra as apresenta e nos pede uma resposta. Diante da obra nos tornamos partícipes das mesmas inquietações de seu autor, nos sentimos imersos na natureza, pequenos em sua imensa totalidade, vendo seus fenômenos e nos interrogando sobre o que significam, por que ocorrem. Assim, a beleza desta obra não consiste em que nos pareça agradável, nem harmônica, nem magnificamente realizada; a beleza emerge do seu significado, do que o autor soube condensar nela. O termo condensação congrega muito bem as diferentes camadas que vão se

---

68 Idem, *Diálogos IV, República*, Madrid: Gredos, 1986, 476b-d.
69 Georg Wilhelm Friedrich Hegel, *Estética*, Barcelona: Península, 1989, p.10.
70 Arthur Danto, *El abuso de la belleza*, Madrid: Paidós, 2005.

armazenando em uma imagem. Trata-se de experiências acumuladas com o passar do tempo, que o artista consegue fazer emergir nela. Agora podemos entender um pouco melhor o que Hegel quer dizer quando afirma que a beleza artística é a beleza nascida e renascida do espírito. Trata-se de uma compreensão mais intelectual; para além do prazer que nos proporciona, nos transmite um significado, que nós interpretamos. Pois bem, a obra deve expressar o pensamento que contém. Não se trata de entrar em um mundo imaginário do que o autor quis dizer, mas de entrar no sentido da obra, torná-lo nosso, deixar que ela nos interrogue, ou seja, realizar uma experiência.

Essa posição mobiliza o espectador, impedindo-o de ter uma atitude meramente passiva. Põe em funcionamento a pessoa descobridora que temos dentro de nós, que filósofos como Aristóteles e escritores como Borges revelaram: "Não há um só homem que não seja um descobridor"[71].

Voltaremos a esse ponto mais adiante, mas, agora, eu gostaria de destacar a compreensão da experiência estética como atividade mental na *Poética* de Aristóteles. Esse filósofo soube observar a dimensão ética implícita na estética. Aristóteles se refere à tragédia, mas, por extensão, essa valoração oferece uma pauta de leitura de grande interesse para a experiência de ócio estético. O marco autônomo para o âmbito estético que esse filósofo inaugura e sua valoração vinculada à dimensão ética, à compreensão intelectual e ao prazer estético nos fornecem a base para sustentar que o ócio estético se confirma como um horizonte inserido no caminho do valioso e adequado para realizar a vida que é própria ao ser humano.

Sexto sentido: a beleza é um lugar de relação
Por último, vou esboçar uma teoria que compreende a geração da beleza em um lugar de relação entre nós e a realidade com a qual estabelecemos um campo de livre jogo. López Quintás a define assim: "A beleza é um fenômeno relacional que se ilumina no campo de livre jogo estabelecido entre o homem e as realidades do entorno, com as quais funda uma re-

---

[71] Jorge Luis Borges, *Obras completas*, Madrid: Círculo de Lectores, 1993, IV, p. 311.

lação comprometida de encontro"[72]. A beleza não é um conceito que se possa definir, mas uma fonte de realidade que se revela pela presença e requer a resposta a seu apelo[73]. Convida-nos a uma participação lúcida e não a um arroubo emocional, embora se faça presente aos nossos olhos com toda a sua força sedutora e nos sintamos atraídos por ela.

A realidade se configura como um campo de possibilidades que desdobra sua riqueza na relação com a pessoa. A beleza não *está* na obra de arte ou no sol do entardecer; ela surge entre eles e o contemplador capaz de participar das possibilidades que lhe oferecem. Estabelece-se um *diálogo*, uma resposta ao apelo da obra ou do pôr do sol. Esse âmbito relacional é expresso de forma magnífica, no seguinte texto de Luis Cernuda:

AMOR
Estavam à beira de uma ribanceira. Eram três choupos jovens, o tronco fino, de um cinza claro, erguido sobre o fundo pálido do céu, e suas folhas brancas e verdes revoando nos galhos magros. O ar e a luz da paisagem realçavam ainda mais com sua serena beleza a daquelas três árvores.

Eu ia vê-los com frequência. Sentava-me na frente deles, de cara para o sol do meio-dia, e enquanto os contemplava, pouco a pouco sentia como uma espécie de beatitude ia me invadindo. Tudo ao redor deles se tingia, como se aquela paisagem fosse um pensamento de uma tranquila beleza clássica: a colina onde se erguiam, a planície que dali se divisava, a relva, o ar, a luz.

Um relógio, na cidade próxima, dava uma hora. Tudo era tão belo, naquele silêncio e solidão, que me saltavam lágrimas de admiração e de ternura. Minha efusão, concretizando-se em torno da clara silhueta dos três choupos, levava-me até eles. E como não havia ninguém no campo, aproximava-me sereno de seu tronco e os abraçava, para apertar contra meu peito um pouco de sua fresca e verde juventude.[74]

---

72 Alfonso López Quintás, *Estética de la creatividad*, Madrid: Rialp, 1998, pp. 83-4.
73 *Idem, Estética musical,* Valencia: Rivera Editores, 2005, p. 33.
74 Luis Cernuda, *Ocnos*, Barcelona: Seix Barral, 1981, pp. 123-4.

Vimos antes, nos primeiros exemplos deste capítulo, um texto de Rilke que consta em *Epistolario español*. No mesmo volume, o poeta apresenta uma experiência que teve em Capri. O texto mostra a intensidade de uma vivência que qualifica de sublime:

> Pensava naquele momento transcorrido também em um jardim meridional (Capri), quando o canto de um pássaro soava em uníssono ali fora e dentro dele e, na medida em que não se quebrava, por assim dizer, no limite de seu corpo, ambos, exterior e interior, os incorporava a um espaço contínuo onde não ficava senão um lugar único, misteriosamente protegido e dotado da mais pura e mais profunda consciência. Então fechou os olhos para que o contorno de seu corpo não o distraísse daquela experiência sublime; o infinito vinha até ele por todos os lados, e se fazia tão intimamente confidencial que pensava sentir o suave repousar das estrelas que, enquanto isso, tinham se assentado em seu peito.[75]

Ao enquadrar os fenômenos criadores e recriadores de ócio estético – primeiro sentido de beleza –, ressaltei que eles se dão em uma relação: a do artista e sua obra, a do recriador e o objeto estético. Isso quer dizer que a relação estética traz consigo a alteridade, entre o eu (criador ou recriador) e o objeto. Sempre se dá em um marco de estrutura bipolar, quer dizer, em uma confrontação entre um eu e o outro. Se compreendermos essa relação, a velha discussão em torno do subjetivismo ou do objetivismo fica matizada. Digo matizada e não anulada. Quando nos referimos à beleza como harmonia, como beleza transcendente ou espiritual, sublinhamos a visão objetiva: a beleza se baseia em proporções e formas expressas em medidas. Se aludirmos à beleza como o que nos agrada à visão, enfatizamos o olhar subjetivo. Contudo, na experiência do ócio estético é muito importante se dar conta do vínculo, da relação que se estabelece. Uma obra de arte pode ter um grande valor patrimonial, assim como uma paisagem; mas só o olhar da pessoa que a recria, sua apropriação, sua participação faz surgir a experiência. A experiência

---

[75] Rainer Maria Rilke, *Epistolario español*, Madrid: Espasa-Calpe, 1976, p. 262.

do ócio é pessoal e criativa, não se dá se não a descobrimos, se não nos envolvemos e nos abrimos a ela. Essa dimensão nos situa em um espaço de relação.

Resumindo, queria ressaltar que revisitei algumas teorias sobre a beleza, aquelas que tiveram maior transcendência na história da cultura, para mostrar sua riqueza conceitual. Na seção anterior precisei os conceitos de experiência e atitude. Acrescentamos, agora, a beleza como horizonte do ócio estético. Sobre essa base, que nos dá o âmbito em que se inserem os fenômenos de ócio estético, considero que todos os sentidos esboçados podem iluminar as diferentes e concretas experiências de ócio estético. A reflexão a respeito dos sentidos da beleza nos ajuda a ver sua dimensão de valor; não é possível defini-la nem demarcá-la, como já disse Platão. A beleza é um valor que se estabelece na relação, no marco de sentido que a pessoa descobre participando da realidade e interpretando-a.

Os fenômenos de ócio estético aqui estudados

Já salientei que a beleza nos oferece o horizonte que diferencia esses fenômenos de outros que interessam ao ócio. Contudo, essa característica talvez não seja suficiente para delimitar a experiência que pretendo analisar neste trabalho. Por quê? Simplesmente pela primazia da dimensão estética nos diversos âmbitos da vida social. Se o estético está em todas ou em muitas manifestações de nossa vida, como diferenciar as específicas do ócio estético?

Proponho-me agora a destacar algum aspecto que possibilite a compreensão dessa diferença. Creio que a distinção se delineia e se torna mais clara se soubermos observar a qualidade prioritária. Proponho-me a observar aquelas que privilegiam o estético como primeira dimensão. Quer dizer, minha intenção é circunscrevê-las aos casos em que o objeto primário de atenção da experiência seja o estético. Dessa forma, prescindo dos aspectos em que o estético acompanha, mas não é o objetivo prioritário, por exemplo, o modo de vestir nas experiências de ócio esportivo, ou a decoração estética de um *shopping*, ou a observação do mercado de arte etc. Há fenômenos relacionados com o ócio estético em que o ponto de vista do observador, do estudioso ou do analista é outro. Um texto do José Antonio Marina pode nos ajudar a entender melhor a questão:

> Posso chegar às *Meninas* de Velázquez pela física elementar – e pesar o quadro – ou pela química – e estudar os pigmentos –, ou pela neurologia – e estudar os fenômenos fisiológicos provocados por sua visão –, ou pela experiência estética. Cada porta de acesso me permite ver o mesmo quadro,

mas com uma luz diferente. Não mudo o quadro, mas o viés interpretativo do olhar.[76]

Demarco o campo do ócio estético circunscrevendo-o à experiência criadora e receptora de um sujeito na qual o principal ponto de atenção é o estético. Nele se dão os aspectos que caracterizam o ócio. Os estudos sobre o ócio tentaram enxergar os traços comuns às experiências e destacam, em especial, os seguintes aspectos: a referência à pessoa como agente, o predomínio emocional, não se justifica pelo dever, integra-se aos valores e aos modos de vida, transcorre em uma temporalidade tridimensional, experimenta-se em diferentes níveis de intensidade, requer capacitação e constitui uma área de conhecimento complexa e interdisciplinar[77]. Vamos observar esses traços, mas gostaria de assinalar, agora, como ponto de encontro com a experiência estética, a atitude, a criatividade e a liberdade, o autotelismo e a fruição. Desse modo, os aspectos das experiências de ócio, juntamente com as específicas das vivências estéticas, nos proporcionam uma área de articulação de conceitos que nos permite estudar esses fenômenos. O ócio, a estética e a primazia da experiência estabelecem um campo de demarcação para pensar sua variedade e diversidade. Por isso, sublinhei, desde o primeiro momento, que o objetivo deste livro era destacar especialmente o ócio estético, a experiência de ócio estético. Essa delimitação nos ajuda a não nos perdermos no amplo campo do fenômeno e a centrá-lo na experiência do sujeito. Não há dúvida de que esses fenômenos podem ser objeto de análise de outras disciplinas – como a sociologia ou a economia, por exemplo – e, portanto, de outros pontos de vista de estudo ou análise.

O âmbito do ócio em que fixo minha atenção é o criativo. A distinção de diferentes dimensões do ócio ajuda a estudar teoricamente o fenômeno que, na realidade, se dá de forma complexa e integrando diversos perfis. Estando conscientes disso, a reflexão que se realiza no Instituto de Estudos de Ócio destaca que o ócio criativo é uma dimensão do ócio

---

76 José Antonio Marina, *Dictamen sobre Dios*, Barcelona: Anagrama, 2001, p.140.
77 Manuel Cuenca, Eduardo Aguilar, Cristina Ortega, *Ocio para innovar*, Bilbao: Universidad de Deusto, 2010, pp.69-73.

autotélico e corresponde às "experiências de ócio que se realizam de um modo satisfatório, livre, e por si mesmas, sem finalidade utilitária". Trata-se de um ócio desinteressado do ponto de vista econômico que "proporciona autorrealização e qualidade de vida"[78].

A dimensão criativa é entendida como a atualização do conceito de ócio próprio da cultura clássica, concretizada no ócio formativo, reflexivo, cultural, criativo e de crescimento pessoal. A reflexão teórica insistiu no seu caráter consciente, de abertura e encontro, relacionando-o com a autorrealização, sublinhando a aprendizagem e a formação. A criação e a recepção artísticas se inserem nessa dimensão[79]. Desde a Antiguidade, o ócio foi vinculado ao conhecimento e à cultura, como um exercício próprio da pessoa instruída, culta e sensível. Por isso, desde Aristóteles, o campo das artes se sobressai no contexto das aprendizagens de ócio. O ócio é o caminho para chegar ao fim supremo do ser humano, sua realização pessoal e social. O ideal do ócio clássico transcende o pessoal e se orienta à formação do cidadão e ao serviço da comunidade[80].

Resumindo essas ideias no domínio estético, podemos reconhecer um nível criativo ou produtivo, que supõe a produção de realidades previamente não existentes, e outro nível recriador, capaz de acolher e recriar aquelas[81]. O primeiro faz referência à criação de objetos estéticos e obras artísticas, à criação de imagens em um espaço de ficção. O segundo alude a experiências de recriação desses objetos e obras. Nele se dá também a dimensão criativa, na medida em que aqueles objetos, e, em especial, as obras de arte, culminam na apropriação realizada pelo receptor. A criatividade não é compreendida, exclusivamente, para o artista criador e se desloca para o horizonte da recepção das propostas estéticas. Diversos trabalhos realizados no Instituto de Estudos de Ócio demonstram a reivindicação do papel ativo do receptor para o ócio em

---

78 Manuel Cuenca, *Aproximación multidisciplinar a los estudios de ocio*, Bilbao: Universidad de Deusto, 2006, p.14.
79 *Idem*, *Ocio humanista*, Bilbao: Universidad de Deusto, 2000.
80 Santiago Segura, Manuel Cuenca, *El ocio en la Grecia clásica*, Bilbao: Universidad de Deusto, 2007, pp.22-38.
81 María Luisa Amigo, *El arte como vivencia de ocio*, Bilbao: Universidad de Deusto, 2000.

geral e, em particular, o ócio midiático[82]. Vale lembrar a contribuição das vanguardas artísticas na genealogia desse conceito de criatividade em sua dimensão universal perante uma noção tradicional do talento reservado a alguns poucos[83].

Em suma, os receptores são criadores, na medida em que acolhem, completam ou desenvolvem as obras[84]. Assim, podemos concluir que sob o binômio do ócio estético compreendemos as experiências criativas e receptoras que criam e recriam os objetos estéticos. As primeiras nos levam, primariamente, ao âmbito da criação; e as segundas, ao da recriação. Mas em ambas há uma dimensão de criatividade, de participação e de recepção estética[85].

Podemos dar mais um passo e nos perguntar, agora: em que consiste a experiência do ócio estético? Parto da caracterização da experiência de ócio que se foi definindo a partir de diferentes estudos do Instituto de Estudos de Ócio, já indicados aqui. Levo em conta, principalmente, o aspecto-chave da interpretação como condição de possibilidade da experiência, embora sua relevância para o ócio estético será mais bem examinada no segundo capítulo. Proponho-me, agora, a cruzar esses aspectos fundamentais com aqueles que são chave tanto na reflexão do ócio como na estética. Passo à explicação, a seguir, dos seguintes traços: atitude, criatividade, liberdade e decisão pessoal, autotelismo e fruição como uma experiência satisfatória.

---

[82] Jaime Cuenca Amigo, Xabier Landabidea, "El ocio mediático y la transformación de la experiencia en Walter Benjamín". *Inguruak: Revista Vasca de Sociología y Ciencia Política*, número especial: *Sociedad e Innovación en el Siglo XXI*, 2010, pp. 25-40.
[83] María Luisa Amigo, Jaime Cuenca Amigo, "La creatividad como cauce de transformación social", em: Ruth Ahedo, Martín Fernando Bayón (org.), *Ociogune 2011. Ocio e innovación social*, Bilbao: Universidad de Deusto; Instituto de Estudios de Ocio, 2011, pp. 43-54.
[84] Umberto Eco, *Obra abierta*, Barcelona: Ariel, 1979; Alfonso López Quintás, *Estética de la creatividad*, Madrid: Rialp, 1998.
[85] Hans Robert Jauss, *Experiencia estética y hemenéutica literaria*, Madrid: Tauros, 1986; Hans-Georg Gadamer, *Estética y hermenéutica*, Madrid: Tecnos, 1996.

Atitude

Na seção anterior, "Primazia da experiência nos dois âmbitos disciplinares", destaquei que a atitude é um aspecto-chave que nos ajuda a caracterizar o campo do ócio estético. Lembrei especialmente Hospers, um autor que ressalta a separação dessas experiências "das necessidades e desejos da vida cotidiana e das respostas que damos, por hábito, a nosso ambiente como pessoas práticas"[86]. O pensador sublinha que, sem essa distinção mínima, não podemos deslindar o estético do não estético. No próximo capítulo desenvolverei os aspectos que poderíamos considerar chave da experiência, mas, por enquanto, vamos nos deter na "atitude" como ponto de partida.

Muitos pensadores sublinharam a função primordial da atitude diante da vida. Grande parte do pensamento filosófico da antiguidade ressaltou que a atitude como disposição de uma pessoa é chave na maneira de enfrentar a vida. É emocionante ler o que Anne Frank escreve, em seu *Diário*, sobre sua atitude nas circunstâncias adversas em que se encontra:

> Não penso na miséria, mas na beleza que sobreviverá. Essa é a grande diferença que existe entre mim e minha mãe. Se alguém estiver desanimado e triste, seu conselho sempre será: "Pensemos nas desgraças do mundo e nos sintamos contentes por estarmos protegidos delas". Meu conselho, ao contrário, é: "Sai, corre pelos campos, contempla a natureza e o sol, aspira o ar livre e tenta encontrar a felicidade em ti mesmo e em Deus. Pensa na beleza que há em ti e a teu redor". [...] Acho que voltando os olhos para o que é belo – a natureza, o sol, a liberdade e a beleza que está em nós – nos sentimos enriquecidos.[87]

Surpreende-nos que a adolescente Anne Frank tivesse força interior para abordar a realidade de um modo espiritual, penetrando em sua intimidade e, ao mesmo tempo, estando aberta à beleza. Uma experiência semelhante é descrita por Viktor Frankl, prisioneiro em um campo de

---

[86] John Hospers, *Significado y verdad en las artes*, Valencia: Fernando Torres, 1980, p. 22.
[87] Anne Frank, *Diario*, Barcelona: Plaza y Janés, 1982, p. 209.

concentração. Esse psiquiatra escreve que, até nos momentos-limite de nossa existência, como pode ser a vida nessas condições, o sentimento de beleza não desaparece e pode contribuir para fortalecer o sentido da vida do ser humano[88]. A própria situação-limite que vivenciou levou o psiquiatra a desenvolver suas teorias sobre o sentido, algo que todo ser humano deve buscar e encontrar. Todas as pessoas devem encontrar um sentido, uma justificação para sua existência, que primeiro devem descobrir e a cuja plenitude devem chegar.

A história nos mostrou muitos exemplos de criadores que, em situações-limite, encontraram na arte um espaço de sentido que os fez superar a condição dolorosa de sua existência. É admirável que alguns, em condições bastante restritivas e que não podem modificar, sejam capazes de mudar o foco de atenção e interatuar com estímulos de sua própria escolha.

Saint-Exupéry se detém em suas impressões como piloto em tempos de guerra. Pilotando o avião em circunstâncias extremas, em pleno combate, observa traços estéticos, mas em sua experiência prima a intensidade do medo e aparece a vertigem diante da morte próxima:

> Inclinado sobre a terra, eu não tinha percebido o espaço vazio que, pouco a pouco, aumentava entre mim e as nuvens. A trajetória das balas vertia uma luz cor de trigo. Como eu poderia saber que no auge de sua ascensão elas distribuíam, uma a uma, como se enfiam pregos, esses materiais escuros? Descubro-os já acumulados em pirâmides vertiginosas que derivam para trás com a lentidão de banquisas...
>
> Daí em diante, cada explosão parece não nos ameaçar, mas nos endurecer. Cada vez, durante um décimo de segundo, imagino meu aparelho pulverizado, mas ele continua respondendo aos comandos, e eu o levanto como um cavalo, puxando vigorosamente as rédeas.
>
> ...Vivo numa espécie de rastilho de alegria, vivo numa esteira de júbilo, e começo a sentir um prazer prodigiosamente inesperado... Como se minha vida me fosse dada a cada instante, como se minha vida me tornasse mais sensível a cada instante.[89]

---

[88] Viktor Frankl, *El hombre en busca de sentido*, Barcelona: Herder, 1981.
[89] Antoine de Saint-Exupéry, *Piloto de guerra*, Buenos Aires: CS Ediciones, 1995, p.127 ss.

Mesmo sem chegar a essas situações extremas, é fácil observar que a atitude diante da realidade é chave em muitos aspectos. Na área que comentamos, a atitude nos permite destacar a separação dos fenômenos estéticos do plano das necessidades e dos desejos da vida cotidiana. Em outras palavras: a atitude nos leva à fruição de algo, mas não a seu consumo, ao valor do que contemplamos, recriamos, de que participamos ou que experimentamos, mas não utilizamos. Os textos a seguir ilustram essa ideia.

Estamos em um museu, diante de uma obra. Um professor explica os principais traços estilísticos aos alunos:

> Imaginem que vocês *nunca* tenham visto uma imagem. Sei que é difícil imaginar isso, mas a maioria dos europeus da Era Medieval que não dispusessem das grandes somas de dinheiro necessárias para encomendar uma obra de arte jamais teria contemplado uma imagem. Sem imprensa, todas as imagens têm que ser feitas à mão. Os materiais são muito caros, de modo que a única arte que existe é a realizada por encomenda. Os espelhos e o vidro também são muito caros. É bem possível que, se vocês fossem um camponês na Idade Média, a única imagem que teriam visto seria seu próprio reflexo na água.
>
> Imaginem, então, que quando vêm à Igreja se deparam com isto – apontou para o magnífico retábulo, grande e dourado. É possível, meus queridos pupilos, que as figuras pintadas aparentem ser bidimensionais, mas imaginem como elas pareceriam realistas se vocês nunca tivessem visto uma imagem antes. A comoção que isso deve ter causado, a admiração a Deus e à Igreja, deve ter sido incrível. Portanto, esqueçam seu cérebro de galinha e mergulhem nisso de cabeça. Que coisa, Tom! Pare de ficar olhando os peitos da Sophy e preste atenção.
>
> Esse retábulo é exemplar do ponto de vista da iconografia. Para aqueles que parecem estar confusos e drogados, a palavra *ikones* é grega e significa "imagem"[90].

---

90 Noah Charney, *El ladrón de arte*, Barcelona: Seix Barral, 2007, p. 51.

A intenção do professor não é a recriação de uma experiência estética. Poderia ser, mas na maioria dos casos, como este, a finalidade é a transmissão de conhecimento. Não cabe dúvida de que o professor utilizará todos os elementos a seu alcance para manter a atenção dos alunos. Ele tentará fazer com que se concentrem em sua mensagem e que não se distraiam. Aí não falamos de experiência de ócio estético. O teórico da estética, Mikel Dufrenne, diz que a percepção estética fundamenta o objeto estético, que ele define como o objeto esteticamente percebido, quer dizer, percebido enquanto estético[91]. Essa definição nos ajuda a compreender que nos encontramos em um âmbito mais amplo que o da arte. Aquele pode ser percebido de outras perspectivas que não tratam de sua qualidade estética e continuará sendo uma obra de arte. No objeto de ócio estético sua condição é a atitude para com ele, o olhar que o constitui.

O seguinte texto de Juan Ramón ilustra muito bem a atitude aberta e voluntária diante da realidade que nos é dada. Observemos que o eu poético – o sujeito deste texto – coloca sua mão aberta na árvore, o que lhe causa uma série de sensações. Ao afastar sua mão do tronco, essas sensações desaparecem:

A MÃO NA ÁRVORE
Para pensar, um ponto, em sombra, com apoio e paz, no meio da praça ruidosa, praça madrilena, pus minha mão aberta no tronco de uma árvore grande. (É um grande eucalipto abandonado, cheio, de cima a baixo, de rasgões de seca casca rosada, que mostra por toda parte sua dura e lustrosa coxa solitária, torneada, lisa, por onde sobem e descem formigas, cochinilhas, joaninhas vermelhas com redondas pintas pretas. Em sua alongada copa insubível, que o sol de maio torna armaria rica de punhais de ouro e alfanjes verdes, trazida e levada com suave domínio pela brisa louca, canta muito alto, quase no zênite, um pássaro quase irreal.)

Pus minha mão aberta contra o tronco, e no ato me senti navegante de um pélago interior. Ao leste, ao norte, alçando-me imensamente na proa, descendo de todo a um fundo de mundo que vai sem termo, aperta

---

[91] Mikel Dufrenne, *Fenomenología de la experiencia estética*, Valencia: Fernando Torres, 1982, I, p.23.

minha fronte o embate do inexplorado resistível. Em torno, a totalidade do céu nuvioso, que abarco desde mim mesmo, azul e branco, recama-se, aqui e ali, no meio-dia do já único, como que de fervores tesoureiros de ondas imortais.

A vertigem de infinito começa a transtornar-me. Retiro a palma da mão do tronco, cujo verde, prata e rosa sinto nela sem vê-los, e como que desprendendo meu coração de um potente choque elétrico que me ofuscasse, fico às escuras, mais às escuras do que nunca. Volto a pô-la, já senhor deste mecanismo mágico, que em um eterno segundo me tira e me entra, me faz mendigo ou rei da beleza total. Sorrio, me despeço de mim, sorrio. E esquecido de tudo, atirando para longe de mim meu dia diário, firmo mais a palma contra o tronco; mergulho os olhos nas baixas nuvens cúmulos, vou, feliz no navio espanhol do globo, náufrago voluntário, entre o pedestre ou o carreado semelhante, alheio, vivo, ou morto, de absoluto.[92]

Juan Ramón descreve uma experiência estética. Seu olhar de poeta se detem nesse encontro com a natureza. Vejamos, agora, outro exemplo. Nesse caso, oferecido pelo escritor Zunzunegui, que recria os arredores de Bilbao, centrando-se na riqueza do mineral que impulsionou seu desenvolvimento econômico. O olhar não é estético:

Da ponta do cais, volto-me contemplando a imensa colmeia do rio Abra e do estuário... Penso por um instante no desenvolvimento do meu povoado. Bilbao em sua origem era um casario de barqueiros. [...]

Há em Matamoros, Triano e Ollargan uma hematita vermelha com muito pouca ganga de argila, de grande brandura, que em grandes partidas dá 58 por cento de lei e que os empreiteiros começam a chamar de "veio doce".

Cubicam-se em centenas de milhões a toneladas. A exploração deve ser feita em grande escala.

A imediação do mar dá a Bilbao um valor altíssimo. Os homens passam ou repassam olhando para o chão. Cada peito é um moinho de cobiças. Uma pressa angustiante para desventrar "a montanha" se apodera de todos

---

[92] Juan Ramón Jiménez, *Obra* poética, Madrid: Espasa-Calpe, 2005, II, 3, pp.1185-6.

os exploradores. Para isso são necessárias três coisas: dinheiro, técnica e homens. As duas primeiras tinham que nos dar o estrangeiro..., a terceira...[93]

Se negarmos a diferença de atitude, os limites entre o estético e o não estético se apagam. A visão de Hospers nos proporciona um mínimo de distinção conceitual para tornar clara a experiência de ócio estético. Vamos complementá-la, agora, com a contribuição do pensador alemão Robert Jauss. Esse filósofo nos oferece outra caracterização que, nesse caso, podemos considerar como um máximo. Robert Jauss escreve que "a experiência estética se realiza ao adotar uma atitude ante seu efeito estético, ao compreendê-la com fruição e ao fruí-la compreendendo-a"[94]. Dois aspectos são chave aqui: a compreensão e o prazer. Jauss situa a experiência em um horizonte de conhecimento. Trata-se de um conhecimento *sui generis*, diferente do científico, moral ou, em geral, de todo conhecimento conceitual. A experiência estética nos ensina como uma obra de arte nunca mostra seu conteúdo de uma maneira acabada. Não se trata de um saber definitivo, mas de uma experiência que acontece e se renova a cada encontro com a obra, como bem precisou o filósofo Gadamer. Nessa mesma linha, mas da perspectiva dos estudos do ócio, Jaime Cuenca destacou o aspecto essencial da interpretação como condição de possibilidade de uma experiência valiosa do ócio: "Não é que o ócio se dê quando concorrem certas circunstâncias subjetivas junto a outras objetivas (como experimentar certa sensação de prazer no tempo livre), mas quando as circunstâncias objetivas e subjetivas se veem integradas em um processo interpretativo que as funde numa única unidade de significado"[95].

Esta perspectiva nos afasta de uma visão reducionista que entende a experiência estética como um espaço subjetivo. Não o entendemos como tal, embora a subjetividade da pessoa seja um ponto de relação constitutiva. Ela também nos afasta de um olhar restritivo que entende a experiência do ócio estético como mera distração ou passatempo. Estou

---

[93] Juan Bas, *Cuentos y novelas de Bilbao*, Barcelona: FNAC, 2007, p.97.
[94] Hans Robert Jauss, *Experiencia estética y hemenéutica literaria*, Madrid: Tauros, 1986, pp.13-4.
[95] Jaime Cuenca Amigo, *El valor de la experiencia de ocio en la modernidad tardía*, Bilbao: Universidad de Deusto, 2012, p.231.

tentando destacar sua potencialidade para o desenvolvimento humano, ao mesmo tempo em que entendo a experiência como valiosa. O escritor Luis Mateo Díez destaca esse ponto em uma entrevista: "Recorrer à literatura apenas por entretenimento é perda de tempo". A literatura nos permite compreender situações humanas, entrar em outros mundos, fazer nosso um drama alheio, e com essas experiências amplia nosso eu:

> O desafio do imaginário se abre para escritor e leitor. Através da literatura conhecemos seres que nunca chegaremos a conhecer na realidade, e chegamos a seu coração. Ou vivemos coisas fascinantes das quais nunca nos aproximaremos. Na realidade, escreve-se para viver mais intensamente, para viver o que não está a nosso alcance. Eu às vezes digo que escrevo para conhecer gente.[96]

O ócio é uma experiência arraigada na dimensão humana do ser que projeta, que tem que realizar sua vida, em uma palavra, que tem que escolher. Cada pessoa tem a tarefa de fazer-se a si mesma. Sua primeira missão é a formação pessoal, a constituição de uma segunda natureza que deve construir, como diria Aristóteles, sobre a primeira que nos é dada. Essa missão se realiza em uma relação com o entorno e requer uma abertura comprometida do ser humano. A vida é projeto, criação, invenção. O ócio também se inscreve nessa tarefa:

> O ócio se refere a uma área específica da experiência humana, com seus benefícios próprios, entre eles a liberdade de escolha, a criatividade, a satisfação, a fruição e o prazer, e uma maior felicidade. Compreende formas de expressão ou atividade amplas, cujos elementos são tanto de natureza física como intelectual, social, artística ou espiritual.[97]

O ócio depende da ação do sujeito, de seu voluntarismo e, portanto, da atitude que ele adota diante dos acontecimentos, da vida cotidiana ou dos fenômenos culturais. Podemos dizer o mesmo da experiência do ócio

---

96 Mateo Díez, "Recurrir a la literatura solo para entretenerse es perder el tiempo", *El Diario Vasco*, San Sebastián: 2006.
97 Manuel Cuenca, *Pedagogía del ocio*, Bilbao: Universidad de Deusto, 2004, p. 316.

estético. Liberdade, criatividade e atitude confluem em nossa disposição diante da realidade para marcar a experiência do ócio estético. No trecho de *Janelas de Manhattan* que vimos, observamos como essa atitude prevalece, apesar das dificuldades ambientais. Contudo, a caracterização de Jauss acrescenta mais dois aspectos, já que se refere ao prazer e à compreensão da experiência. Voltarei a esse ponto, mais adiante.

Criatividade, liberdade e decisão pessoal

Nossa atitude e nossa criatividade nos abrem um âmbito ilimitado que explica por que o ócio não tem um campo delimitado, nem está sujeito a determinadas atividades. O Instituto de Estudos de Ócio destacou em diversas pesquisas que o ócio depende do sujeito, de sua interação com a realidade, de suas possibilidades criadoras, receptivas e produtoras do real[98]. Assim aparece também no *Manifesto por um ócio valioso para o desenvolvimento humano*, destacando a importância das condições políticas, econômicas e sociais:

> O ócio valioso confere às pessoas a possibilidade substancial de escolher e atuar para o desempenho autotélico, voluntário e satisfatório de suas capacidades, entendendo por estas tanto as habilidades pessoais como as condições sociais, políticas e econômicas que fazem possível seu exercício. O ócio que defendemos é aquele que habilita para um processo contínuo de identificação, cultivo e aprimoramento de capacidades, que para se realizar não depende apenas da vontade de cada um, mas também do compromisso dos governos para garanti-las. Nesse enfoque, as capacidades são tanto condição necessária para um ócio valioso como indicador de seu impacto no desenvolvimento de pessoas e coletivos.[99]

---

[98] Manuel Cuenca, *Temas de pedagogía del ocio*, Bilbao: Universidad de Deusto, 1995; *idem, Ocio y formación*, Bilbao: Universidad de Deusto, 1999; *idem, Ocio humanista*, Bilbao: Universidad de Deusto, 2000; *idem*, "Valores que dimanan del ocio humanista", em: Aurora Madariaga, Jaime Cuenca Amigo (org.), *Los valores del ocio*, Bilbao: Universidad de Deusto, 2011b, pp.17-47.
[99] Instituto de Estudios de Ocio, *Manifiesto por un ocio valioso para el desarrollo humano*, Bilbao: Universidad de Deusto, 2013.

Os artistas também afirmaram essa noção em muitos textos que teremos oportunidade de ver. A frase da qual se extraiu a epígrafe deste livro é uma bela amostra disso: "Ache belo tudo o que puder; a maioria vê beleza em muito pouco"[100] – escreve Van Gogh a seu irmão. Daí a diferença entre o que é ócio para uma pessoa e para outra. Nesse leque de possibilidades, nossa decisão pessoal é chave. Vale lembrar, como faz G. Godbey, que

> o ócio é uma atitude mental e espiritual, não simplesmente o resultado de fatores externos como as férias, por exemplo. Isso inclui a capacidade de ir além do mundo do trabalho e compreender a totalidade das coisas. Escutar o universo. Celebrar a totalidade da experiência. É construído sobre as artes liberadoras (artes liberais) e requer a capacidade de amar e encontrar o significado no comportamento pessoal livremente eleito. A noção moderna de *autoestima* tem sua raiz nessas ideias.[101]

A abertura à experiência, a atenção fluída, a curiosidade e o interesse são características próprias de uma pessoa criativa. Tudo isso nos fala da autonomia que pode ser sintetizada na liberdade de escolha, por um lado, e na capacidade para desenvolver o que se escolheu, por outro. Situa-nos em uma sutil relação entre liberdade e possibilidade real. Nessa relação, têm um papel-chave a participação, a descoberta e, especialmente, a interpretação que possibilita a experiência valiosa.

Talvez a imagem do jogo nos ajude a compreender a experiência. Gadamer analisou o comportamento estético como parte do processo de representação e como pertencente ao jogo. O jogo e a arte têm a mesma natureza representativa. Na experiência da arte, assim como no jogo, nos sentimos envolvidos, participando dela ativamente. A obra de arte é um jogo ao qual somos lançados. Essa experiência é transformadora para nós. As obras de arte não se interpretam, se jogam, se representam. O termo alemão *Spiel* ajuda a entender melhor o que Gadamer postula. Pensemos em uma representação teatral: nossa experiência não é a de um sujeito co-

---

[100] Vincent van Gogh, *Cartas a Théo*, Barcelona: Labor, 1982, p.18.
[101] Geofrey Godbey, "El ocio y la celebración de la vida", em: Manuel Cuenca, *Ocio y desarrollo humano*, nº 18, Bilbao: Universidad de Deusto, 2000, p.28.

locado à frente de um objeto. A experiência artística da peça é um processo que ocorre com a intervenção dos atores, mas também dos espectadores. Da mesma forma que no jogo, o protagonismo está na representação, no próprio jogo, com sua dinâmica própria que envolve os jogadores sem ser controlado por eles. Dessa primazia se deduz que todo jogar é um ser jogado. O que Gadamer quer destacar com esse modelo é que a experiência estética de uma obra de arte nos captura, nos faz participar de um jogo cujos resultados não podemos dominar ou controlar previamente. A arte, como o jogo, não é um mero objeto sob nosso domínio.

Somos livres para acolher ou não as obras de arte e permitir seu encontro. Todos nós temos uma capacidade de escolher que se concretiza diariamente na preferência por um livro ou uma sinfonia, na decisão do que fazer hoje à tarde ou nas férias. É uma liberdade ao alcance da mão, a liberdade de escolha de que falam os filósofos. Mas esse nível de liberdade também precisa ser construído. Ele se opõe ao automatismo e à passividade e requer uma vontade de participar, de construir ativamente. A abordagem das capacidades desenvolvida por M. Nussbaum concebe cada pessoa como um fim em si mesmo e se pergunta pelas oportunidades disponíveis para cada ser humano. Ela está centrada na escolha, na liberdade, e defende que o bem maior que as sociedades deveriam promover para seus cidadãos é um conjunto de oportunidades (ou liberdades substanciais) que as pessoas podem ou não levar à prática: elas escolhem[102]. A liberdade é um pilar-chave da experiência do ócio. O *Manifesto por um ócio valioso para o desenvolvimento humano* nos lembra disso e ressalta a liberdade intrínseca que facilita a escolha, assim como as liberdades reais de ócio de que as pessoas e comunidades gozam.

No âmbito da experiência do ócio Jaime Cuenca destacou a voluntariedade do sujeito, tendo como base certas condições: "O sujeito não inventa uma interpretação arbitrária do nada (como se não estivesse social e culturalmente condicionado), nem se impõe a ele à vontade qualquer interpretação (como se fosse algo puramente passivo, uma coisa): é o

---

[102] Martha Nussbaum, *Paisajes del pensamiento*, Barcelona: Paidós, 2008, p. 38.

sujeito que interpreta, de maneira livre, a partir de certas pautas sociais que, ao mesmo tempo, limitam e tornam possível sua interpretação"[103].

A educação para o ócio é, sem dúvida, um caminho de formação que pode nos tornar mais livres para escolher entre atividades de um ou outro tipo. Não se trata apenas de possibilitar a escolha entre diversos produtos ofertados, mas, sobretudo, da escolha de caminhos e processos. No âmbito do ócio criador ou no do ócio esportivo são necessários alguns hábitos, algumas aprendizagens[104]. São eles que possibilitam em longo prazo a expansão da liberdade que nos permite fruir. Essas aprendizagens de ócio podem melhorar nossa qualidade de vida e, sobretudo, nos melhorar. Stebbins desenvolveu o conceito de ócio sério em oposição ao de ócio casual[105]. O primeiro se caracteriza pela perseverança e pelo esforço pessoal apoiado no conhecimento e na formação específica adquirida. O ócio casual se refere a uma prática pontual e não requer essa preparação, oferecendo uma recompensa imediata. O estilo de vida perfeito de ócio se configuraria pela busca satisfatória de uma ou mais formas de ócio sério, complementadas por um ócio casual. Stebbins destaca o papel da educação para que se realize, pois em primeiro lugar se requer um conhecimento das possibilidades, para depois poder escolhê-las e desenvolvê-las. A ampliação, em longo prazo, de um estilo de vida ótimo de ócio traz consigo, em longo prazo, uma série de benefícios[106].

Eu disse antes que a cultura nos oferece um campo imenso de possibilidades de ação; mas essas têm que ser assumidas e vivenciadas de uma maneira pessoal. Acostumar as crianças a ler contos de fada ou histórias que despertem seu interesse é criar um hábito que ficará para sempre. Nesse sentido, diz García Montero:

---

103 Jaime Cuenca Amigo, *El valor de la experiencia de ocio en la modernidad tardía*, Bilbao: Universidad de Deusto, 2012, p. 230.
104 María Jesús Monteagudo, "Reconstruyendo la experiencia de ocio: características, condiciones de posibilidad y amenazas en la sociedad de consumo", em: María Jesús Monteagudo (org.), *La experiencia de ocio*, Bilbao: Universidad de Deusto, 2011, pp. 81-110.
105 Robert A. Stebbins, *Serious leisure*, New Brunswick: Transaction, 2008.
106 *Idem*, "Un estilo de vida óptimo de ocio", em: Manuel Cuenca (org.), *Ocio y desarollo humano*, Bilbao: Universidad de Deusto, 2000, p. 111.

Para a maioria das crianças de minha geração a lei do desejo se tornou evidente com os bons livros de aventuras. *A ilha do tesouro*, *Vinte mil léguas submarinas*, *As aventuras de Tom Sawyer* são um caminho magnífico para descobrir o poder espantoso de sedução que os livros têm, essa solidão em que, de repente, nos encontramos sentindo e pensando diante de uma história escrita por outro, talvez em uma civilização desaparecida. Digo sentindo e pensando porque a literatura tem um ritmo lento, feito sob medida para nossos olhos e nosso cérebro, um ritmo que nos permite imaginar, sentir e dissentir, opinar sobre o que somos e o que queremos.[107]

Neste sentido, são muito interessantes as experiências que estão sendo realizadas na Europa para aproximar as crianças da ópera[108]. Esse trabalho enfatizou a necessidade de levar em conta estratégias educativas para criar e desenvolver públicos para óperas. As estratégias devem guiar programas de formação que facilitem aos espectadores a compreensão do que vai ser visto e escutado, e, sobretudo, que possibilitem a experiência do ócio.

Muitos museus desenvolvem programas para familiarizar as crianças com as obras de arte.

O conhecimento é um campo de ampliação de nossas possibilidades e, portanto, de nossa capacidade de fruir. Contudo, isso posto, devemos lembrar que no âmbito do ócio estético não é necessária uma grande formação. Em muitos casos, é suficiente ter as habilidades mínimas de leitura e compreensão elementares ou de capacidade de escuta. A recriação das obras, sua acolhida em nosso interior não nos pede, na maior parte dos casos, mais que nosso desejo e vontade. Outra área que requer mais treinamento é, sem dúvida, a da interpretação. Tocar um instrumento pode ser uma atividade muito estimulante, que nos proporciona grande deleite; mas também requer tempo para controlar o meio e a ação. Aprender a escutar uma música ou a executá-la nos possibilita passar algumas horas magníficas de divertimento. É necessário concentrar a atenção e,

---

[107] Luis García Montero, Antonio Muñoz Molina, *¿Por qué no es útil la literatura?*, Madrid: Hiperión, 1993, p.12.
[108] Jaime Cuenca Amigo, *El valor de la experiencia de ocio en la modernidad tardía*, Bilbao: Universidad de Deusto, 2012.

às vezes, investir muitas horas de preparação. Os grandes intérpretes dedicam a isso toda a sua vida. É emocionante ouvir as reflexões de quem tem um longo percurso como concertista. O pianista Joaquín Achúcarro, depois de uma trajetória de cinquenta anos como intérprete, conta, em uma entrevista, o que significa para ele a criação:

> Agora me preocupo com que cada nota esteja ligada com a anterior e com a seguinte. Houve um enriquecimento muito grande do que acontece dentro de mim... Ouço coisas que antes não ouvia. Tudo depende do que você quer criar. E criar nem sempre é fazer coisas que antes não existiam. Da Vinci trabalhou com cores que já existiam para fazer *A Gioconda*. O som que Beethoven tinha na cabeça já existia: ele só reordenou as notas. Michelangelo dizia que fazer uma escultura é simplesmente retirar do bloco de mármore tudo o que não é necessário. Com a interpretação de uma obra acontece a mesma coisa.[109]

O pianista se refere à criatividade a que chegou depois de uma vida de entrega ao instrumento, o que lhe proporcionou o domínio técnico e a expressão necessários para uma interpretação pessoal. Evidentemente, nem todas as pessoas têm o talento e as condições para poder tocar piano como concertistas, mas todos podemos nos exercitar na criatividade que as obras de arte nos oferecem. As obras nos convocam, pedem nossa colaboração. Observemos essas ideias no seguinte texto de Octavio Paz, intitulado *A casa do olhar*:

> Estás na casa do olhar, os espelhos esconderam todos os seus espectros,
> não há ninguém nem há nada para ver, as coisas abandonaram seus corpos,
> não são coisas, não são ideias: são disparos verdes, vermelhos, amarelos, azuis,
> enxames que giram e giram, espirais de legiões desencarnadas,
> torvelinho de formas que ainda não alcançam sua forma,
> teu olhar é a hélice que impele e revolve as multidões imateriais,
> teu olhar é a ideia fixa que perfura o tempo, a estátua imóvel na praça da insônia,
> teu olhar trança e destrança os fios da trama do espaço,

---

[109] Joaquín Achúcarro, entrevista a César Coca em "Territorios", *El Correo*, 2010, p.3.

teu olhar esfrega uma ideia contra outra e acende uma lâmpada na igreja do teu crânio,
passagem da enunciação à anunciação, da concepção à assunção,
o olho é uma mão, a mão tem cinco olhos, o olhar tem duas mãos,
estamos na casa do olhar e não há nada para ver, é preciso povoar outra vez a casa do olho,
é preciso povoar o mundo com olhos, é preciso ser fiel à vista, é preciso CRIAR PARA VER.[110]

Esse poema é um convite à experiência criadora. O texto nos convoca a constituir a realidade: "As coisas abandonaram seus corpos, não são coisas, não são ideias: são disparos verdes, vermelhos, amarelos, azuis..." O poeta se expressa de um modo impressionista, pedindo nosso olhar constitutivo. Ele convoca o olhar ativo, ou seja, nossa colaboração e nossa criatividade.

A atitude, a liberdade e a criatividade descobrem no ócio estético um campo sem fronteiras. Não é preciso um treinamento específico para recriar um poema, contemplar um quadro ou ler um romance. Basta ter vontade e querer fazê-lo. Isso significa acessibilidade e possibilidade real para todas as pessoas que queiram se aproximar. Não é preciso ser filólogo para se deleitar com as melhores obras da literatura ou da música. Lemos por prazer, pelo mesmo motivo que se escolhe escutar determinada música ou visitar uma exposição. Contudo, isso não significa que não se possa favorecer a fruição no campo do ócio estético. Desde os anos 1990, o Instituto de Estudos de Ócio da Universidade de Deusto implementou uma série de programas de formação para levar essas reflexões à prática, com o propósito de que os participantes possam ampliar seu horizonte cultural, descobrir valores e procurar no ócio novos caminhos de realização pessoal[111]. Nessa mesma linha, lembramos novamente o *Manifesto por um ócio valioso para o desenvolvimento humano*:

---

110 Octavio Paz, *Obras completas. Obra poética II*, México: Fondo de Cultura Económica, 2004, p.155.
111 Manuel Cuenca, Lázaro Yolanda, María Luisa Amigo, Jaime Cuenca, "Ocio experiencial en la universidad", *Revista de Ciencias de la Educación*, nº 225-226, 2011, pp. 251-69; María Luisa Amigo, Macarena Cuenca Amigo, "Propuesta de líneas de mejora de la experiencia operística desde el ocio creativo", *Arbor, Ciencia, Pensamiento y Cultura*, n.º 754 mar.-abr. 2012, vol. 188, pp. 427-40.

O ócio que defendemos é aquele que habilita para um processo contínuo de identificação, cultivo e aprimoramento de capacidades, que para se realizar não depende apenas da vontade de cada um, mas também do compromisso dos governos para garanti-las. Nesse enfoque, as capacidades são tanto condição necessária para um ócio valioso como indicador de seu impacto no desenvolvimento de pessoas e coletivos.[112]

As grandes obras do patrimônio mundial estão ao alcance da mão. Hoje, mais do que nunca, podemos ter acesso a elas por diversos meios. É necessário apenas se aproximar delas, querer participar de sua recriação. Não há dúvida de que o âmbito das experiências de ócio estético nos oferece um campo de desenvolvimento da criatividade, na medida em que nos convoca para a descoberta dos valores das obras e de enriquecimento intelectual.

Autotelismo

Como já assinalou Aristóteles, a experiência de ócio humanista é autotélica. Quer dizer que tem uma finalidade intrínseca e que não busca outra meta além de sua própria realização. A compreensão da cultura no mundo clássico e na tradição humanista se orientou para esse objetivo, perseguindo não uma dimensão utilitária, mas uma formação desinteressada, valiosa por si mesma, e não como um meio para obter outro fim. O prazer de seu conhecimento e a marca do que proporciona serão benefícios de longo prazo e caminhos-chave para o desenvolvimento da pessoa, mas não entendidos no imediatismo nem como um valor de troca. Podemos expressá-lo com uma frase do *Pequeno príncipe*: "É verdadeiramente útil, porque é bela"[113].

Nas páginas anteriores, salientei que a atitude, o autotelismo, a compreensão e a fruição são os pilares que caracterizam a vivência estética e a

---

112 Instituto de Estudios de Ocio, *Manifiesto por un ocio valioso para el desarrollo humano*, Bilbao: Universidad de Deusto, 2013.
113 Antoine de Saint-Exupéry, *El Principito*, Barcelona: Salamandra, 2008, p. 49.

diferenciam de outras. O mesmo poderia ser dito da experiência de ócio: a liberdade, o autotelismo ou a gratuidade e a satisfação são os aspectos-chave da experiência. O texto a seguir, de Cernuda, nos ajuda a diferenciar o autotelismo de outras intenções talvez predominantemente psicológicas etc.

> A MÚSICA
>
> Nos fins de tarde de inverno, duas ou três vezes ao mês, os membros da sociedade de concertos, como conjurados românticos, iam para o teatro pelas ruas já iluminadas, na direção contrária dos que difusamente voltavam do trabalho para casa. O velho e desmantelado coliseu iluminava seu cenário vermelho e dourado engrinaldando-se com essa estranha flor ou fruto que é a face humana, a maioria, indiferentes, outras curiosas, outras, ainda, expectantes.
>
> Lá ouvi, pela primeira vez, Bach e Mozart; lá a música revelou aos meus sentidos sua *pur délice sans chemin* (como diz o verso de Mallarmé, a quem eu lia, na época), aprendendo o que para o pesado ser humano é uma forma equivalente do voo que sua natureza lhe nega. Sendo jovem, bastante tímido e muito apaixonado, o que eu pedia à música eram asas para fugir daquelas pessoas estranhas que me rodeavam, dos costumes estranhos que me impunham, e, quem sabe, até de mim mesmo.
>
> Mas da música é preciso se aproximar com a maior pureza, e só querer dela o que ela pode nos dar: encantamento contemplativo. Em um canto da sala, os olhos fixos em um ponto luminoso, ficava absorto, escutando-a, como quem contempla o mar. Seu harmonioso ir e vir, sua cintilação multiforme, eram como uma onda que desalojasse as almas dos homens. E essa onda que nos erguia da vida à morte, era doce perder-nos nela, embalando-nos para a última região do esquecimento.[114]

O ócio é uma experiência vital e um setor de desenvolvimento humano que repousa sobre três pilares essenciais: liberdade, satisfação e autotelismo. Diversos estudos, em especial os do professor Cuenca, sublinharam essa característica do ócio como um fim em si mesmo: "O ócio, entendido

---

[114] Luis Cernuda, *Ocnos*, Barcelona: Seix Barral, 1981, pp.102-3.

em seu sentido mais puro, é um fim em si mesmo, busca a realização de algo sem pretender nada em troca da ação"[115]. Diferenciou-se o ócio do conceito de prêmio, com frequência entendido na sua vinculação com o trabalho e o descanso. O ócio tem valor porque é autotélico, porque não procura outro fim além de sua experiência. *Platero e eu* nos oferece exemplos magníficos desse valor. O seguinte texto é um deles:

> MADRIGAL
>
> Olhe para ela, Platero. Deu, como o cavalinho do circo pela pista, três voltas redondas por todo o jardim, branca como a leve onda única de um doce mar de luz, e voltou a passar pela cerca. Vejo-a na roseira silvestre que há do outro lado e quase a vejo através da cal. Olhe para ela. Já está aqui outra vez. Em realidade, são duas borboletas: uma branca, ela; outra preta, sua sombra.
>
> Há, Platero, belezas terminantes que em vão outras pretendem ocultar. Como em sua cara os olhos são o primeiro encanto, a estrela é o da noite, e a rosa e a borboleta o são do jardim matinal.
>
> Platero, olhe com que graça voa! Que regozijo deve ser para ela o voar assim! Deve ser como é para mim, poeta verdadeiro, o deleite do verso. Introverte-se toda em seu voo, dela mesma à sua alma, e se vê que nada mais lhe importa no mundo, digo, no jardim. Quieto, Platero... Olhe para ela. Que maravilha vê-la voar assim, pura e sem palavras inúteis![116]

J. Pieper já destacou que o assombroso é se esquecer dos imediatos fins vitais para possibilitar, embora por uma única vez, o "atônito olhar à face maravilhosa do mundo"[117]. Quem se espanta assume de maneira pura a atitude que desde Platão se chama *theoría*, só possível na medida em que o homem não se tornou cego para a realidade. O sentido do termo ócio foi recuperado na Grécia, *scholé*[118], com o qual se referiam à atividade não utilitária, em que o ser humano podia se aprimorar, enriquecer e

---

115 Manuel Cuenca, *Ocio humanista*, Bilbao: Universidad de Deusto, 2000, p.68.
116 Juan Ramón Jiménez, *Obra poética*, Madrid: Espasa-Calpe, 2005, II, 3, p.558. [Trad. Athos Damasceno, *Platero e eu*, Rio de Janeiro: Globo, 1997.]
117 Josef Pieper, *El ocio y la vida intelectual*, Madrid: Rialp, 1974, p.128.
118 Santiago Segura, Manuel Cuenca, *El ocio en la Grecia clásica*, Bilbao: Universidad de Deusto, 2007, p.22.

desenvolver sua mente da forma mais específica, diferenciando-se de outros seres. Concretizava-se na contemplação intelectual, quer dizer, no âmbito do estudo, da promoção do conhecimento, da busca da verdade, do bem e da beleza. O ócio era o caminho para atingir o fim supremo do ser humano, a realização pessoal em sua mais alta instância e a obtenção da felicidade que lhe é própria como ser dotado de inteligência e de liberdade para se forjar a si mesmo[119].

A experiência de ócio humanista é uma experiência autotélica. Sua realização se dá através de cinco dimensões fundamentais que o professor Cuenca sintetizou nas seguintes: lúdica, ambiental-ecológica, criativa, festiva e solidária[120]. O ócio estético se enquadra na dimensão criativa, embora as outras dimensões também possam ter uma vertente estética, mesmo que prioritariamente a festa ou o jogo sejam seus objetivos principais. Por outro lado, é fácil compreender que na experiência se encontram diversas dimensões, embora uma delas predomine.

O autotelismo é um aspecto que a estética destacou em suas reflexões sobre a experiência estética. Devemos a Kant a apreciação moderna dessa característica. Kant, na *Crítica do juízo*, entendeu a obra de arte como produção no ócio e como jogo, como uma ocupação grata em si e para si, separada do trabalho feito com uma finalidade que se persegue por seu efeito. Situou o prazer estético no campo da sensibilidade e da beleza e o caracterizou como prazer desinteressado. Sua reflexão separou a esfera estética do conhecimento científico e da moral, sublinhando a autonomia da experiência estética. A gratuidade e o jogo que caracterizam a arte implicam o desinteresse. O desinteresse que nos proporciona o objeto estético contrasta com o interesse ou a satisfação que relacionamos à existência de um objeto. Na experiência estética pomos entre parênteses a existência do objeto; nós nos deleitamos com sua representação e somos indiferentes à sua existência. Kant também parte da mesma atitude de esquecimento dos interesses práticos e fins vitais de nossa vida cotidiana que destacávamos antes, na reflexão sobre o assombro. A experiência estética não se orienta para um fim prático.

---

[119] María Luisa Amigo, *Las ideas de ocio estético en la filosofía de la Grecia clásica*, Bilbao: Universidad de Deusto, 2008.
[120] Manuel Cuenca, *Ocio humanista*, Bilbao: Universidad de Deusto, 2000, p. 95.

Um texto de Amado Nervo pode nos ajudar a ver o olhar interessado, que contrasta com o autotelismo que comentamos. O escritor relata o atentado contra o rei, no dia em que Alfonso XIII se casou com a princesa Ena de Battenberg. Ele ressalta a atitude de uma fotógrafa que cobre o acontecimento. Ela faz seus cliques e, quando a bomba explode, impassível diante do que acontece, continua fotografando.

Aquela mulher veio às festas da realeza provida, naturalmente, de sua inseparável máquina fotográfica, de uma marca bastante boa, aliás. Andou procurando, nas inúmeras tribunas pagas que havia nas ruas do trajeto da comitiva, um bom lugar, e achou um na Calle Mayor, justamente na tribuna que ficava em frente ao 88, de onde se cometeu o atentado.

Quando a carruagem real se aproximava, a mulher, que já tinha tirado outras fotos, dispôs-se a fotografá-la com todo o esmero.

Justamente no instante oportuno, quando a carruagem se erguia diante dela, a bomba lançada do já tristemente célebre balcão deve ter caído entre os cavalos de tiro. O movimento tinha sido tão bem calculado que, se a carruagem real não tivesse parado improvisadamente, por causa de uma das tantas pequenas interrupções produzidas durante o trajeto, a bomba, que explodiu antes de chegar ao chão, teria caído sobre o teto, fazendo-o em pedacinhos. A essa interrupção deveram, pois, os reis sua vida. Mas voltemos à nossa inglesa. Assim que viu a carruagem parar, ela tirou sua foto, justamente quando a bomba explodiu. Como sua máquina operava a um quinquagésimo de segundo, a chama se imprimiu na placa antes que o estampido impressionasse a multidão, que na admirável fotografia aparece exatamente na fração do instante que precedeu ao pânico, à disparada, à tragédia geral. A carruagem real está envolta em fumaça, mas nem o cavalo arrebentado caiu ainda, nem os soldados feridos desabam, nem o público se move.

A inglesa, ao mesmo tempo que tirava sua foto, percebia a catástrofe. Um segundo depois, aquele lugar era um pandemônio. As pessoas fugiam gritando, o sangue salpicava tudo, no arroio jaziam seres informes, carbonizados, estripados, esmigalhados...

O que fez então a inglesa? Pois, impassível (tinha que ser inglesa), aguardou que a fumaça se dissipasse, preparou outra placa e, assim que pôde enxergar alguma coisa, tirou outra foto. Nessa aparece já todo o horror da cena. Um indivíduo recolhe da calçada os restos de uma menina; no toldo de uma sacada, no lugar onde morreu a marquesa de Tolosa, vê-se uma imensa mancha de sangue... Enfim, tudo o que vocês sabem.

Nossa inglesa tirou outro instantâneo da carroça real, que foi arrastada um bom trecho pelos corcéis espantados, só que esse não saiu. Passaram uns dias, e uma vez reveladas, imprimiu seus instantâneos e se pôs a procurar um fotógrafo que quisesse comprar aquilo. Encontrou-o, e suas duas placas lhe valeram três mil pesetas em uma casa das mais elegantes de Madri, onde se vendem implementos fotográficos. [...]

E eis aqui como esse crime horrível, que custou tantas angústias, tanto sangue, tantas lágrimas, favoreceu duas pessoas: uma inglesa, cuja impassibilidade lhe valeu três mil pesetas, e um fotógrafo, decidido a tirar de duas placas todo o proveito possível.[121]

O olhar da fotógrafa é frio e distante; capta a realidade que lhe interessa profissionalmente, não de forma desinteressada nem tampouco em um vínculo de relação emocional. Interessa a ela disparar sua máquina pelo lucro que espera obter. Essa atitude contrasta com o autotelismo que salientamos da experiência de ócio estético, escolhida de maneira livre, sem buscar outra meta. A própria experiência nos satisfaz e nos é gratificante. O deleite da própria atividade prevalece acima de qualquer outra recompensa. Não lhe importa a tragédia que tem diante dos olhos, as vítimas do atentado, a sua esfera pessoal. Não há uma comunicação expressiva, dolorosa, que mostre as consequências da ação.

Fruição: uma experiência satisfatória

As experiências de ócio estético geram estados de harmonia, de satisfação e de fruição. Tanto a reflexão da teoria do ócio como a da estética ressaltaram o caráter positivo dessas vivências. Realizam-se como vivências plenas que experimentamos com intensidade e que, com fre-

---

[121] Amado Nervo, *Obras completas,* Madrid: Aguilar, 1951, I, pp.1218-19.

quência, nos proporcionam um sentimento de fruição. É o deleite da consciência criadora ou recriadora que experimenta a recriação de um mundo criado. No capítulo seguinte me deterei nas reflexões de Umberto Eco, que destacou o papel fundamental do receptor ou participante na cocriação da obra e no deleite que isso ocasiona. Ele e outros autores da teoria estética atual, assim como outros pensadores ao longo da história, observaram o caráter prazeroso dessas experiências, mesmo em casos extremos em que o tema central seja a dor. Mas voltarei a isso, mais adiante.

A experiência de ócio estético é prazerosa. Sobre o prazer e o significado da obra, Henri Matisse comenta o seguinte:

> Uma obra de arte tem um significado diferente conforme a época em que seja analisada. [...] Parte do prazer de sua presença atual e de sua ação contemporânea se perde se analisada do ponto de vista do momento em que aparece. O prazer que em todas as épocas a obra de arte proporciona ao homem provém da comunhão entre a obra e quem a contempla. Se o espectador renunciar a sua condição real para se identificar espiritualmente com a condição daqueles que viveram durante o período em que foi criada a obra em questão, não há dúvida de que se empobrece e altera a plenitude de sua satisfação, algo assim como o homem que rastreia, com ciúmes retrospectivos, o passado da mulher amada.[122]

Matisse destaca a comunhão entre a obra e quem a contempla, e insiste na atualização da obra. O prazer surge na sua vivência atualizada, e não em uma hipotética volta ao tempo em que ela foi criada. Experimentamos a fruição em sua relação conosco, como pessoas no mundo que nos tocou viver. Podemos nos deleitar com obras realizadas há muito tempo, mas promovemos a leitura delas a partir do nosso presente.

Lope de Vega poetizou essa ideia, elogiando a leitura dos livros e o prazer que proporcionam:

---

[122] Henri Matisse, *Sobre arte,* Barcelona: Barral, 1978, p.74.

Multum legendum, sede non multa[123].
(Plínio, o Jovem, livro 6)

Livros, quem os conhece e os entende,
como pode chamar-se desventurado?
Se bem o amparo que lhe tenha faltado
o templo da fama o defende.

Aqui sua liberdade a alma estende
e o engenho se alenta dilatado,
que, do profano vulgo retirado,
em só amor da virtude se acende.

Ame, pretenda, viva o que prefere
o gosto, o ouro, o ócio ao bem que sigo,
pois tudo morre, se o sujeito morre.

Ó estudo liberal, discreto amigo,
que só fala o que um homem quer,
por ti vivi, morrerei contigo![124]

A leitura nos tira do cotidiano e estimula a imaginação; nos ensina a sentir, a chorar e a rir, a pensar e a compreender o mundo humano. Nossa compreensão e imaginação dão vida aos textos, e como leitores temos que nos distanciar de nosso próprio mundo para entrar no universo imaginário que o texto nos oferece. Quando lhe foi concedido o prêmio Príncipe de Astúrias, o escritor Günter Grass lembrou a função da literatura e fez um elogio ao livro. Naquele contexto, afirmou:

> Vejo já crianças, enfastiadas de televisão e fartas de *video games*, que se isolam com um livro e se abandonam à atração da história narrada, imaginam mais de cem páginas e leem algo muito diferente do que aparece

---

123 O texto de Plínio pode ser traduzido como: Não se devem ler muitas coisas, e sim poucas, mas bem.
124 Lope de Vega, *Obras poéticas*, Barcelona: Planeta, 1969, p. 910.

em letras de fôrma. Porque isso é o que caracteriza o ser humano. Não há espetáculo mais belo que o olhar de uma criança que lê. Completamente absorta nesse contramundo, absorta entre duas capas, continua presente, mas não quer que a incomodem.[125]

Detenhamos agora o olhar na leitura do seguinte texto de Proust, um deleite sensual que mostra uma experiência prazerosa:

> Swann palpava os bronzes por polidez e não se atrevia a parar imediatamente.
> – Vamos, poderá acariciá-los mais tarde; agora é ao senhor que vão acariciar, e acariciar no ouvido. Gosta, não? Aqui está um jovenzinho que vai encarregar-se disso.
> Ora, depois que o pianista tocou, Swann mostrou-se ainda mais amável com ele do que com as outras pessoas ali presentes. Eis o motivo:
> No ano anterior, numa reunião, ouvira uma obra para piano e violino. Primeiro só lhe agradara a qualidade material dos sons empregados pelos instrumentos. E depois fora um grande prazer quando, por baixo da linha do violino, tênue, resistente, densa e dominante, vira de súbito tentar erguer-se num líquido marulho a massa da parte do piano, multiforme, indivisa, plana e entrechocada como a malva agitação das ondas que o luar encanta e bemoliza. Mas em certo momento, sem que pudesse distinguir nitidamente um contorno, dar um nome ao que lhe agradava, subitamente fascinado, procurara recolher a frase ou a harmonia – não o sabia ele próprio – que passava e lhe abria mais amplamente a alma, como certos perfumes de rosas, circulando no ar úmido da noite, têm a propriedade de nos dilatar as narinas. Talvez fosse porque não sabia música que viera a experimentar uma impressão tão confusa, uma dessas impressões que, no entanto, são talvez as únicas puramente musicais, inextensas, inteiramente originais, irredutíveis a qualquer outra ordem de impressões. Uma impressão desse gênero durante um momento é, por assim dizer, *sine materia*. Sem dúvida, as notas que então ouvimos já tendem, segundo a sua

---

[125] Günter Grass, *Escribir después de Auschwitz*, Barcelona: Paidós, 1999, p. 45.

altura e quantidade, a cobrir ante nossos olhos superfícies de dimensões variadas, a traçar arabescos, a dar-nos sensações de largura, de tenuidade, de estabilidade, de capricho. Mas as notas se esvaem antes que essas sensações estejam cabalmente formadas em nós para não serem submersas pelas que despertam as notas seguintes ou mesmo simultâneas. E essa impressão continuaria a envolver com a sua liquidez e o seu som "fundido" os motivos que por instantes emergem, apenas discerníveis, para em seguida mergulhar e desaparecer, somente percebidos pelo prazer particular que dão, impossíveis de descrever, de lembrar, de nomear, inefáveis – se a memória, como um obreiro que procura assentar alicerces duráveis das ondas, fabricando-nos fac-símiles dessas frases fugitivas, não nos permitisse compará-las às que se lhes sucedem e diferenciá-las. Assim, mal expirara a deliciosa sensação de Swann, logo a sua memória lhe fornecera uma transcrição sumária e provisória, mas em que tivera presos os olhos enquanto a música continuava, de modo que, quando aquela impressão retornou, já não era inapreensível. Ele lhe concebia a extensão, os grupos simétricos, a grafia, o valor expressivo; tinha diante de si essa coisa que não é mais música pura, que é desenho, arquitetura, pensamento, tudo o que nos torna possível recordar a música. Desta vez distinguira nitidamente uma frase que se elevava durante alguns instantes acima das ondas sonoras. Ela logo lhe insinuara peculiares volúpias, que nunca lhe ocorreram antes de ouvi-la, que só ela lhe poderia ensinar, e sentiu por aquela frase como que um amor desconhecido.

Num lento ritmo ela o encaminhava primeiro por um lado, depois por outro, depois mais além, para uma felicidade nobre, ininteligível e precisa. E de repente, no ponto aonde ela chegara e onde ele se preparava para segui-la, depois da pausa de um instante, ei-la que bruscamente mudava de direção e num movimento novo, mais rápido, miúdo, melancólico, incessante e suave, arrastava-o consigo para perspectivas desconhecidas. Depois desapareceu. Ele desejou apaixonadamente revê-la uma terceira vez. E ela com efeito reapareceu, mas sem falar mais claramente, e causando-lhe uma volúpia menos profunda.[126]

---

[126] Marcel Proust, *En busca del tiempo perdido. Por el camino de Swann*, Madrid: Alianza, 1975, pp. 251-3. [Trad. Mário Quintana, *No caminho de Swann*, Rio de Janeiro: Biblioteca Azul, 2006.]

O lindo texto de Proust mostra bem como a experiência tem diferentes níveis sensoriais e formais, em que o eu poético – o sujeito dessa vivência – se deleita com as harmonias no variado colorido de liquidez sensorial que o envolve.

A fruição das experiências de ócio estético está relacionada ao autotelismo. A motivação intrínseca e a própria escolha pessoal possibilitam a satisfação da experiência. Csikszentmihalyi estudou, durante anos, as experiências de fluxo e o caráter prazeroso a elas associado, sempre com certo desafio em expectativa. Diferentemente do prazer em sentido estrito, como um princípio homeostático e conservador que leva as pessoas a economizar energia e a derivar recompensas de ações geneticamente programadas em nossa natureza, a fruição requer o uso de habilidades para satisfazer desafios externos. É o caso de nossa participação nas formas artísticas. A fruição é uma consequência da própria experiência, que é autotélica, e seu êxito provoca no sujeito o desejo de replicá-la para ter novas experiências ótimas recompensadoras em si mesmas[127]. Esse autor destacou o equilíbrio entre desafios e destrezas como um ajuste que possibilita a experiência plena. Se o desafio for excessivo, o participante pode se sentir vencido e abandonar o esforço; se, ao contrário, é muito simples, talvez não seja interessante, e ele se enfade. Por isso ele aponta a um devido equilíbrio que facilite a fruição.

A experiência de ócio estético é uma experiência prazerosa que requer tempo e espaço próprios, capazes de gerar hábitos que nos permitam integrá-las em nosso modo de vida. Definitivamente, essas experiências devem ser um caminho de desenvolvimento humano em virtude de sua potencial melhora individual e da comunidade[128]. O horizonte da arte nos oferece um amplo campo de possibilidades valioso em si mesmo de que podemos desfrutar e gerar hábitos de vivências positivas, enriquecedoras e, ao mesmo tempo, gratificantes que nos ajudem nesse desenvolvimento.

---

127 Mihalyi Csikszentmihalyi, *Creatividad*, Barcelona: Paidós, 1998, p.74.
128 Manuel Cuenca, "Aproximación a las experiencias culturales desde los planteamientos del ocio humanista", em: Cristina Ortega, *Nuevos desafíos de los observatorios culturales* (pp.19-48), Bilbao: Universidad de Deusto, 2011a, pp.32-3.

Predomínio do estético na esfera social e a experiência de ócio estético

> *Nós, homens civilizados do século XXI, vivemos os tempos do triunfo da estética, da adoração da beleza: os tempos de sua idolatria.*
> Yves Michaud[129]

A frase é de Yves Michaud. Em seu ensaio *A arte em estado gasoso*, o pensador francês constata como a arte se reduziu a uma realidade estetizada, um mundo exageradamente belo, no qual "colocamos os óculos da estética". Sem entrar agora no paradoxo que o pensador analisa em torno da arte, é fácil reconhecer seu ponto de partida: o triunfo de uma realidade estetizada, em que os valores estéticos foram colocados em primeiro nível. Ele aponta, inclusive, que nessa sociedade se privilegia a experiência estética que tende a colorir a totalidade das experiências e formas de vida. Tudo se apresenta com o rastro da beleza e se dispõe para criar ambientes agradáveis e produzir experiências no espectador. Não é difícil comprovar em nossas cidades essa revalorização do estético. É o caso da cidade de Bilbao. Sua transformação se tornou exemplar e é referência em foros internacionais. Nela confluem a redescoberta de uma nova cidade – não mais industrial –, com o impacto da arte – especialmente graças ao Museu Guggenheim –, tudo isso como centro de atração turística.

---

129 *El arte en estado gaseoso*, México: Fondo de Cultura Económica, 2007, p.10.

Diferentemente de épocas anteriores, o início do século XXI parece ter privilegiado o âmbito estético. Essa tendência seria dada por uma nova sensibilidade, um cultivo do corpo como parte integral do humano e fora do humano, uma revalorização do sensível na natureza, no entorno e na cidade. Um processo parecido se observou na época moderna, quer dizer, nas origens da estética como disciplina. Afinada com aquela mudança, surgiu a disciplina chamada estética como uma teoria da sensibilidade[130]. Isso significaria, em primeiro lugar, um reconhecimento de seu papel e uma avaliação consciente dessa dimensão valiosa em si mesma. Como fenômeno, a estética se mostra na atualidade de maneira notória no esforço de embelezamento das cidades e dos povoados, que se reabilitam e recuperam suas formas tradicionais. Uma área e outra se transformam com critérios estéticos, tentando configurar ambientes agradáveis. Nesse sentido, podemos falar de estetização. Refiro-me a um sentido fraco do termo, como a primazia da dimensão estética. Embeleza-se o real para torná-lo mais habitável e propício a melhorar a vida das pessoas. Restauram-se as construções tradicionais – especialmente na área rural – e depuram-se os núcleos urbanos da contaminação urbanística industrial. A cidade ou o povoado são recuperados para seus habitantes. No que se refere à natureza, cuida-se dos ambientes para preservá-los como patrimônio natural. Talvez, em muitos casos, essa dimensão estética esteja encoberta ou identificada com a função que os objetos realizam, seja no urbanismo, seja no mobiliário que povoa nossos núcleos urbanos. Mas, em outros casos, há um desenvolvimento explícito das formas que ultrapassam esse nível e utilizam recursos plásticos, expressivos, além dos exigidos por sua utilidade. É aí que vemos mais claramente a intencionalidade estética dos objetos, marcos ou ambientes de nossas urbes. Esse *plus*, esse excedente, é o que nos orienta em sua virtualidade para favorecer experiências estéticas. Em alguns casos, a intervenção estética foi tão favorecida que os espaços urbanos ganham uma dimensão cenográfica, em que todos os detalhes plásticos e sonoros, inclusive, foram levados em conta. Não raro encontramos núcleos urbanos, ou determina-

---

[130] José Luis Molinuevo, *La experiencia estética moderna*, Madrid: Síntesis, 1998, pp. 49-50.

das áreas dos centros antigos, renovados, onde a música acompanha as esculturas que foram estrategicamente disseminadas nas ruas, jardins ou praças. Esses ambientes foram planejados para favorecer e potencializar espaços agradáveis, que chegam aos destinatários multissensorialmente.

Reservaríamos um sentido forte do termo estetização para os casos em que significa uma mudança na definição do real, não já como embelezamento, mas como criação de outra realidade que o substitui. Poderíamos reconhecer esse outro nível, no sentido forte, ao observar a criação de espaços expressamente pensados para favorecer experiências nas quais o ócio estético tem um papel importante. Refiro-me ao que Pine e Gilmore denominaram experiências de teatralização. Planejam-se ambientes não reais destinados a essas experiências, como o Rainforest Café, que simula uma floresta tropical, mas não o é, de fato. Cria-se uma ficção com critérios estéticos para envolver as pessoas em experiências inesquecíveis[131].

Por outro lado, podemos observar no âmbito da arte espaços especialmente preparados para que o visitante tenha experiências de ócio estético. É o caso, por exemplo, do Palácio Tóquio, em Paris. Esse centro nos serve para pensar em diversos espaços da arte contemporânea, preparados e esvaziados para abrigar determinadas obras e favorecer experiências.

O Palácio Tóquio foi construído em 1937 e abrigou o Museu Nacional de Arte Moderna, antes de sua transferência para o Centro Pompidou. Recentemente sofreu uma modificação que consistiu em despojar o edifício de seu acondicionamento anterior, dando-lhe um aspecto de galpão industrial desabitado, no centro de Paris. A mudança se realizou desnudando o interior do palácio e adequando-o como novo espaço para mostrar instalações de arte contemporânea. O que pretendem essas intervenções? O espaço se transformou por despojamento, escavando o próprio edifício para trazer à luz outro espaço, na aparência abandonado. O Palácio Tóquio se transformou em um lugar da moda. Fica aberto até a meia-noite e se oferece como espaço de exposições, eventos, encontros, projeções ou música. Apresenta-se como um laboratório para a cultura

---

[131] B. Joseph Pine, James H. Gilmore, *Economía de la experiencia*, Barcelona: Gránica, 2000, p. 76 ss.

emergente. O número de visitantes supera 1 milhão de pessoas. No início de 2009, uma de suas exposições foi a do artista Tony Matelli, *Abandon*. Como a erva daninha dos jardins, a obra desse artista transformou os módulos do palácio em um não lugar, pedreira ou espaço abandonado – como se anunciou oficialmente –, mostrando-se assim como metáfora da situação que comento.

O que me interessa destacar é a situação criada para o visitante nesses espaços, que parecem favorecer determinadas experiências com o mínimo de elementos artísticos. Yves Michaud a descreve no texto a seguir:

> O mais interessante é que as manifestações que acontecem nesses espaços não diferenciados são muito difíceis de identificar em si mesmas como arte, ou mesmo como objetos de arte. Não há como distinguir grafites em um muro "em obras" de uma pintura primitiva ou de cartazes pintados colados toscamente. Não há como distinguir o material eletrônico necessário para a preparação de um concerto do depósito de materiais eletrônicos utilizados na iluminação.[132]

O pensador francês faz o que ele chama de uma etnografia da arte contemporânea, à maneira dos antropólogos. Ele destaca o predomínio da estética nas formas sociais, a tal ponto que a experiência estética tende a colorir a totalidade das experiências, e as formas de vida devem se apresentar com o rastro da beleza: "O mundo se tornou totalmente belo. É o triunfo da estética"[133]. Essa estetização não procede da arte, já que a arte neste mundo tão belo se volatizou, desapareceu, transformada em fumaça ou em éter. O paradoxo que analisa é que esse triunfo da estética é acompanhado por um mundo vazio de obras de arte, "se por arte entendemos aqueles objetos preciosos e raros, antes investidos de uma aura, de uma auréola, da qualidade mágica de serem centros de produção de experiências estéticas únicas, elevadas e refinadas"[134]. A arte se volatizou em éter estético. Não há mais obras, há experiências. Observa-se a prefe-

---

[132] Yves Michaud, *El arte en estado gaseoso*, México: Fondo de Cultura Económica, 2007, pp. 53-4.
[133] *Ibidem*, p. 49.
[134] *Ibidem*, p. 10.

rência pelas instalações ou *performances*, modificando o espaço para que produzam efeito, divertimento, perplexidade, horror... quer dizer, devem produzir uma experiência. A ênfase se desloca para o espectador, para o que vê, para o *regardeur*. Essa observação é importante porque leva a outro ponto-chave: a obra vai se apagando "em benefício da experiência"[135], o que traz consigo o desaparecimento do olhar concentrado do visitante em benefício de uma percepção do ambiente. Além disso, o sistema está acostumado a captar a imagem do espectador em um circuito fechado para devolvê-lo ao ambiente, integrá-lo e para que seja parte dele.

Guardemos três aspectos-chave que nos interessam de sua reflexão. Primeiro: a obra desaparece ou perde importância. Segundo: privilegia-se a experiência do visitante. Terceiro: o olhar do visitante é difuso, está centrado na percepção do ambiente. Coloco essas questões para situar as experiências de ócio estético que ocupam lugar central neste livro.

Recapitulemos a situação que acabo de apresentar: em primeiro lugar, destaquei a estetização generalizada nos entornos urbanos, assim como a primazia do estético nas formas sociais. Reservei, em segundo lugar, um sentido forte do termo estetização para aqueles espaços expressamente pensados para favorecer experiências nas quais o ócio estético tem um papel importante, como a proposta de experiências de teatralização. Em terceiro lugar, aponto os espaços vinculados ao mundo artístico, pensados para provocar uma experiência que em si mesma seja estética, embora a arte tenha desaparecido e coloque em questão o que se comunica. O visitante tem que reconhecer o dispositivo "artístico" como origem pertinente do estímulo e não confundi-lo com os restos do coquetel de inauguração, por exemplo. Definitivamente, vislumbramos que o que ocorre, nesses casos, é que a arte funciona como um grupo de iniciados.

Que experiências são o centro de atenção deste livro? Para responder a essa pergunta devemos compreender que a experiência estética é gradual, e nela podemos diferenciar vários níveis.

---

135 *Ibidem*, p. 32.

Níveis das experiências de ócio estético

A experiência de ócio estético é gradual e pode se dar em diferentes níveis. É difícil traçar seus limites, pois ela pode coexistir com outros interesses ou se dar em outro tipo de experiências, e talvez não percamos nunca um limite de consciência estética. Podemos perceber um grau de experiência estética no primeiro sentido de estetização que comentávamos. As transformações estéticas de nossas cidades, povoados ou espaços naturais, que todos podem observar, asseguram a primazia da dimensão estética. Esses espaços são especialmente adequados para produzir experiências estéticas que podem se caracterizar pelo impacto sensorial, a beleza e o deleite que nos proporcionam. Esses aspectos se dariam em experiências cotidianas e em diferentes contextos, por exemplo, em um passeio no qual desfrutamos esteticamente do entorno ou em uma visita a uma cidade, percorrendo seus monumentos. Gostaria de lembrar que requerem uma atitude com a qual o sujeito confronta a realidade, chave para delimitar a experiência de ócio estético de outras que temos na vida. Poderíamos chamá-las de vivências como experiências valiosas no cotidiano[136]. Nelas se dá uma ação interpretativa por parte do sujeito, quer dizer, ele as dota de significatividade – o que as torna valiosas: elas produzem fruição e são benéficas para a pessoa. Diferenciam-se daquelas que pedem participação, um esforço de descoberta e compreensão, como as experiências de ócio estético que podemos ter com as grandes obras de arte.

No texto seguinte podemos ver um exemplo, embora seja preciso levar em conta que se trata de um texto literário. O que quero observar nele é o olhar atento à realidade, sem entrar na riqueza poética do fragmento:

> Vai o rio tranquilo. Altos os olmos, altas as gralhas que os visitam. Docemente esvaído o céu, ou carregando-se de nuvens, ou baixando mantos de neblina a cobrir os campos de alaçores, paz estendida, os olhos estendidos na paz. Como o rio em sua mansidão, como o verde em sua extensão, como

---

[136] Jaime Cuenca Amigo, *El valor de la experiencia de ocio en la modernidad tardía*, Bilbao: Universidad de Deusto, 2012, p. 219.

a paz flutuante (e uma sombra negra dentro), iam os dias em uma navegação que sem a sombra interior teria sido igual à felicidade.[137]

O olhar do poeta acolhe a riqueza da realidade, plena, perfeita, promessa de felicidade, não fosse pela sombra espreitadora que o acompanha. Esse primeiro nível de experiência se diferencia de outras experiências mais complexas como a recepção de uma obra de arte, que requer uma participação maior. As distinções de Hospers[138] e Jauss[139] permitem estabelecer um arco gradual de experiências de ócio estético, cujo horizonte é a beleza.

A experiência de uma obra de arte supõe sempre certa dificuldade. Não é uma tarefa simples nem espontânea, nem se dá sem esforço. Goethe, em *Viagem à Itália*, escreve sobre a experiência de sua visita à basílica de São Pedro nos seguintes termos: "Recreamo-nos, como pessoas que sabem fruir do grande e suntuoso, sem nos deixar extraviar por um sentido do gosto fastidioso ou muito razoável; reprimimos, portanto, qualquer julgamento severo sobre o que contemplávamos. Limitamo-nos a nos recrear com o que ali havia de deleitável"[140]. Sua expressão é curiosa e mostra bem como põe limites à fruição. Na maior parte dos textos em que Goethe descreve experiências estéticas, o conhecimento parece transbordar o momento, e o cientista se sobrepõe a seu olhar.

Evidentemente isso não quer dizer que o conhecimento não possa incrementar a fruição. Um texto de Manfredi resgata a vivência autobiográfica de dois adolescentes contemplando o Pártenon. A experiência se amplia graças ao conhecimento que têm, de que se lembram e que os faz compreender:

> Foi uma viagem de impressões profundas, de emoções fortes. Vimos o Pártenon sob um céu de abril em que galopavam negras nuvens carregadas de chuva, que, de vez em quando, eram atravessadas pelos raios de sol que iluminavam com uma luz violenta ora esta, ora aquela parte da grande esplanada, assim

---

[137] José Antonio Muñoz Rojas, *Las sombras*, Valencia: Pretextos, 2007, p.27.
[138] John Hospers, *Significado y verdad en las artes*, Valencia: Fernando Torres, 1980.
[139] Hans Robert Jauss, *Experiencia estética y hemenéutica literaria*, Madrid: Tauros, 1986.
[140] Johann Wolfgang Goethe, *Viaje a Italia*, Barcelona: Zeta, 2009, p.157.

como o pórtico das Cariátides, ligeiramente orvalhado por uma chuva leve. Tiramos da mochila o Tucídides de bolso e começamos a ler o *Elogio fúnebre*:

Amamos a beleza com mesura e rendemos culto ao saber, mas sem cair na debilidade. Fazemos uso de nossa riqueza mais como meio de ação que como motivo de jactância, e não é nenhuma ofensa para ninguém aceitar sua pobreza, pois o realmente vergonhoso é não tratar de sair dela na medida do possível.

– Que forte!... – murmurou meu amigo.

Nós, rapazes do campo, provincianos como éramos, nos sentíamos naquele momento uns intelectuais, uns refinados humanistas só porque podíamos relacionar uma citação de Tucídides com a arquitetura do Pártenon: é verdade que não estávamos mais do que no início, mas aquelas experiências tão diretas e, por assim dizer, concretas provocavam em nós um verdadeiro estremecimento. Sentamos na escadaria dos propileus, esperando o pôr do sol, contemplando a grandiosidade do Odeão de Herodes Ático, a colina de Filopapo, a ágora no lado oposto e, ao longe, o Licabeto, rematado por sua igreja bizantina. Ficamos ali sentados sem dizer nada, com os olhos e o ânimo cheios de assombro, até que a fome nos empurrou a procurar o que comer em uma taverna de Plaka.[141]

O texto mostra o entusiasmo e a sensação de bem-estar produzida pela experiência. Mas o prazer não é meramente sensível, como se a vista se deixasse levar pelo gosto de olhar; é um prazer inteligível no sensível, não só pela relação que encontra entre elas, mas porque a grandiosidade da obra revela um mundo condensado da antiguidade que se faz presente.

Teremos oportunidade de ler diversas experiências que mostram as características que ressaltei. Nas experiências menos complexas ou naquelas que requerem maior implicação se privilegia a relação com a realidade do ponto de vista estético, fruindo de sua contemplação, sem outra finalidade que não seja a da apreciação da beleza. Nas primeiras se favorece a valoração do percebido em sua dimensão sensível, em suas formas, cores ou na harmonia. Nós nos deleitamos com o aspecto, o som

---

[141] Valerio Massimo Manfredi, *Akropolis*, Barcelona: Debolsillo, 2003, pp.10-1.

ou o sabor, o espaço ou o lugar, de modo intuitivo e sem fazer distinções ou entrar no campo da significação, embora o sujeito dessa experiência lhe dê um valor e, portanto, interprete essa experiência como valiosa. Aqui a chamamos vivência como experiência valiosa no cotidiano. Uma compreensão mais profunda diante do desafio de uma obra de arte nos leva a outro nível da experiência do ócio estético. Nesse caso, a caracterização de Jauss, destacando o aspecto da compreensão, nos ajuda a ver a riqueza dessas experiências mais complexas, como a recepção de uma peça de teatro ou de um livro de poemas. Atitude, criatividade, liberdade, autotelismo, dimensão sensível, compreensão e fruição são os pilares que caracterizam e demarcam a experiência de ócio estético.

CAPÍTULO 2

Compreensão das experiências de ócio estético

Vamos começar este capítulo com a leitura da experiência de ócio estético do adolescente Antonio Gamoneda, em seu primeiro encontro com a poesia de Juan Ramón Jiménez:

> Alguém me falou sobre um livro maravilhoso chamado *Segunda antolojía poética*, que tinha sido publicado há pouco tempo na Coleção Universal e que custava menos de cinco pesetas. Minha mãe tinha voltado a me dar algum dinheiro, mais que antes, embora não fosse muito. Com a quantia exata no bolso, entrei na livraria [...]
> Quando fiz o meu pedido, (o livreiro) sorriu, tirou o exemplar da prateleira e o pôs em minhas mãos. Em seguida me disse: "Abra em qualquer página e leia em voz alta". Obedeci e, tremendo, li, o melhor que pude, o seguinte: "O poente me invade com suas flores/ de ouro, enquanto, longo e lento, canta/ o rouxinol de todos os meus amores/ afogando-se quase em minha garganta.// Ao ver este ouro no pinheiral sombrio,/ lembrei-me de mim tão docemente/ que era mais doce o pensamento meu/ que toda a doçura do poente.// Oh doçura de ouro, campo verde,/ coração com esquilas, fumaça em calma!! Não há na vida nada que recorde/ esses doces ocasos de minha alma".
> Era a primeira vez que me ouvia ler versos para mim mesmo. A poesia se fazia em mim mais presente e real: sentia o corpo musical das palavras; o ritmo, sobretudo o ritmo, aumentava o valor da imagem e de algo mais que emanava dela – um sentido, talvez até um significado, naquela ocasião.

Ouvir a mim mesmo ler me proporcionava de maneira sensível e comovida o pensamento poético.[142]

A leitura, a escrita, a recriação de uma obra musical, o ato de assistir a uma peça de teatro ou a uma ópera, a criação de um conto e outras vivências semelhantes nos proporcionam experiências de ócio estético. Reconhecemos essas experiências também no âmbito da natureza, quando nosso olhar se detém em um espetáculo como o pôr do sol, uma paisagem com montanhas e tantos outros. Em um e em outro caso sabemos que vivemos com grande intensidade. Nós nos emocionamos ao ler um livro de poemas ou ao ouvir um fragmento de uma peça musical. Voltamos a eles uma e mais vezes, procurando repetir esse momento, tentando tornar presente uma emoção como a que tivemos em outra ocasião. Não sabemos por que esse texto, esse concerto nos impressionam tanto; não temos consciência dos motivos que provocam um mundo de imagens em nossa imaginação. Sabemos que nos deleitamos – como o adolescente do texto de Gamoneda – e, ocasionalmente, também chegamos a sentir certa dor. Talvez seja a consciência de uma vivência compartilhada com os outros, uma inquietação de nosso existir que se faz presente ou um afeto que aflora do mais recôndito de nós. São experiências autotélicas que têm em si mesmas o benefício de sua própria realização e, ao mesmo tempo, nos ajudam a nos conhecer um pouco melhor.

Neste capítulo me proponho a fazer uma reflexão sobre essas experiências superiores de ócio estético, examinando sua riqueza e sua dificuldade de compreensão. Já sabemos que as experiências de ócio estético mais ricas são fenômenos que proporcionam emoção, deleite, fruição e conhecimento. Elas estão vinculadas à dimensão expressiva, criadora ou recriadora do ser humano. Não podemos restringi-las a uma esfera, porque dependem da intencionalidade da pessoa que as vivencia e de sua interação com o objeto que vai a seu encontro. Podem se dar na contemplação da natureza e, sobretudo, na criação e recepção da arte.

---

142 Antonio Gamoneda, *Un armario lleno de sombra*, Barcelona: Galaxia de Gutenberg, 2009, pp. 228-9.

Inseri os fenômenos de ócio estético no contexto da beleza. Nas experiências de ócio estético sentimos a beleza, embora nem sempre com plena consciência. Agora, vamos focalizar em experiências de grande intensidade, e o faremos, especialmente, na arte. Ressaltei a riqueza da compreensão vinculada ao conceito de beleza. A experiência não é mais a de uma atitude (Hospers[143]), mas a que se realiza "ao compreendê-la com fruição e ao fruí-la compreendendo-a"[144]. A beleza nessas experiências não é só aquilo que agrada sem conceito (Kant[145]), mas também o âmbito de inteligibilidade que geram. A beleza aqui está vinculada ao sentido, à compreensão, à recepção comprometida da obra de arte. Os autores que refletiram nessa linha vão de Aristóteles a Gadamer, passando, especialmente, por Hegel, para quem a beleza nasce e renasce do espírito[146], quer dizer, de um ser humano a outro[147]. A seguir, proponho-me a analisar o caráter temporal das experiências de ócio estético; depois, focarei os modelos de compreensão que pensaram esses fenômenos do ponto de vista da estética.

---

[143] John Hospers, *Significado y verdad en las artes*, Valencia: Fernando Torres, 1980.
[144] Hans Robert Jauss, *Experiencia estética y hemenéutica literaria*, Madrid: Tauros, 1986, pp.13-4.
[145] Immanuel Kant, *Crítica de la razón práctica*, Buenos Aires: Losada, 1968.
[146] Georg Wilhelm Friedrich Hegel, *Estética*, Barcelona: Península, 1989, p.10.
[147] Arthur Danto, *El abuso de la belleza*, Madrid: Paidós, 2005.

Caráter temporal das experiências de ócio estético

A estética como disciplina se ocupou da experiência e a considerou o ponto de partida de seu campo disciplinar. Os pensadores refletiram sobre o que é uma experiência estética, em que consiste essa experiência, em que se diferencia de outras de nossa vida, qual é seu ponto de partida. Essas questões ocuparam grande parte da investigação de autores como Gadamer, Dewey, Dufrenne, Jauss, Plazaola, López Quintás, Jiménez, Maquet, Molinuevo e outros. No primeiro capítulo, apontei os traços coincidentes da experiência de ócio com a experiência estética, tentando demarcar os aspectos fundamentais da experiência de ócio estético. Ora, a compreensão dessa experiência teve em alguns pensadores uma orientação de caráter extático, deixando de lado sua dimensão dinâmica e processual. A origem dessa perspectiva se apoia em Kant. Outros teóricos, ao contrário, compreenderam-na como um processo aberto. Abordarei, brevemente, os dois modelos: o contemplativo e o participativo.

Modelos de compreensão

A recepção estética tem seus fundamentos na filosofia do Iluminismo, um de cujos pilares é Kant. A reflexão kantiana é muito importante para a consolidação da autonomia estética e é iluminadora para a aproximação entre ócio e estética. Apresento-o como referência do primeiro modelo e focalizo o segundo em Umberto Eco, consciente de que não é o único autor digno dessa posição. Não procuro aqui contrastar cientificamente os autores, mas distinguir os modelos que nos ajudem a compreender as experiências de ócio estético.

Modelo contemplativo
Kant separa o espaço estético do conhecimento científico e da moral e sublinha a autonomia da experiência estética. Ele nos apresenta uma série de aspectos que vinculam os dois âmbitos, já que entende a obra de arte como produção no ócio e como jogo, como uma ocupação grata em si e para si, separada do trabalho feito com uma finalidade buscando um resultado. São aspectos estudados em sua obra *Crítica do juízo*, de 1790[148].

Kant ressalta com clareza o autotelismo da experiência estética e situa o prazer estético no campo da sensibilidade e da beleza, caracterizando-o como prazer desinteressado. O desinteresse que o objeto estético nos proporciona contrasta com o interesse ou a satisfação que relacionamos à existência de um objeto. A gratuidade e o jogo que caracterizam a arte implicam desinteresse. Como esse desinteresse é possível? Porque na experiência estética colocamos entre parênteses a existência do objeto; nós nos deleitamos com sua representação e somos indiferentes a sua existência. Kant parte também da mesma atitude de esquecimento dos interesses práticos e fins vitais de nossa vida cotidiana. A experiência estética não se orienta a um fim prático. Kant escreve que só a satisfação do gosto é desinteressada e livre, pois nela não há interesse algum nem nos sentidos, nem na razão. Nesse desinteresse encontra-se outra característica relevante de nosso pensador. Trata-se de um âmbito de comunicação entre os seres humanos através da experiência estética.

Esse é o contexto da reflexão kantiana. Partindo dele se fundamentou um modelo de compreensão espetacular da experiência estética e se estabeleceram as condições ideais de aproximação das obras de arte. Percebemos o modelo quando observamos a distância reverencial perante as obras expostas nos museus, a proibição de mexer nelas e a exigência de silêncio e compostura que fazem o público se sentir como se estivesse em uma igreja. O modelo parece se concretizar na categoria tradicional

---

[148] Immanuel Kant, *Crítica del juicio*, México: Editorial Nacional, 1973 [1790], p.352.

da contemplação. A indiferença com relação à existência do objeto e a índole do prazer parecem confluir em um olhar tranquilo do espectador. Este olha o objeto sem se comprometer, simplesmente o contempla. José Jiménez insere essa atitude em um contexto de crítica das crenças religiosas por parte de um filósofo como Kant, profundamente religioso, que propugna uma religiosidade interior[149].

Este modelo parece ignorar a dimensão temporal, privilegiando uma experiência atemporal. Nessa linha, diz Sánchez de Muniáin sobre *La intemporalidad de la experiencia estética*: "Só o homem feliz perde a noção do tempo e pode se deleitar com a intemporalidade, vivendo eternamente o transitório. Só ele pode fruir o presente como se nunca acabasse. A linguagem reflete bem isso. Para expressar nossa felicidade, dizemos: *nem senti o tempo passar, perdi a noção do tempo, me pareceu um instante*. Inversamente, falamos de passatempo quando nos referimos a viver um tempo vazio, sofrer de tédio, enfado, ou daquele que quer esquecer suas tristezas. O entediado e o aflito querem matar suas tristezas". Conclui dizendo: "A felicidade é, portanto, intemporal. E a vida estética, de fato, a atividade mais intemporal entre as terrenas. Só a supera em intemporalidade, imagina-se, o êxtase da contemplação mística. Mas isso foge ao saber filosófico"[150].

O seguinte texto literário de L. Cernuda se aproxima poeticamente da compreensão teórica desse modelo. O poeta insiste na qualidade de intensidade da experiência; talvez, essa ênfase o leve a atenuar sua dimensão temporal.

O ACORDE

O morcego e o melro podem disputar alternadamente o domínio de seu espírito; algumas vezes nortista, solitário, entretido na leitura, centrado em si; outras, sulista, divertido, solar, em busca do prazer momentâneo. Mas, em uma e outra figuração espiritual, sempre profundamente suscetível de vibrar ao acorde, quando o acorde soa.

---

149 José Jiménez (org.), *El nuevo espectador,* Madrid: Visor-Fundación Argentaria, 1998, p.18.
150 José María Sánchez de Muniáin, *La vida estética,* Madrid: BAC, 1981, pp.26-7.

Começou na adolescência, e nunca se produziu nem se produz por si só, mas precisava e ainda precisa de um estímulo. Estímulo ou cumplicidade? Para acontecer precisa, perdendo pé na onda sonora, ouvir música: mas, embora sem música nunca se produza, a música nem sempre e raras vezes o supõe.

Olhe para ele: quando criança, sentado a sós e quieto, escutando absorto; quando adulto, sentado a sós e quieto, escutando absorto. É que vive uma experiência, como dizer?, de ordem "mística". Já sabemos, já sabemos: a palavra é equívoca; mas fica lançada, pelo que valha, com seu mais e seu menos.

É, primeiro, uma mudança de velocidade? Não; não é isso. O curso normal na consciência do existir parece se enfebrecer, até vislumbrar, como pressentimento, não o que deve acontecer, mas o que deveria acontecer. A vida se intensifica e, cheia de si mesma, toca um ponto além do qual não chegaria sem se romper.

Como se abrissem uma porta? Não, porque tudo está aberto: um arco ao espaço ilimitado, onde a lenda real abre suas asas. Por aí vai, do mundo diário ao outro estranho e inusitado. A circunstância pessoal se une assim ao fenômeno cósmico, e a emoção ao transporte dos elementos.

O instante é subtraído ao tempo, e nesse instante intemporal se divisa a sombra de um prazer intemporal, cifra de todos os prazeres terrestres que estivessem ao alcance. Tanto parece possível ou impossível (a essa intensidade do existir que importa ganhar ou perder), e é nosso ou se diria que deve ser nosso. Não o assegura a música fora e o ritmo do sangue dentro?

Plenitude que, repetida ao longo da vida, é sempre a mesma; nem lembrança atávica, nem presságio do vindouro: testemunho do que pudesse ser o estar vivo em nosso mundo. O mais parecido a ela é esse entrar em outro corpo no momento do êxtase, da união com a vida através do corpo desejado.

Uma vez você disse: nada se pode perceber, querer nem entender se não entra em você primeiro pelo sexo, daí ao coração e depois à mente. Por isso sua experiência, seu acorde místico, começa como uma prefiguração sexual. Mas não é possível buscá-lo nem provocá-lo de modo voluntário; acontece quando e como ele quer.

Apagando o que se chama alteridade, você é, graças a ele, um só com o mundo, é o mundo. Palavra que pudesse nomeá-lo não há em nossa língua: *Gemüt*, unidade de sentimento e consciência; ser, existir, puramente e sem confusão. Como disse alguém que por acaso sentiu algo equivalente ao divino, como você ao humano, muito vai de estar a estar. Muito também de existir a existir.

E o que vai de um ao outro caso é isso: o acorde.[151]

O acorde místico, talvez, na falta de palavras mais precisas, se condensa em uma unidade de sentimento e consciência. A experiência não pode ser encontrada nem provocada voluntariamente. O poeta se refere a ela como plenitude e a compreende subtraída do ritmo temporal: "O instante é subtraído ao tempo, e nesse instante intemporal se divisa a sombra de um prazer intemporal, cifra de todos os prazeres terrestres que estivessem ao alcance". A vida se intensifica e se completa nesse prazer pleno.

O termo utilizado para sintetizar essa experiência foi contemplação. Contudo, a leitura estética do termo contemplação não faz justiça à sua origem. Os gregos o utilizaram para deter o olhar inteligente sobre a experiência vivida, tomando consciência dela. Chamaram esse processo de contemplação (*theoría*). *Theoría* significa *visão*. O significado foi se cunhando no desenvolvimento do pensamento grego e adquirindo um sentido intelectual, como compreensão da realidade. Na primeira tradição filosófica, no contexto dos filósofos pré-socráticos – e, especificamente, no pitagorismo –, associa-se ao olhar sensível, que descobre a ordem da realidade. Em Platão, a noção de *theoría* se vinculou ao contato direto com o verdadeiramente real, isto é, com as formas. Na filosofia de Aristóteles, significou o campo do saber mais excelso e se entendeu como vida filosófica. O termo abrange, portanto, um leque que vai, em estreita relação de sentido, da existência contemplativa, entendida como visão sensível, ao âmbito de compreensão do real. É preciso ter em conta que ele sempre implica uma noção de atividade, e não de passividade. A noção de passividade talvez tenha derivado do desenvolvimento religioso e

---

[151] Luis Cernuda, *Ocnos*, Barcelona: Seix Barral, 1981, pp.167-9.

místico do termo. Aristóteles assinala claramente sua caracterização de atividade como uma das funções próprias de nossa mente, comparável, nesse aspecto, à vida divina.

Assim, seria possível utilizar o conceito de contemplação, reivindicando o sentido original do termo e ressaltando a consciência do sujeito sobre a experiência, assim como seu caráter ativo. Contemplação, portanto, não no sentido de quietude e passividade, mas de colaboração e participação. Introduz-se um aspecto que rompe a indistinção entre sujeito e objeto e nos permite encontrar um traço característico da experiência estética de ócio. Dessa forma, posto que a categoria derivou para a compreensão em sentido kantiano, deveríamos apontar sempre em que sentido o termo é utilizado. De minha parte, em contraposição, proponho o que podemos chamar de modelo participativo. Esse modelo nos abre a outro âmbito mais de acordo com a dimensão temporal.

Modelo participativo

A estética do século XX ressaltou a função ativa do receptor da obra de arte. Umberto Eco talvez seja o autor que mais incidiu nesse aspecto ao referir-se à categoria de obra aberta. Esse modelo entende a obra como um campo de possibilidades, aberto a um receptor que a coroa ao experimentá-la. A pessoa que frui esteticamente uma obra tem a oportunidade de alterar e complementar a produção do artista, sem que isso signifique que não interessa o "modo de formar" de cada autor e que se possa chegar a interpretações arbitrárias. Em obras posteriores, Eco assinalou que alguns leitores de sua *Obra aberta* (1961) subestimaram que a abertura que ele propunha era provocada por uma obra. Sua proposta era estudar a dialética entre os direitos dos textos e os direitos de seus intérpretes[152]. Sem perder a dimensão original de obra, Eco destaca que ela pode ser interpretada de muitas maneiras, e isso não significa que perca o que tem de singular e irrepetível. O receptor entra em contato com a forma proposta e a interpreta a partir da sua bagagem cultural e emotiva. Assim, a ação interpretativa do leitor é essencial, já que sem ele

---

[152] Umberto Eco, *Interpretación y sobre interpretación*, Cambridge: Cambridge University Press, 1995, p.25.

não se entende o que significa essa estrutura aberta, que não é outra coisa senão a possibilidade da relação entre obra e destinatário. Eco o expressa em termos de aventura, dizendo que a participação interpretativa é uma aventura de descobertas:

> Interessa-nos, acima de tudo, estabelecer que o decodificador, ante a mensagem poética, situa-se na situação característica de tensão interpretativa, justamente porque a ambiguidade, ao realizar-se como uma transgressão ao código, gera uma *surpresa*. A obra de arte se propõe a nós como uma mensagem cuja decodificação implica uma aventura, justamente porque nos impressiona através de um modo de organizar os signos que o código habitual não tinha previsto.[153]

Eco afirma que a obra aberta tende a promover "atos de liberdade consciente" no receptor; convida-o a ser um centro ativo de relações[154]. Quando escreveu *Obra aberta*, ele tinha consciência de que o modelo proposto podia ser confirmado com mais radicalidade ainda em muitas obras de arte da segunda metade do século xx, razão pela qual distinguiu entre obras abertas e obras em movimento. Diversas propostas artísticas posteriores deram ênfase à participação ativa do receptor. A abertura participativa da obra de arte pode se manifestar em diversos níveis que poderiam ir de um estímulo perceptivo a uma proposta de ação criadora. Algumas obras se oferecem como estímulo de experiências visuais, táteis ou auditivas, focando a atenção para determinadas formas, cores ou objetos que despertam novas relações ou privilegiam sensações. Elas podem impulsionar um processo de conhecimento ou podem incitar a uma colaboração ativa do público, convidando-o para uma ação criadora. Em um ou outro nível se promove a liberdade e a criatividade do receptor, situando-o no mesmo plano que o artista.

---

153 Umberto Eco, *Apocalípticos e integrados*, Barcelona: Lumen, 1984, p.116.
154 *Idem*, *Obra abierta*, Barcelona: Ariel, 1979, p.75.

Os dois modelos
Os dois modelos sumariamente apresentados oferecem diferentes maneiras de conceituar a riqueza vivida na experiência. O primeiro concentra o olhar na visão espetacular e reforça o colocar entre parênteses da realidade cotidiana. Nela o tempo parece se desvanecer. Poderíamos visualizá-la na observação a seguir. Certa vez, perguntaram a Jean Genet sobre sua consciência pessoal diante da contemplação da obra de arte, e ele respondeu:

> Perco cada vez mais o sentimento de mim mesmo, o sentimento do "eu", para ser apenas a percepção da obra de arte. Diante de acontecimentos subversivos, ao contrário, meu "eu", meu "eu social", fica até cada vez mais satisfeito, fica cada vez mais inflado, e eu, diante de fenômenos subversivos, tenho cada vez menos possibilidade, cada vez menos liberdade de..., justamente, contemplação. [O jornalista pergunta: a contemplação absorve seu "eu" até se perder? Responde:] Até se perder, não, a ponto de perder completamente o "eu", não, porque, em um dado momento, a gente sente a perna adormecida e volta a "si", mas a tendência é a perda de "si".[155]

Esse ser pura percepção perante a obra é o que leva alguns estetas, como Sánchez Muniáin, à conclusão de que a fruição estética é uma forma de vida essencialmente intemporal: "A atividade terrena mais intemporal de todas"[156]. Talvez seja a unidade da experiência o que preponere sobre a consciência da temporalidade. Dewey assinalou o predomínio dessa unidade constituída por uma só qualidade que impregna toda a vivência. O filósofo insistiu, no entanto, em seu caráter dinâmico: "Em toda experiência integral há uma forma porque há uma organização dinâmica. Chamo a organização de dinâmica porque leva um tempo para se completar, porque é um crescimento. Há um início, um desenvolvimento e uma finalização"[157].

---

155 Hubert Fichte, "Entrevista con Jean Genet", em: *Quimera*, Madrid, 16 fev. 1982.
156 José María Sánchez de Muniáin, *La vida estética,* Madrid: BAC, 1981, p. 27.
157 John Dewey, *El arte como experiencia,* México: Fondo de Cultura Económica, 1949, p. 51.

O modelo participativo ressalta o caráter processual e conserva na teoria a temporalidade própria da experiência. É importante notar que o receptor é solicitado como elemento constitutivo da relação, entendida como uma aventura de descobertas. A própria obra de arte é compreendida como um campo de possibilidades aberto a um receptor que a completa ao experimentá-la. Todos os traços de compreensão enfatizam o caráter temporal, processual da experiência. Vale lembrar aqui a observação de Stravinsky, que, em oposição à fruição passiva, pede a música que nos faz participar ativamente:

> Admitido a existência de sonoridades elementares, do material musical em estado bruto, agradáveis por si mesmas, que acariciam o ouvido e causam um prazer que pode ser completo. Mas acima dessa fruição passiva vamos descobrir a música que nos faz participar ativamente no trabalho de um espírito que ordena, que vivifica e que cria, posto que na origem de toda criação se revela um desejo que não é o das coisas terrestres. E é assim que aos dons da natureza vêm se juntar os benefícios do artífice. Tal é a situação geral da arte.[158]

Os modelos nos oferecem um olhar diferente sobre a própria experiência. O segundo assinala fortemente a dimensão temporal, enquanto o primeiro parece eludi-la em um espaço atemporal. O olhar teórico participativo mantém viva a temporalidade vivida, mas talvez não sublinhe a peculiaridade da experiência de ócio estético, sua diferenciação de outras experiências. Recordemos que essa diferença é um aspecto que pode ser observado por qualquer um de nós, mas deixemos que as palavras de Antonio Muñoz Molina a traduzam: a experiência "nos conduz a um reino autônomo acima do espaço e do tempo"[159]. Essa expressão sintetiza a peculiaridade e a diferença da experiência de ócio estético. Como poderíamos manter essa diferença sem perder o caráter temporal?

---

158 Igor Stravinsky, *Poética musical*, Madrid: Tauros, 1977, p.28.
159 Antonio Muñoz Molina, *Ventanas de Manhattan*, Barcelona: Seix Barral, 2004, p.196.

Caráter temporal das experiências e sua ressonância na consciência

Temos observado que a dificuldade dessa questão parece se estabelecer entre a vida e a teoria, entre a riqueza da experiência vivida e a difícil conceitualização daquela. Trata-se de uma tensão entre os dois níveis, e o ponto controverso parece estar na velha questão do tempo. Digo velha, pois o próprio Santo Agostinho já tinha observado essa dificuldade e a expressara, paradoxalmente, nas *Confissões*, XI, 14:

> O que é, pois, o tempo? Se ninguém mo pergunta, sei o que é; mas se quero explicá-lo a quem mo pergunta, não sei: no entanto, digo com segurança que sei que, se nada passasse, não existiria o tempo passado, e, se nada adviesse, não existiria o tempo futuro, e, se nada existisse, não existiria o tempo presente.[160]

Talvez ninguém como Santo Agostinho tenha salientado as dificuldades de análise do tema do tempo e o tenha focalizado de maneira tão perspicaz nos dois níveis, experiência e teoria. A frase reúne a certeza da temporalidade vivida e precisa, segundo a qual, se nada acontecesse, não haveria tempo passado. E se nada existisse, não haveria tempo presente. O professor Echarri observou que a leitura superficial dessa frase genial prevaleceu sobre sua compreensão profunda. O paradoxo agostiniano

---

[160] Santo Agostinho, *Confesiones*, Madrid: Alianza, 1999, p. 306. [Trad. Arnaldo do Espírito Santo, João Beato e Maria Cristina Castro-Maia de Sousa Pimentel, *Confissões*, Lisboa: IN-CM, 2001.]

evidencia não a dificuldade do tempo, mas "a vinculação do tempo ao fenômeno"[161]. Se temos dificuldade na análise do tempo é porque nos empenhamos, por exemplo, em falar de partes, como se fosse uma coisa; o problema não é do tempo, mas de nosso enfoque na análise.

Não reside aqui a dificuldade que observamos na compreensão da experiência de ócio estético? Digo na compreensão e não na ratificação da dimensão temporal vivida. Na sequência do texto de Santo Agostinho, encontramos outra questão que nos interessa. Ele se refere à medida do tempo na consciência: "Em ti, ó meu espírito, meço os tempos. Não me perturbes, ou melhor: não te perturbes com a multidão das tuas impressões. Em ti, repito, meço os tempos. Meço a impressão que as coisas, ao passarem, gravam em ti e que em ti permanece quando elas tiverem passado"[162]. Essa observação significa que na explicação, na compreensão do tempo, medimos sua ressonância na consciência. Trata-se de dois níveis diferentes, mas que mantêm relação entre si: um é a própria vida, a experiência vivida; outro é sua compreensão. O texto a seguir apresenta magistralmente a peculiaridade dessa ressonância na consciência:

> Tenho a intenção de recitar um cântico que sei: antes de começar, a minha expectativa estende-se a todo ele, mas, logo que começar, a minha memória amplia-se tanto quanto aquilo que eu desviar da expectativa para o passado, e a vida desta minha ação estende-se para a memória, por causa daquilo que recitei, e para a expectativa, por causa daquilo que estou para recitar: no entanto, está presente a minha atenção, através da qual passa o que era futuro, de molde a tornar-se passado. E quanto mais e mais isto avança, tanto mais se prolonga a memória com a diminuição da expectativa, até que esta fica de todo extinta, quando toda aquela ação, uma vez acabada, passar para a memória.[163]

Que conclusão podemos tirar dessas referências? A observação sobre o processo da canção traduz muito bem a dimensão psicológica do tempo

---

161 Jaime Echarri, *Filosofía fenoménica de la naturaleza*, Bilbao: Universidad de Deusto, 1990, p.404.
162 Santo Agostinho, *Confesiones, op.cit.*, p.321.
163 *Ibidem*, p.322.

em nossa consciência. Não se trata de um ponto, um instante, por mais pleno que seja. Trata-se de uma duração, de um transcurso, e assim o percebemos pessoalmente. De modo que, na experiência de ócio estético, dá-se uma temporalidade que podemos explicitar em dois níveis, intimamente ligados: em primeiro lugar, na própria experiência; em segundo termo, na sua ressonância em nossa consciência, unida à vivência daquela. A experiência é algo que devém, um acontecimento que sucede no tempo. Correlativamente em nossa percepção desse devir há algo que permanece, isto é, a atenção de uma consciência que se estende para trás, para o passado, pela memória, e para a frente, para o futuro, pela espera.

O instante não tem realidade. É apenas uma projeção mental. O que tem realidade é a duração da experiência, seu caráter anteroposterior, como a canção. A experiência se dá, e temos dela uma lembrança e uma espera. Ambos os níveis, realidade e dimensão psicológica, não se confundem, mas vão unidos. À própria experiência, em sua dupla dimensão de experiência e consciência, teríamos que acrescentar sua compreensão teórica. E aqui é que deveríamos ter o fino cuidado de não violentar a riqueza anterior e não projetar sobre ela um modelo estático que a faça perder o caráter temporal que lhe é próprio. É o que Monet tentou fazer em seu empenho por captar o fenômeno fugidio da luz, na catedral de Rouen.

A reflexão de Santo Agostinho salienta as dificuldades de análise do tema do tempo e o focaliza com maestria na experiência e na teoria. Além disso, observa que na compreensão do tempo medimos sua ressonância na consciência. Trata-se de dois níveis diferentes, mas que mantêm relação entre si: um é a própria vida, a experiência vivida; o outro é a sua compreensão. De modo que alerta a respeito das dificuldades na análise do tempo ao não levar em conta a riqueza específica do fenômeno.

Se levarmos essas observações a nosso âmbito das experiências de ócio estético, devemos reconhecer, primeiramente, que o tempo pertence à vivência, à experiência vivida. Dito de outro modo, a experiência de ócio estético é temporal. Em segundo lugar, ressaltamos sua ressonância em nossa consciência, ligada à vivência daquela. A experiência é algo que sucede, um acontecimento que sucede no tempo. Correlativamente em nossa percepção desse acontecer há algo que permanece, isto é, a atenção de uma consciência que se estende para trás, para o passado, pela memória, e para a frente, para o futuro, pela espera. À certeza da temporalidade vivida acrescentamos a peculiaridade de uma dimensão que se distende para o passado e se amplia para a espera. Essa ressonância na consciência é a que nos proporciona a sensação de plenitude. Vamos ler, agora, este breve poema de Juan Ramón. Pertence a *Eternidades*, cujo título já indica a importância do tempo no livro:

> Cada choupo, ao passarmos,
> canta, um ponto, no vento
> que está com ele; e cada um, ao ponto
> – amor! –, é o olvido
> e a lembrança do outro.
> Só é um choupo – amor!
> que canta.[164]

Diante de uma concepção do tempo como fugacidade, o poeta expressa a estrutura peculiar da vivência – "Cada choupo, ao passarmos..." – que carrega como uma melodia o passado e o futuro.

Então, quando falamos do tempo ou da dimensão temporal da experiência de ócio estético, nós nos referimos ao tempo do relógio? A resposta pode ser facilmente deduzida. Não nos referimos ao tempo absoluto, que marca os dias e os anos, aquele que é objeto de estudo científico. A experiência tem sua própria dimensão temporal; assim, nós a percebemos individualmente, como duração que ampliamos com a lembrança e a espera. Observamos a fecundidade dessa dimensão temporal quando na reflexão sobre o ócio defendemos que a preparação ou a lembrança fazem parte da experiência. Também não surpreende que os artistas se refiram a ela atentando para sua peculiaridade e a expressem como instante eterno (Juan Ramón) ou um reino autônomo, acima do espaço e do tempo (Muñoz Molina).

O modelo de compreensão teórica deveria ser fiel à riqueza temporal da experiência de ócio estético. Apontei duas linhas que a conceituaram.

---

[164] Juan Ramón Jiménez, *Obra poética*, Madrid: Espasa-Calpe, 2005, I, 2, p.403.

Uma delas parte de Kant e estabeleceu um modelo de compreensão espetacular que enfatiza o caráter estático e ignora a dimensão temporal. A indiferença com relação à existência do objeto e a índole do prazer parecem confluir em um olhar tranquilo do espectador. Utiliza-se a categoria tradicional de contemplação, interpretada a partir dessa compreensão espetacular.

O segundo modelo, o modelo participativo, ressalta o caráter processual da experiência e conserva na teoria a sua temporalidade própria. Observemos que se vê o receptor como elemento constitutivo da relação, e essa é entendida como uma aventura de descobertas. A própria obra de arte é compreendida como um campo de possibilidades aberto a um receptor que a completa ao experimentá-la.

Considero que essa diferenciação teórica é importante para compreender em que nível se situam os autores quando expressam suas experiências ou suas reflexões teóricas sobre elas. Adotar um modelo ou outro tem consequências. Não é só uma questão epistemológica. Certamente, o segundo parece mais de acordo com a riqueza temporal da experiência vivida. Mas o primeiro, sem dúvida, sublinha a diferença, quer dizer, a peculiaridade da experiência de ócio estético. Seria desejável não perder esta nem aquela, isto é, perfilar um modelo de compreensão adequado à riqueza da experiência mesma.

Proponho-me, agora, a voltar às próprias experiências para tentar sintetizar os principais elementos que entram em jogo na experiência e salientam sua dimensão temporária. Sem pretender esgotar todas as perspectivas, aponto, a seguir, as fundamentais.

Traços que caracterizam a experiência de ócio estético

Proponho-me partir dos traços que diferenciam a experiência de ócio estético, assinalados no primeiro capítulo. As notas caracterizadoras dessa experiência sublinhavam a atitude, que nos permitiu diferenciar o campo, assim como a liberdade. Toda experiência deve se inscrever em um horizonte de liberdade, de criatividade e participação deleitável. A experiência se decanta como um âmbito de gratuidade ou autotelismo que o sujeito interpreta como ócio. Essa análise superficial confirma que na experiência de ócio estético temos um âmbito de ócio valioso, no qual podemos nos desenvolver como pessoas. Diante da oferta múltipla de consumo, as experiências de ócio estético constituem um horizonte de desenvolvimento pessoal facilitador de experiências prazerosas, valiosas, e nos abrem um grande leque de possibilidades na apreciação e fruição da beleza.

Proponho-me, agora, a desdobrar esses traços para observar mais detidamente a riqueza das diferentes fases do processo. Começaremos por explicitar o ponto de partida na atitude pessoal ou de espanto, para salientar a seguir a participação, a descoberta, a compreensão e, por último, para refletir sobre a dimensão ética, transformadora do receptor.

Atitude pessoal ou de assombro

A experiência de ócio estético começa no assombro. Entendamos, de saída, um aspecto básico: algo nos assombra. A melhor imagem que representa esse estágio poderia ser a da criança totalmente entregue, olhando a realidade que chama sua atenção. Talvez nas crianças esse sentimento se dê de forma extraordinária, mas todos nós a experimentamos em um ou outro momento. Algo nos surpreende, nos cativa e nos detém, às vezes de maneira intensa. Sabemos que a arte, muitas vezes, chega até nós desse modo, sem que o tenhamos buscado, surpreendendo-nos. É o que acontece quando uma melodia alerta nossos ouvidos e nos retemos nela, fazendo-nos esquecer o que tínhamos nas mãos. Vimos isso no primeiro capítulo, no texto de Muñoz Molina, *Janelas de Manhattan*. A experiência do *Réquiem alemão*, escutado na intempérie, deixa em segundo plano o ruído do tráfego e as sirenes da polícia. A admiração se apropriou do momento.

A experiência não nos é estranha. Visitamos uma exposição, e um quadro nos paralisa com suas cores ou suas formas. Lemos um livro de poemas, quando de repente um deles nos toca. Sabemos que essa admiração não se restringe à arte; também a vivemos em outras áreas, na natureza ou na cidade. A arte nos proporciona, em muitas ocasiões, a imagem que nos ajuda a fruí-las. Orhan Pamuk recolhe esse sentimento quando valoriza o olhar poético e seletivo dos escritores. Refere-se concretamente à velha Istambul e a sua beleza do passado, desaparecida e resgatada literariamente. Essas páginas "nos permitem fruir como prazer estético a ilusão efêmera de como o passado poderia continuar vivo agora"[165]. A literatura, a pintura, a arte em geral têm a capacidade de condensar em suas formas mundos que nos causam admiração por diversas razões e, entre elas, porque desapareceram da história e são capazes de vivificá-los. Admiramos também a mestria de seu fazer e reconhecemos o valor da ação artística. Claudio Magris afirma que "algumas vezes os lugares falam, em outras calam, têm suas epifanias e seus hermetismos"[166]. Mas falam se nos aproximamos deles, com o olhar atento, participativo. Observemos, nessa linha, o seguinte fragmento de outro livro de Muñoz Molina, *Córdoba de los Omeyas* [*Córdoba dos Omeya*]:

---

[165] Orhan Pamuk, *Estambul*, Barcelona: Mondadori, 2006, p.136.
[166] Claudio Magris, *El infinito viajar*, Barcelona: Anagrama, 2008, p.23.

Sei que há viajantes que antes de partir se previnem contra a surpresa e contra o imprevisto, quer dizer, contra o nunca visto. Também há escritores que calculam seus livros tão meticulosamente quanto um turista calcula seus itinerários, e amantes que só gostam da rotina e habitam confortavelmente o tédio. Mas alguém que perdeu tantas certezas nos últimos anos já quase que só conserva uma delas, a de que não vale a pena viver senão o que não se viveu nunca nem dizer nada além do que o que nunca foi dito. Paradoxalmente, essa singularidade da experiência acaba se tornando o vínculo mais poderoso e comum com nossos semelhantes, com quem se parece tanto a nós que são nossos cúmplices sem que saibamos, mulheres e homens que nunca veremos porque viveram antes de nós ou porque não nasceram. Alguns deles vivem no mesmo tempo que nós e talvez respirem o ar da mesma cidade, e no entanto nos são tão distantes como os mortos e os não nascidos, porque não chegaremos a encontrá-los. Essa conspiração secreta justifica os livros, os que escrevemos e os que lemos.[167]

O escritor aponta a riqueza antropológica da experiência, ressaltando a sua dimensão singular, que acaba se tornando o vínculo mais poderoso e comum com nossos semelhantes. Esse vínculo é um aspecto-chave para compreender a profundidade ética que a experiência de ócio estético pode chegar a ter. Voltarei a esse ponto, mais adiante.

A filosofia grega assinalou a admiração como o impulso de seu início, e a estética a toma como ponto de partida da experiência. Referindo-se àquela, escreve Plazaola: "Uma vez 'assombrados', podemos avançar para a abolição do assombro, e então vamos para a filosofia e para a ciência. Mas também podemos nos deter no assombro, arraigar nele a vida profunda de nosso eu inteiro, habitá-lo de certo modo; é então que vivemos esteticamente"[168]. Esse olhar de assombro está relacionado à infância. Matisse nos convida a olhar com olhos de criança, e Unamuno a considera uma condição para enfrentar as grandes questões da vida: "Somente conservando uma infância eterna no leito da alma, sobre o qual se precipita e brama a corrente das

---

167 Antonio Muñoz Molina, *Córdoba de los Omeyas*, Barcelona: Planeta, 1991, p.13.
168 Juan Plazaola, *El arte y el hombre de hoy,* Institución Cultural Simancas, Valladolid: Diputación de Valladolid, 1978, p.301.

impressões fugidias, é que se alcança a verdadeira liberdade e se pode olhar o mistério da vida cara a cara"[169]. O texto de Matisse é muito rico, uma vez que ele reflete sobre o esforço que devemos fazer para nos desvencilhar do olhar viciado, deixando assim emergir o olhar novo, como o das crianças:

> Ver é uma operação criadora e que exige esforço. Tudo o que vemos na vida diária sofre, em maior ou menor grau, a deformação criada pelos costumes adquiridos. Esse fato é talvez mais evidente em uma época como a nossa, em que o cinema, a publicidade e as lojas de departamentos nos impõem cotidianamente um caudal de imagens feitas que equivalem, no terreno da visão, ao que é o preconceito na ordem da inteligência. O esforço necessário para se desvencilhar delas exige muita coragem; e essa coragem é indispensável ao artista, que deve olhar todas as coisas como se as visse pela primeira vez: é necessário olhar sempre como quando éramos crianças; perder essa possibilidade limita a de se expressar de maneira original, quer dizer, pessoal.[170]

Podemos nos perguntar agora o que nos assombra, que aspectos do objeto chamam nossa atenção. A resposta pode ser variada, mas, ao mesmo tempo, unitária, se considerarmos que se concretiza no sensível. É a dimensão sensível que chega ao nosso olhar, aos nossos sentidos. Ela exerce imediatamente um efeito na medida em que nos concentra no fenômeno e nos paralisa como pessoas práticas. A experiência de ócio estético nos transforma em olhar, em atenção ao objeto que nos convoca. Essa fase inicial pode ser considerada como ruptura do ritmo cotidiano e é uma emoção estimulante que nos convida a continuar o processo. Nossa atitude entra em jogo e deve permitir seu desenvolvimento para que a vivência continue.

H. Gardner ressaltou o interesse que provoca no sujeito como um dos traços caracterizadores da beleza, juntamente com a forma memorável e o estímulo a novos encontros. Tanto os artistas criadores como os receptores procuram materiais que sejam atrativos, estimulantes, inesperados para canalizar esse desejo pelo surpreendente e interessante. Esse traço deve confluir na forma significativa, já que o interesse por si mesmo não

---

169 Miguel de Unamuno, *Recuerdos de niñez de mocedad*, Madrid: Espasa-Calpe; Austral, 1958, p. 29.
170 Henri Matisse, *Sobre arte*, Barcelona: Barral, 1978, p. 203.

é especificamente estético. Mas Gardner observa o poder comovedor que muitas formas exercem sobre nós e nos impelem a continuar a experiência[171]. Às vezes se apresenta como um acontecimento que nos surpreende e pede nossa participação. Moreno Villa tem um poema em que contrasta a atitude diante da realidade, em termos de cegueira e reconhecimento:

> Eu fui cego:
> tal é minha alegria
> diante das múltiplas
> presenças da vida.
> [...]
> Cego, cego... E agora,
> com profunda cobiça,
> quero beber cores
> e formas e perfis
> sem perder um matiz
> por mais sutil que seja.[172]

Sobre esse poema, Antonio Machado comenta que o poeta sente a vida como algo que vai a seu encontro, algo que é por si mesmo: presenças da vida. Mas o poeta tem que ter olhos para elas, o poeta deve estar aberto e presente com sua alegria[173].

O curso de nosso viver é um contínuo de experiências das quais, em grande parte, não somos conscientes e às quais não prestamos a menor atenção. As necessidades vitais, nossos hábitos ocupam um tempo que transcorre, em boa medida, de maneira inconsciente. Para poder diferenciar, em meio a esse acúmulo de experiências, seu caráter estético, é preciso incorporar nossa consciência: "Vemos gostosamente com os olhos acesos" – escreve Juan Ramón[174].

---

[171] Howard Gardner, *Verdad, belleza y bondad reformuladas*, Barcelona: Paidós, 2011, p.71.
[172] J. Moreno Villa, *Poesías completas*, Madrid: El Colegio de México; Residencia de Estudiantes, 1998, p.239.
[173] Antonio Machado, *Poesías completas*, Madrid: Espasa-Calpe, II, 1988, p.1658.
[174] Juan Ramón Jiménez, *Obra poética*, Madrid: Espasa-Calpe, 2005, II, 3, p.978.

Partimos da consideração do assombro como primeiro elo. Se quisermos que a experiência continue, devemos nos deter, ser conscientes dela. Nosso eu deve tomar consciência do que está vivendo. Só assim diferenciaremos uma experiência das muitas que temos ao longo do dia. Fixamos o olhar no assombro e conscientemente queremos que a experiência avance; acolhemos em nós o que a realidade nos depara e detemos nosso olhar em sua dimensão sensível. Assim o poetiza Francisco Brines, no poema *Yo no era el mejor* [Eu não era o melhor]:

> Eu não era o melhor
> para olhar a tarde,
> mas me foi oferecida;
> e em meus olhos
> despertou o amor
> sem grande merecimento.[175]

Como vimos antes, o termo utilizado para esse processo desde os gregos é contemplação (*theoría*), isto é, visão. O conceito se enriquece se ressaltamos sua dimensão de atividade, de colaboração e participação. Desse modo, introduz-se um aspecto que rompe a indistinção entre sujeito e objeto e nos permite encontrar um traço característico da experiência estética de ócio.

Resumindo: a atitude pessoal é o ponto de partida que possibilita a experiência de ócio estético. Nós a caracterizamos como a disposição livre da pessoa aberta à proposta estética. Abrir-nos a ela requer nossa participação.

Participação

As experiências de ócio estético se inserem no horizonte da beleza. Ao refletir sobre seu sentido, no primeiro capítulo, sublinhei a importância de notar o vínculo, a relação que se estabelece. Uma obra de arte, assim como uma paisagem, pode ter um grande valor patrimonial; mas

---

175 Francisco Brines, *Ensayo de una despedida*, Barcelona: Tusquets, 2006, p.78.

só o olhar de alguém, que a recria, gera a experiência. Por isso a participação é necessária, pois requer o encontro de um sujeito e um objeto, mas não com uma intencionalidade de conhecimento, como quem observa a realidade para medi-la ou conhecê-la cientificamente, e sim com o objetivo autotélico de fruí-la, participando dela, realizando um processo de abertura e resposta. Isso não se dá sem esse vínculo relacional. Somente a partir desse contato pode surgir um mundo, um horizonte de descoberta, como veremos na epígrafe a seguir. Esse processo de participação é temporal, deve ser compreendido como um processo, e não como um momento, um instante.

Vimos antes um belo texto de Borges que fazia referência ao contato necessário entre o leitor e o texto, salientando o caráter fenomênico da experiência. Ele não pode ser definido com palavras, mas se autodefine ao se realizar. Borges ressalta, com essa observação, o caráter vivencial e processual da experiência estética. O texto na biblioteca, na prateleira, é uma joia adormecida, portanto é uma coisa entre coisas. Somente quando o abrimos espalha sua magia e ocorre o fato estético. O tema também está presente em diversos poemas de Juan Ramón Jiménez. Nas estantes solitárias, os livros estão "fechados, como mortos/ em seus túmulos lacrados,/ mas vivos, exatos, inefáveis..."[176]. O livro espera pelo leitor que se detenha nele e lhe devolva essa vida. Na expressão de Dufrenne, um pensador da estética: "O que a obra espera do espectador é, ao mesmo tempo, sua consagração e seu remate"[177]. Por isso Borges diz que "a poesia é o encontro do leitor com o livro, a descoberta do livro"[178]. Essa vivência é pessoal e inconstante, de acordo com as circunstâncias de nossa vida. Borges a compara ao rio de Heráclito, imagem que aparece em diferentes textos e poemas: "Quando o abrimos, quando o livro se apresenta a seu leitor, ocorre o fato estético. E, cabe acrescentar, até para o mesmo leitor o mesmo livro muda, já que mudamos, já que somos (para voltar à minha citação predileta) o rio de Heráclito, que disse que o homem de

---

[176] Juan Ramón Jiménez, *La obra desnuda*, Sevilha: Aldebarán, 1976, p.95.
[177] Mikel Dufrenne, *Fenomenología de la experiencia estética*, Valencia: Fernando Torres, 1982, I, p.88.
[178] Jorge Luis Borges, *Obras completas*, Madrid: Círculo de Lectores, 1993, IV, p.155 [Trad. Heloisa Jahn, *Borges oral & Sete noites*, São Paulo: Companhia das Letras, 2017.].

ontem não é o homem de hoje, e o homem de hoje não será o homem de amanhã. Mudamos incessantemente, e é possível afirmar que cada leitura do livro, que cada releitura, cada lembrança dessa releitura renovam o texto. Também o texto é o mutável rio de Heráclito"[179]. Por sua vez, o poeta Jorge Guillén expressa a ideia de maneira muito rica, neste poema:

> O texto de autor, se bem lido
> se muda em outro ser – de tão vivente –.
> As palavras caminham, se transformam,
> se enriquecem talvez, tergiversam.
> Depois da façanha de origem se sucedem
> as aventuras do leitor amigo.
> Eis aqui se revelando um mistério
> de comunicação entre duas vozes
> enquanto os signos fruem, sofrem, morrem.[180]

O criador realiza uma forma, e o recriador participa dela na sua particular condição, cultura, gosto, compreensão e disposição psíquica. Lembrei, em páginas anteriores, como Umberto Eco destaca que as obras podem ser revividas e completadas de múltiplas maneiras. Além disso, ele acerta em destacar a singularidade dos seres humanos e em compreender a experiência estética como um espaço de liberdade e, ao mesmo tempo, um diálogo implícito com a obra e seu autor. Essa recriação da obra possibilita sua validade estética:

> No fundo, a forma é esteticamente válida na medida em que pode ser vista e compreendida de múltiplas perspectivas, manifestando uma riqueza de aspectos e ressonâncias, sem nunca deixar de ser ela mesma (uma placa que indica uma rua, ao contrário, só pode ser vista, sem dúvida, em um único sentido; e, ao se transfigurar em qualquer interpretação fantasiosa, deixa de ser aquela placa indicativa com esse particular significado). Nesse sentido, pois, uma obra de arte, forma completa e fechada em sua perfeição

---
179 *Ibidem*, p.152.
180 Jorge Guillén, *Cántico*, Buenos Aires: Sudamericana, 1973, p.123.

de organismo perfeitamente calibrado, também é aberta, possibilidade de ser interpretada de mil modos diversos sem que sua irreproduzível singularidade seja por isso alterada. Toda fruição é, portanto, uma interpretação e uma execução, posto que em toda fruição a obra revive em uma perspectiva original.[181]

O professor A. López Quintás desenvolveu em diversas obras e, especialmente, em sua *Estética de la creatividad*[182] uma fecunda reflexão estética, partindo do conceito de jogo. Interessou-se pelo jogo por este potencializar o desenvolvimento e permitir entrar na essência do ser humano como ser eminentemente criador que deve fazer-se vinculado ao entorno. O jogo é atividade criadora de uma trama de linhas de sentido que envolvem quem as cria e impulsionam seu poder criador. Nesse sentido, defende que a beleza é um fenômeno relacional que se ilumina no campo de livre jogo estabelecido entre o ser humano e as realidades do entorno, com as quais funda uma relação comprometida de encontro. Essa atividade participativa também é livre e permite à pessoa expandir suas virtualidades criadoras constituindo-se – correlativamente – em fonte de fruição. A possibilidade de fruir, de dar livre expansão à capacidade criadora, torna viável o desenvolvimento da personalidade humana, põe o ser humano no caminho da plenitude e desperta, consequentemente, em seu espírito um sentimento peculiar, um sentimento prazeroso de plenitude.

Tanto no encontro com a arte como em outros âmbitos, a experiência de ócio estético requer uma atitude consciente que possibilite a capacidade de discernimento. Apontei mais acima que as experiências, normalmente, não começam assim. Seu ponto de partida é o assombro ou a admiração, e esta costuma se apresentar inesperadamente. O elo seguinte é a consciência da experiência, responsável por possibilitar sua continuidade. A consciência nos permite discernir. O que é o discernimento na experiência estética? Como podemos entendê-lo? O termo significa distinção, e se entende como a capacidade de "distinguir uma

---

181 Umberto Eco, *Obra abierta*, Barcelona: Ariel, 1979, pp.73-4.
182 Alfonso López Quintás, Madrid: Rialp, 1998.

coisa de outra, assinalando a diferença que há entre elas. Usualmente se refere a operações do espírito"[183].

As propostas artísticas e a reflexão estética reconhecem que a recepção da arte é criatividade, ativamente participante e interatuante. A experiência estética supõe uma tarefa de reconstrução e integração que envolve inteiramente o receptor; não é uma atitude passiva e estática, mas de participação e coexecução. Essa apropriação só pode se realizar no espaço interior que nos permite o discernimento e a valoração. Baudelaire critica a atitude de algumas pessoas nos museus: "Há no mundo, inclusive no mundo dos artistas, pessoas que vão ao museu do Louvre, passam rapidamente, e sem lhes dispensar um único olhar, diante de uma imensidade de quadros muito interessantes, ainda que de segunda ordem, mas que depois se postam de maneira sonhadora diante de um Ticiano ou de um Rafael, um desses que a gravura mais popularizou; então, saem satisfeitas, e há algumas que dizem: 'Eu cá conheço meu museu'"[184].

Os próprios artistas parecem guiar nossos passos nesse caminho de reconstrução e participação da obra. Como o fazem? Detenho-me, brevemente, em algumas considerações.

O apelo à participação

> *A beleza não é privilégio de uns quantos nomes ilustres. Seria muito estranho que este livro, que inclui umas quarenta composições, não entesourasse uma só linha secreta, digna de te acompanhar até o fim.*
>
> Jorge Luis Borges[185]

De que meios os artistas lançam mão para atrair a presença ativa do receptor? Vamos nos deter brevemente na pintura impressionista. Em 1883, Jules Laforgue, testemunha de seus avatares, dizia que o olho im-

---

[183] Real Academia Española (RAE), Diccionario de la Lengua Española. Disponível em: www.dle.rae.es/discernir. Acesso em: 20 fev. 2018.
[184] Charles Baudelaire, "El pintor de la vida moderna", em: *Salones y otros escritos sobre arte*, Madrid: Visor, 1996, p. 349. [Trad. Pedro Tamen, *A invenção da modernidade*, Lisboa: Relógio d'Água, 2006.]
[185] *Obras completas*, Madrid: Círculo de Lectores, 1993, IV, p. 365.

pressionista tinha se tornado primitivo e via "a realidade na atmosfera viva das formas decompostas, refratada, refletida pelos seres e pelas coisas em variações incessantes"[186]. A obra solicita ao espectador um olhar compatível com essa sensibilidade. O historiador Gombrich lembra as dificuldades que esses pintores enfrentaram nos salões oficiais de Paris, nos anos 1860. Fugindo dos convencionalismos e dos procedimentos academicistas, eles apostaram em uma pintura voltada para captar os matizes dos efeitos da natureza. As mudanças técnicas que essa orientação motivou se transformaram em uma falta de acabamento que enfureceu críticos e espectadores. O próprio nome do grupo, impressionistas, teve, no início, um tom depreciativo. Junto à técnica empregada, os temas escolhidos eram surpreendentes. As cenas cotidianas, a vida da cidade e os espaços de ócio encheram as telas desses pintores. O público teve que se acostumar a ver esses quadros com uma atitude diferente. O espectador devia se incorporar à própria obra e participar da vida do quadro. Diz Gombrich sobre isso: "Conseguir esse milagre e transferir a verdadeira experiência visual do pintor ao espectador foi o verdadeiro propósito dos impressionistas"[187]. Os artistas privilegiavam suas próprias sensações e mostravam as imagens como um ponto de encontro entre elas e a realidade. Se, até então, a pintura tinha representado as coisas tal e como se veem de um único ponto de vista, agora esse ponto se transformava em um espectro de olhares. A pintura anterior tinha salvado o objeto do esquecimento – função assumida agora pela fotografia –, a nova pintura incorporava o tempo.

Outro pensador, o padre Juan Plazaola, que refletiu sobre a arte do século xx, sustenta que as artes tradicionalmente classificadas como espaciais romperam as fronteiras que marcavam seu repouso e se tornaram dinâmicas. Esse processo é sintomático de uma mudança de modelo na compreensão da obra de arte que procede dos próprios artistas e que convoca o espectador. Nesse processo não passa despercebido o influxo do cinema em todas as artes, tanto na literatura como na dança, nas artes plásticas e na música. Sugere a seguinte tese:

---

[186] Lionello Venturi, *Historia de la crítica de arte*, Barcelona: Gustavo Gili, 1979, p. 272.
[187] Ernst Hans Gombrich, *Historia del arte*, III, Barcelona: Garriga, 1995, p. 432.

As artes que antes chamávamos "artes espaciais", em oposição às artes do tempo, ressaltam hoje sua qualidade temporal e tendem à realização de obras que mostram um caráter processual, mudando sua substância em devir. De certo modo nos obrigam a observá-las e a fruí-las não como obras, e sim como modelos de função. O artefato deixa de ter valor por si mesmo e ganha valor como demonstração de um procedimento operativo exemplar, que implica a experiência da realidade e a renova.[188]

Inclui aí a contribuição dos futuristas, a pesquisa visual de Moholy-Nagy e outros artistas, como Naum Gabo e A. Pevsner, que com suas obras nos fazem sentir o devir, e não o ser do espaço.

Com outra orientação, mas sublinhando a importância do processo, Plazaola destaca nesse sentido a orientação do expressionismo abstrato. Em suas obras, a pintura parece exibir-se em seu *in fieri*. Também na música se observa o predomínio da ação criadora, concebendo o papel fundamental da execução e sua primazia sobre a composição, como acontece no *jazz*. Tão marcado é esse aspecto que Plazaola não duvida em falar de um acionismo ou supremacia da ação. Mas, ao lado dessa consciência do fazer artístico, ele destaca o apelo ao espectador e o valoriza como um desejo de solidariedade na arte contemporânea. O artista busca o outro, o contemplador, o público percipiente, e exige que entre no jogo criador, que participe de sua pesquisa: "A arte é um fenômeno complexo e dialético. Exige a máxima personalização subjetivista e a máxima qualidade socializadora; daí seu caráter polêmico; posto que cada um julga e define a especificidade artística segundo suas preferências pessoais"[189]. Dá-se o paradoxo de que a arte mais subjetivista se abre, conscientemente, ao público e o incorpora à obra. Nosso autor vê nestes traços uma mostra da socialização democratizadora.

Podemos lembrar os artistas da chamada arte ótica, que utilizaram diversas técnicas para produzir obras cambiantes; obras que provocam uma gama de efeitos, geradores de diversas respostas. As obras se apre-

---

188 Juan Plazaola, *El arte y el hombre de hoy*, Institución Cultural Simancas, Valladolid: Diputación de Valladolid, 1978, p.51.
189 *Ibidem*, p.101.

sentam oscilantes, mutáveis; não como objetos estáveis, mas como estruturas móveis ou que provocam movimento. Artistas como Vasarely, Soto, Riley ou Sempere trabalharam as formas em branco e preto. Através de contrastes simultâneos, jogos de perspectivas, superposições de folhas translúcidas, interferências de linhas etc., provocam no espectador uma impressão de mobilidade, um movimento aparente. Efeitos de ilusão psicofisiológica são utilizados para que o espectador perceba em movimento o que não se move. São obras que buscam a participação ativa do espectador. Vamos ler, a seguir, um texto do Grupo de Investigação de Arte Visual, Paris, 1963:

> Nós consideramos o espectador como um ser capaz de reagir. Capaz de reagir com suas faculdades normais de percepção.
> Eis aí nossa via.
> Nós propomos ocupá-lo em uma ação que libere suas qualidades positivas em um clima de comunicação e de interação.
> Nosso labirinto não é mais do que uma primeira experiência deliberadamente dirigida à eliminação da distância que há entre o espectador e a obra. Quanto mais se dissolve essa distância, mais se dissolvem o interesse da obra em si e a importância da personalidade de seu realizador. E igualmente a importância de toda essa superestrutura em torno da criação, que é o que hoje predomina na arte.
> Nós queremos que o espectador se interesse, tirá-lo de suas inibições, relaxá-lo.
> Queremos fazer com que participe.
> Queremos colocá-lo em uma situação que ele desate e transforme.
> Queremos que seja consciente de sua participação.
> Queremos que se oriente para uma interação com outros espectadores.
> Queremos desenvolver no espectador uma poderosa capacidade de percepção e de ação.
> Um espectador consciente de sua capacidade de ação, e farto de tantos abusos e mistificações, poderá fazer, sozinho, a verdadeira revolução da arte. Pôr em prática os lemas:
> Proibido não participar

Proibido não mexer
Proibido não quebrar.[190]

Também se apela à participação ativa em tendências como a *land art*, ou intervenções em espaços, em que o olhar do espectador deve realizar o processo de contextualizá-las e recriá-las. Chega-se a falar não de espectador, mas de participador. Seria a intenção manifesta de uma exposição chamada *Con Temp l'azione*: as letras unidas formam contemplação, mas separadas resumem a poética participativa – *com o tempo a ação*[191].

Umberto Eco distinguiu com êxito uma abertura mais radical da obra de arte a propósito de certas propostas artísticas do século xx; ele as denomina obras em movimento. Refere-se a uma abertura explícita de certas obras que estão abertas a uma germinação contínua de relações que o participante deve descobrir e escolher no ato recriador. Temos um exemplo magnífico desse procedimento em *O jogo da amarelinha*, obra em que o autor, Cortázar, permite que o leitor explore suas possibilidades até o limite e construa recriativamente o romance, a partir de diferentes itinerários. Assim, a obra vai se transformando com a experiência participativa do recriador.

No outono de 2012 tivemos a oportunidade de ouvir, em nossa universidade, o dramaturgo Juan Mayorga, criador de *El chico de la última fila* [O menino da última fila] e de outros textos mundialmente conhecidos. A peça inspirou o filme *Dentro da casa* (*Dans la maison*), que recebeu a Concha de Ouro do Festival de San Sebastián. No seminário que deu destacava a cumplicidade do espectador na representação da peça. O teatro requer que o espectador seja participante e construa a experiência da obra; ele é o reino da imaginação e cria um espaço de liberdade em que o espectador complementa o implícito e aceita o desafio que a obra lhe propõe.

Em definitivo: a participação se amplia como um processo temporal decisivo para a experiência de ócio estético. Assim como a experiência criadora do artista se condensa na forma que cria, a experiência recria-

---

[190] Marchán Fiz, *Del arte objetual al arte del concepto*, Madrid: Akal, 1986, pp. 374-5.
[191] Antonio Fernández Alba, *Formas de mirar en el arte actual*, Madrid: Edilupa, 2004, p. 48.

dora se concretiza em uma participação cocriadora na obra dada. Essa participação conduz à descoberta.

Descoberta

Proponho começar esta seção com a leitura de um texto de Cernuda que mostra a plenitude de uma experiência de ócio estético cuja riqueza se quer comunicar aos outros. Trata-se de uma descoberta que comove o jovem e que, finalmente, o faz mergulhar no deleite e no sofrimento de sua intimidade. A visão do adolescente crava em seu espírito a beleza contemplada que se une à beleza entrevista e intuída. O poeta ajuda a nos situar no olhar de Albanio e no tempo em que transcorre essa vivência estética de grande intensidade. Cada experiência é pessoal e, como tal, única e distinta de outras. Nestas páginas, tento compreendê-las a partir de certos traços que ajudam a analisar a riqueza da experiência vivida.

BELEZA OCULTA

Albanio cruzava o umbral da adolescência, e ia deixar a casa onde tinha nascido, e até então morado, por outra nos subúrbios da cidade. Era uma tarde de março morna e luminosa, a primavera já visível em aroma, em halo, em inspiração, pelo ar daquele campo então quase solitário.

Estava no quarto ainda vazio que havia de ser o seu na casa nova, e pela janela aberta o sopro da brisa lhe trazia o aroma juvenil e puro da natureza, avivando a luz verde e áurea e aumentando a força da tarde. Aproximando-se da janela, nostálgico sem saber do quê, olhou o campo por um longo momento.

Como em uma intuição, mais do que em uma percepção, pela primeira vez na vida, adivinhou a beleza de tudo o que seus olhos contemplavam. E com a visão dessa beleza oculta penetrava agudamente em sua alma, cravando-se nela, um sentimento de solidão até então desconhecido para ele.

O peso do tesouro que a natureza lhe confiava era demasiado para seu espírito ainda infantil, porque aquela riqueza parecia infundir nele uma responsabilidade e um dever, e ele foi tomado pelo desejo de aliviá-la comunicando-a aos outros. Mas, logo, um pudor estranho o deteve, selando seus lábios, como se o preço daquele dom fosse a melancolia e o isolamento que o acompanhavam, condenando-o a fruir e a sofrer em silêncio a amarga e divina embriaguez, inconfundível e inefável, que lhe sufocava o peito e enevoava seus olhos de lágrimas.[192]

O texto mostra a descoberta da beleza vivida com grande intensidade pelo adolescente. A natureza lhe confia um tesouro, e este se faz presente graças à atitude aberta à realidade do jovem, sujeito da experiência. A realidade circundante lhe oferece uma possibilidade de interação e o convida a descobrir a riqueza da tarde.

O adentrar no objeto estético, que atraiu nossa atenção, não é uma tarefa que se possa realizar sem a participação de nossa subjetividade. Como vimos na seção anterior, nessa experiência nosso eu se torna ativo e derrama no objeto seu mundo pessoal. Desse modo, configura-se a descoberta.

Participamos de uma infinidade de dados sensíveis que percebemos e imaginamos. Imediatamente associamos imagens, referências de outras obras similares que conhecemos, situações de que nos lembramos... Nosso eu se torna ativo, observa, lembra, associa, relaciona... "Assim vamos construindo o objeto estético de nossa contemplação"[193]. A experiência nos envolve e se enriquece com nossa contribuição ativa. O receptor deve ajudar a criar sua própria experiência, deve constituir o objeto sobre o qual vai expandir sua criatividade e no qual vai encontrar uma fonte de deleite. Observemos como Amado Nervo recria o processo, revelando suas impressões de viagem pela Europa. Numa delas, intitulada *Su Majestad el órgano* [*Sua Majestade, o órgão*], o poeta expressa a vivência de um concerto de órgão na catedral de Lucerna:

> Nunca faltei, em meus veraneios na maravilhosa cidade alpina, a esses concertos em que se esparramam em torrentes os tesouros dos grandes mestres alemães. Recordo que nosso mestre Campa me acompanhou algumas vezes

---

192 Luis Cernuda, *Ocnos*, Barcelona: Seix Barral, 1977, p. 59-60.
193 Juan Plazaola, *Introducción a la Estética*, Bilbao: Universidad de Deusto, 1991, p. 303.

e me ensinou a me deleitar, mais do que meu instinto musical seria capaz, com aquela opulência de arte e emoção incomparáveis.

O público entrava silencioso, diria, antes, religiosamente; instalava-se sem ruído nos bancos escuros, e na quietude ambiente surgia de repente uma voz, tímida de início, melodiosa, suave, aguda depois como um clarim de guerra. E logo, parecia como que por encanto, dos muros, do altar, do teto, elevava-se um concerto de cantos invisíveis. Os diversos tubos, instalados em várias tribunas e conectados entre si, já troavam como um desses temporais que atordoam a cidade, repercutindo em todos os picos e em todos os barrancos das montanhas, e murmuravam como misteriosos diálogos do invisível. [...]

Entrecerrando os olhos, eu pensava ver o desfile das trombetas de Jericó brilhando ao sol enfurecido; pensava ouvir os lamentos de Jó e de Jeremias; os melodiosos cantos de Davi, os amargos versículos de Salomão; pensava ver partir os cruzados, mais encouraçados de ideal de que de ferro. Sonhava em Bizâncio, onde dizem que o órgão fazia os imperadores decadentes chorar.

Contemplava o angustiante pulsar do mar batido pelos ventos e enxergava ao longe o homem silencioso e casto que, de um penhasco de Patmos, traduzia com sua pena de águia sobre o *papyrus* os rumores formidáveis do Juízo Final.

Se, como dizem, o piano é uma orquestra nas mãos de um executante, o órgão é mais que isso: é algo imenso, é uma tempestade nas mãos de um homem.[194]

Assim como a experiência do artista se condensa na forma que cria, a experiência do receptor se concretiza em uma participação cocriadora na obra dada. A experiência é criação e recriação.

O processo de recriação pode ser compreendido por fases. Hospers o faz sintetizando-as em três dimensões que foram traduzidas como: superfície estética, forma estética e valores vitais. Podemos entendê-las como uma aproximação sensorial, formal e de sentido. Em primeiro

---

194 Amado Nervo, *Obras completas,* Madrid: Aguilar, 1951, I, p.1406.

lugar, concentramos nossa atenção nas qualidades sensíveis do objeto, reconhecendo-as, comparando-as, associando- as. Se na primeira fase nos deleitamos com a percepção sensível, quando o processo avança, nosso olhar responde à forma e ao sentido: são dois momentos consecutivos e intimamente relacionados. Em primeiro lugar, respondemos à forma e, através dela, ao sentido. Observamos a unidade formal, o tema e sua variação, o ritmo, a estrutura, a harmonia... diversos aspectos que irão variar conforme se trate de um poema ou de uma sinfonia. Essa dimensão formal desempenha um importante papel na experiência de ócio estético e é a base sobre a qual podemos falar de seu sentido.

Quando adentramos os aspectos formais de equilíbrio, simetria ou composição, nossa experiência se aprofunda na forma estética; é a segunda dimensão que Hospers destaca. Percebemos que cada elemento é necessário para o restante e que juntos formam um todo unitário. Captamos a unidade orgânica ou estrutural ou, em outros termos, o tema e a variação. A unidade, a estrutura ou a temporalidade são valores formais que Hospers destaca como a segunda dimensão da experiência estética, base da terceira constituída pelos valores vitais ou a penetração do material da vida. Nossa apreciação das obras de arte não se limita aos valores de superfície ou formais. Fruímos a arte na medida em que ela nos oferece uma imagem da vida e é um símbolo de nossa existência, pessoal ou coletiva, nas múltiplas facetas e concreções que os artistas realizam[195]. Reduzir as experiências aos valores formais, como alguns teóricos têm feito, é uma atitude purista que nos impede de fruí-las no âmbito dos valores humanos ou dos valores vitais, na expressão de Hospers. Creio que o seguinte texto de Muñoz Molina mostra muito bem isso:

> Córdoba, cidade de trânsito para o nomadismo de ônibus, só entreabre parcialmente sua absoluta beleza a quem a percorre sem pressa, a quem descobre em cada rua o muro hermético de um convento ou as colunas da fachada de um grande palácio abandonado, ou de um pátio que exala uma frescura de poço na prostração do calor, ou uma praça vazia com estátuas

---

[195] John Hospers, *Significado y verdad en las artes*, Valencia: Fernando Torres, 1980, pp. 28-30.

romanas sem cabeça e colunas cortadas como grossas árvores. Córdoba é a descoberta de perspectivas de arcos que levam uns aos outros como o acaso dos dados no jogo da oca, o fogaréu imóvel de uma luz do deserto e a sabedoria de uma penumbra calculada e modelada até o limite.[196]

A Calleja de los Arquillos [Viela dos Arcos] é uma boa amostra dessa Córdoba misteriosa que só quem se entrega a ela sem pressa descobre. A tradição a relaciona aos infantes da Lara[197].

A experiência de ócio estético se caracteriza por uma nova forma de ver, sensível e não sensível, que tem uma função reveladora. No capítulo seguinte retomarei esse aspecto, mas, agora, queria lembrar que esse olhar revelador não se dá sem nossa participação ativa; o trânsito nômade de ônibus apressado não é o horizonte adequado para que se dê a absoluta beleza, como aponta o escritor. A abertura, a atitude de um novo olhar são o ponto de partida que possibilita a descoberta.

A imaginação e a lembrança

Borges e outros artistas escreveram que a presença das lembranças modifica a experiência e renova o texto. Todo o nosso psiquismo entra em jogo, e não é possível isolar a experiência em seus elementos abstratos. O mundo pessoal configura a vivência, e, portanto, nem a circunstância em que estamos nem nossa história podem estar alheias. Tudo isso faz parte da experiência de um modo mais consciente ou subtemático.

Talvez tenha sido M. Proust quem nos proporcionou as descrições mais adequadas sobre o poder de rememoração que possuem as sensações. Quando avivam uma lembrança, elas a configuram de novo e ampliam sua força, provocando prazer:

> Invadira-me um prazer delicioso, isolado, sem noção de sua causa. Esse prazer logo me tornara as vicissitudes da vida indiferentes, seus desastres inofensivos, sua brevidade ilusória, tal como o faz o amor, enchendo-me de uma essência preciosa: ou, antes, essa essência não estava em mim, era

---

[196] Antonio Muñoz Molina, *Córdoba de los Omeyas*, Barcelona: Planeta, 1991, p.18.
[197] Manuel Cuenca, *Córdoba y la leyenda de los infantes de Lara*, Córdoba: Cajasur, 1988, p.80.

eu mesmo [...] Mas quando nada subsiste de um passado remoto, depois da morte dos seres, depois da destruição das coisas, sozinhos, mais frágeis, porém mais vivos, mais imateriais, mais persistentes, mais fiéis, o aroma e o sabor permanecem ainda por muito tempo, como almas, lembrando, aguardando, esperando sobre as ruínas de todo o resto, e suportando sem ceder, em sua gotícula impalpável, o imenso edifício da lembrança.[198]

Talvez tenha sido Gabriel Miró o escritor espanhol que com mais intensidade se dedicou à tarefa poética de evocar o tempo passado, recuperado pela lembrança. Não se trata tanto de recuperar o tempo perdido como de elevar a uma nova dimensão o adormecido na memória. A lembrança salva os episódios de nossa vida perdidos em nosso caudal psíquico e os acrisola acrescentados na palavra criada. A fumaça adormecida, assim como o passado vivo de Unamuno, é um tempo pessoal que nos pertence e que é possível despertar mediante a lembrança emocionada. Escreve Miró, em *El humo dormido* [A fumaça adormecida]:

> Será que isto é sentir só à distância, ou recordar o que sentiu aproximando-o com uma lente nova? Nunca saberemos cabalmente, porque há episódios e zonas de nossa vida que não vemos de todo até que os revivamos e contemplemos pela lembrança; a lembrança lhes dá a plenitude da consciência; como há emoções que não o são de todo até que não recebem a força lírica da palavra, sua palavra plena e exata.[199]

A arte é capaz de condensar imagens que nos fazem reviver o passado, que nos proporcionam mundos perdidos e que, graças a ela, podemos recuperar. A literatura, a pintura, a arte em geral têm a capacidade de condensar em suas formas mundos que nos causam admiração por diversas razões e, entre elas, porque desapareceram da história, mas a arte é capaz de dar vida a eles. Admiramos também a capacidade criadora dos artistas e, sobretudo, a realização alcançada em suas obras.

---

198 Marcel Proust, *En busca del tiempo perdido. Por el camino de Swann*, Madrid: Alianza, 1975, pp. 61-3.
199 Gabriel Miró, *El humo dormido*, Madrid: Cátedra, 1978, p.105.

As lembranças e o esforço de congregar em uma imagem todo o conhecido são o único caminho para a reconstrução de lugares perdidos. Pensemos na cidade de Alexandria. O poeta K. Kavafis e os romancistas Forster e Durrell proporcionaram os elos para vincular o passado e o presente. Em *Justine*, Durrell escreve: "Mas enquanto a galeria de sonhos históricos ocupava o primeiro plano de seu espírito, as imagens de seus amigos e relações, evidentes e reais, perambulavam por ela entre as ruínas da Alexandria clássica, povoando um assombroso espaço-tempo histórico com personagens vivos"[200].

Da cidade antiga, com todo o seu esplendor de palácios, teatros, banhos e da grande biblioteca, não ficava nada no século XX. Só a lembrança é capaz de proporcionar uma imagem. Durrell a chama de capital da lembrança. Observemos este texto de M. Haag, que, por sua vez, incorpora um fragmento do romance *Justine*, de Durrell:

> Diferentemente de Roma ou de Atenas, com seus monumentos que continuam em pé, Alexandria é só insinuação: *aqui* (em algum lugar) Alexandre jazia em seu túmulo; *aqui* Cleópatra se suicidou; *aqui* a Biblioteca, o Serapeum etc... e ali fisicamente não há nada. "Rindo, fui para a rua dar outro passeio pelo bairro onde ainda zumbia a vida ridícula, concreta, de homens e mulheres... Desatei a andar devagar, profundamente atordoado, e comecei a descrever com palavras, para mim mesmo, esse bairro inteiro de Alexandria, pois sabia que logo cairia no esquecimento e só voltariam a visitá-lo aqueles cujas lembranças pertenciam agora à cidade enfebrecida, aferrando-se à mente dos velhos como rastros de perfume na roupa: Alexandria, capital da Lembrança".[201]

A salvação da vivência, a presença da lembrança, foi uma das motivações que impulsionou a criação em alguns artistas. Antonio Machado, grande poeta do tempo, como foi Juan Ramón Jiménez, o expressa em diversos textos. Nas palavras de Juan de Mairena[202]: "Não esqueçamos que é o tem-

---

200 Lawrence Durrell, *Justine,* Barcelona: Edhasa, 2000, p.192.
201 Edward M. Forster, *Alejandría,* Barcelona: Seix Barral, 1984, p.259.
202 Professor de ginástica e retórica criado por Antonio Machado como um de seus heterônimos. [N.E.]

po, justamente, (o tempo vital do poeta com sua própria vibração) o que o poeta pretende intemporalizar, digamos com toda a pompa: eternizar"[203]. A salvação do vivido é resgatada pela obra realizada, pela palavra do poeta.

Aqui confluem dois aspectos anteriormente apontados: a riqueza da própria vivência e seu rastro na consciência. Juan Ramón Jiménez se referiu à primeira com a paradoxal expressão do instante eterno: "O que foi instante pleno foi absoluta, completa, redonda, acabada eternidade"[204]. O poeta destaca a plenitude da experiência, que tem sua própria dimensão temporal. Reúne também em muitos textos o rastro na consciência e a distensão do tempo, como o cântico de Santo Agostinho. Neste aforismo, por exemplo: "Um presente que seja como o meio de uma fuga infinita para diante, infinitamente retida por trás"[205]. Mas é, sobretudo, em sua concepção do poema e em sua expressão poética que podemos observar a riqueza da temporalidade própria do fenômeno. Como no seguinte poema de *Eternidades*:

> Sê tu o nascente eterno
> que recolhe o sol cárdeo que morre, a cada instante,
> (pobre coração meu!)
> nos ocasos de minha vida!²⁰⁶

Nascente eterno! O poeta consegue a expressão genial para condensar a temporalidade própria da poesia, em plenitude e sucessão. Os momentos plenos vividos são nomeados no poema e salvos da contingência, do transcorrer da vida. O poeta os faz palavra, e essa palavra será, ao mesmo tempo, nascente para o futuro leitor.

Esses são, justamente, os traços que acentuam o caráter humanista da experiência, sua capacidade de comunicação e sua riqueza formativa[207]. A arte põe em nossas mãos a experiência de outros seres humanos que

---

203 Antonio Machado, *Poesías completas,* Madrid: Espasa-Calpe, 1988, p.1315.
204 Juan Ramón Jiménez, *Ideolojía (1897-1957)*, Barcelona: Anthropos, 1990a, p.189.
205 *Ibidem*, p.334.
206 Juan Ramón Jiménez, *Obra poética*, Madrid: Espasa-Calpe, 2005, I, 2, p.408.
207 María Luisa Amigo, Jaime Cuenca Amigo, Nerea Piérola, Alaia Sáenz, "La literatura cauce de humanismo", em: *Humanismo para el siglo XXI*, Bilbao: Universidad de Deusto, 2003.

podemos compartilhar e reviver. Para nós, receptores da cultura artística, são experiências virtuais, que mostram em suas configurações uma vida intensificada e nos oferecem um horizonte de ampliação de nosso próprio eu. Antonio Muñoz Molina diz:

> Os livros nos concedem o privilégio mágico de continuar escutando vozes que há muito tempo se apagaram e de visitar lugares aos quais não iremos nunca e de falar intimamente com homens e mulheres cujos rostos e vida desconhecemos. Eles, os livros, engrandecem a nossa vida. Cada um é como aquele Aleph de Borges, onde estava contido simultaneamente todo o universo. Nossa memória, nossa experiência individual, são irremediavelmente pobres.[208]

Dessa forma, a arte consegue romper a subjetividade em uma relação intersubjetiva, aponta à necessidade de focar essa dimensão compartilhando-a com os outros, lá onde nossa pessoa se enlaça com os outros no universalmente humano: "A literatura, entre outras coisas, é a possibilidade de um diálogo maravilhoso não só entre as gerações, mas também entre os vivos e os mortos e entre os saberes e as artes"[209]. Harold Bloom destaca a mesma ideia e insiste no prazer do leitor, um prazer difícil, que proporciona solidão e ao mesmo tempo nos relaciona com a alteridade[210].

Talvez a perda das pessoas amadas seja um dos maiores desafios para um poeta. O texto a seguir, do poeta Gamoneda, mostra muito bem a tentativa de preservar com palavras o que a vida nos arrebata:

> O desaparecimento envolve a cinza de meu rosto. Nos vernizes coagulados pela tristeza, acho espinhos imóveis, e as rendas rangem em minhas mãos. Eis aqui as luvas, eis aqui o cheiro de minha mãe e os rastros das cartilagens que ardiam no cálcio.

---

208 Luis García Montero, Antonio Muñoz Molina, ¿Por qué no es útil la literatura?, Madrid: Hiperión, 1993, pp. 65-6.
209 Antonio Muñoz Molina, Pura alegría, Madrid: Alfaguara, 1998, p. 89.
210 Harold Bloom, Cómo leer y por qué, Barcelona: Círculo de Lectores, 2000.

Há tecidos endurecidos sob os ferros. Sua brancura é mortal.
Nas fotografias
fogem amantes amarelos. Há
cabelos aderidos às sombras. Sinto
cachos frios em minhas pálpebras.

Certo, a verdade é um armário cheio de sombra. Já
não há mais paixão que a indiferença. Sei
que o destino se opõe à eternidade. Não haja pois
destino nem eternidade.

No entanto,
alguém geme no quarto. Mesmo
o desaparecimento não é perfeito.
Fecho o armário. Não
cessa a embriaguez, não vem
a lucidez sem esperança.[211]

Antonio Gamoneda poetiza a presença do cheiro de sua mãe nas composições de *Arden las pérdidas* [Ardem as perdas] e no texto autobiográfico intitulado *Un armario lleno de sombra* [Um armário cheio de sombra]. Ele afirmou que a poesia, em sua essencialidade, é uma arte da memória, e, portanto, consciência de uma perda, consciência do que já não está conosco, de consumo do tempo[212]. Mas, ainda com essa notícia, fundamentada em sofrimento, a poesia cria prazer. Esse vínculo de dor e deleite situa a poesia em um horizonte existencial. A poesia se afirma como realidade, não ficção, nem ornamento. Esse âmbito existencial dota de grande valor a função dos sentidos – do olfato, neste caso – e nos ajuda a compreender a transfiguração da realidade: a presença da mãe, viva.

---

211 Antonio Gamoneda, *Arden las pérdidas*, Barcelona: Tusquets, 2003, p.105.
212 *Idem*, *La voz de Antonio Gamoneda*, Madrid: Publicaciones de la Residencia de Estudiantes, 2004, p.14.

Abri as duas portas. A treva interior agrisalhava a penumbra do quarto. Enfiei a cabeça na escuridão do armário e então aconteceu algo que me envolveu em sua realidade física: senti o cheiro de minha mãe. Viva.[213]

A leitura do poema ou deste texto nos comove porque reconhecemos o fenômeno. A arte – a poesia, em especial – tem a capacidade de condensar ausências que torna presentes. Orhan Pamuk ressalta o processo em relação a Istambul. Ao se referir à recriação estética, escreve: "Aprendi que o preço que se paga para poder elogiar Istambul sem limites e com um entusiasmo lírico é não morar *mais* nela ou observar de fora o que se considera *belo*"[214].

Em síntese: vimos como a experiência participativa leva a um horizonte de descoberta que adquire diferentes perfis; da recepção da forma em seus valores sensíveis, formais ou humanos a vivência de seres, pessoas, mundos perdidos, que graças à arte podemos recuperar. A experiência de ócio estético vai esboçando deste modo uma riqueza, a saber, que a participação e a descoberta levam a outro aspecto-chave: a compreensão.

Compreensão

Até aqui apresentei os traços que caracterizam uma experiência de ócio estético e insisti no leque de possibilidades. O conceito de atitude e as características apontadas por Hospers e Robert Jauss nos deram os limites do arco. Lembramos com este último que "a experiência estética se realiza ao adotar uma atitude diante de seu efeito estético, ao compreendê-la com fruição e ao fruí-la compreendendo-a"[215]. Agora, gostaria de me deter na dimensão da compreensão que se dá em algumas experiências de ócio estético, nas mais complexas e, especialmente, focadas em propostas artísticas.

---

213 *Idem*, *Un armario lleno de sombra*, Barcelona: Galaxia de Gutenberg, 2009, p.10.
214 Orhan Pamuk, *Estambul. Ciudad y recuerdos*, Barcelona: Mondadori, 2006, p.75.
215 Hans Robert Jauss, *Experiencia estética y hemenéutica literaria*, Madrid: Tauros, 1986, pp.13-4.

Ressaltei, também, os diversos níveis de experiência, apoiando-me em Hospers. O primeiro degrau podia ser uma aproximação à cor ou a algum aspecto da forma. O segundo nível nos introduzia nos valores formais, e reservávamos um terceiro aos valores humanos. Nesse caso, fruímos a obra de arte quando vemos nela um símbolo da vida ou um *alter ego* de nós mesmos. Nesse terceiro nível, entra em jogo a categoria da compreensão.

Na experiência estética receptora se realiza um ato de compreensão; trata-se de um processo que parte de um ato de reconhecimento intuitivo, ultrapassa o sensível e alcança o inteligível. Aristóteles, ao escrever sobre a tragédia, nos dá uma pauta para compreender esse processo. O filósofo assinala que implica um juízo de identidade acompanhado de prazer ou deleite intelectual. Este provém da compreensão ou do reconhecimento.

Outro filósofo, Gadamer, insistiu na categoria de compreensão, chave da hermenêutica. A experiência da arte revela o traço essencial de sua linguagem. Acolhemos o que a obra nos diz em uma experiência que aprofunda nossa própria autocompreensão. A obra nos convoca e nos fala de uma forma presente e simultânea; como receptores, integramos esse diálogo em nossa compreensão do mundo e em nossa própria autocompreensão. A obra fala conosco, nos diz algo e fala com cada um de nós. Evidentemente, o ponto de partida é a disposição prévia a "deixar-se dizer algo". É preciso não só um receptor, mas também sua disposição em acolher o que se diz; só assim a palavra será vinculante[216]. O compreender faz parte da experiência da arte, da experiência primária que vivenciamos nela.

A compreensão não se reduz à visão, à forma da obra; trata-se de encontrar-se com seu sentido, sentir-se atingido por ele. Talvez agora compreendamos melhor o filósofo quando defende que a obra de arte "concentra totalmente a quem interpela naquilo que lhe diz e o proíbe categoricamente de passar a uma distanciada diferenciação estética"[217]. Não fala como um documento histórico, como os vestígios do passado falam ao historiador. A obra fala com cada um de nós, como se tivesse

---

[216] Hans-Georg Gadamer, *Estética y hermenéutica,* Madrid: Tecnos, 1996, p.112.
[217] *Ibidem*, p.61.

sido visivelmente criada para nós; como os versos que lemos na adolescência reconhecendo que suas palavras expressam nossos sentimentos. A obra nos convoca e nos fala de uma forma presente e simultânea; como receptores, temos que integrar esse diálogo em nossa compreensão do mundo e em nossa própria autocompreensão. O compreender faz parte da experiência da arte, da experiência primária que vivenciamos nela. A obra nos interpela, solicita nossa atenção e estimula nossa capacidade de resposta. Esse é o apelo que uma obra clássica realiza. Vejamos o que diz G. Steiner sobre o tema:

> Um clássico da literatura, da música, das artes, da filosofia é para mim uma forma significativa que nos "lê". É ela que nos lê, mais do que nós a lemos, escutamos ou percebemos. Não existe nada de paradoxal, e muito menos de místico, nessa definição. O clássico nos interroga cada vez que o abordamos. Desafia nossos recursos de consciência e intelecto, de mente e de corpo (grande parte da resposta primária de tipo estético e, inclusive, intelectual é corporal). O clássico nos perguntará: entendeu?, imaginou com seriedade?, está preparado para abordar as questões, as potencialidades do ser transformado e enriquecido que expus?[218]

Essa riqueza de abertura e sua resistência ao "dizer" definitivo, à leitura unívoca, diferencia a grande obra da obra trivial, a que pode ser classificada e compreendida de uma vez por todas, enquanto um clássico define ao redor de si mesmo um entorno sempre frutífero, que nos interroga e incita a um processo de aprofundamento na forma que o autor configurou. Evidentemente, isso não quer dizer que não haja um sentido da obra, mas ela é polissêmica por sua riqueza constitutiva. Juan Ramón, com a certeira intuição que sempre teve em seus aforismos, escreveu: "Clássico é tudo aquilo que, tendo sido – ou melhor, por ter sido – perfeito no seu tempo, transcende, perdura"[219].

---

[218] George Steiner, *Errata*, Madrid: Siruela, 1998, p.32.
[219] Juan Ramón Jiménez, *Estética y ética estética*, Madrid: Aguilar, 1967, p.132.

Gadamer, por sua parte, concebe a obra "como algo que se realizou de modo irrepetível e que resultou em um fenômeno único"[220]. A palavra mais precisa é *Gebilde*, conformação. O termo conota a presença da obra, sua representação sobre si mesma. Não remete tanto a seu processo de formação quanto à exigência de ser percebida em si mesma como pura manifestação. Essa conformação tem que ser reconstruída na recepção de toda obra de arte. Toda obra diante de um observador exige que ele a construa. Essa ação do receptor é "participação".

Vou me deter em um exemplo. Trata-se de uma experiência autobiográfica de López Quintás com as obras de Brückner, que resistiram a ele até que encontrou o modo de se aproximar de uma delas:

> Um dia me propus ouvir a *Sétima sinfonia* como se eu a estivesse interpretando no órgão, enquanto percorria os amplos espaços de uma catedral e ia descobrindo os inúmeros âmbitos espaciais criados, ao ir contemplando o templo de diversos ângulos. O resultado foi empolgante. Sosseguei o ânimo, não tive pressa alguma em percorrer as avenidas desse bosque; sentia prazer em me demorar em cada vista, em cada onda de som, em cada contraste, em cada arrebatamento do discurso sonoro. Todo o enigma desse bom homem contemplativo se converteu para mim em uma fonte de luz e de comovedora beleza.[221]

Convocar nosso olhar, nossa colaboração, significa ter que ler a obra, saber fazê-lo. Não se trata de saber ler, literalmente, nem de apenas contemplar, no caso das artes plásticas. Trata-se de rondá-la, de ir até ela, contorná-la, entrar e, dando passos, construí-la para nós, por assim dizer. Ler não é só soletrar; é compreender. Acontece o mesmo com a obra de arte. A imediatez da experiência da arte não significa mera confirmação, como quando entramos em uma sala e reconhecemos um motivo que nos é familiar. Tampouco consiste no reconhecimento do especialista do tempo histórico em que a obra se situa. Nem mesmo nesse caso se poderá ver a arte com os olhos do passado. Trata-se antes da resposta

---

220 Hans-Georg Gadamer, *Estética y hermenéutica, op.cit.*, p.132.
221 Alfonso López Quintás, *Estética musical*, Valencia: Rivera Editores, 2005, p.116.

que a obra dá a nossas próprias perguntas. A obra não nos fala como um documento; ela diz "algo a cada um, como se o dissesse expressamente a nós". Na experiência da arte há "um sentir-se tocado" que é, ao mesmo tempo, uma descoberta, como vimos na secção anterior.

Nessa configuração participamos como receptores: "Chegamos a tomar parte na figura de sentido que vem ao nosso encontro"[222]. Essa figura de sentido é como um todo, algo que não se deixa determinar nem regular em seu caráter de dado objetivo, e sim, como costumamos dizer, se "apodera" de nós na retidão de sentido, na irradiação de significado que a distingue como conformação. Isso é a participação ou comunicação, a participação cocriadora que vimos antes. Comunicar significa participar, participação comum. A experiência estética não é contemplação passiva; não é nem um arroubo, nem um feitiço. As respostas à obra de arte são sempre determinadas por nossas próprias perguntas: "Ninguém compreende as respostas como perguntas se não as entende como respostas às próprias perguntas"[223]. Cada intérprete se representa, frequentemente, a mesma obra sob uma luz variável. Não é uma carência do receptor, mas um modo próprio da recepção da experiência da arte, bem diferenciado da distância da objetividade científica. A arte é um encontro consigo mesmo e nos conduz ao encontro de nós mesmos.

A conformação na experiência artística não significa nenhum privilégio do autor sobre o receptor: "Justamente porque se manifestou, se exteriorizou, aquele não guarda nada para si, mas se comunica e participa por completo. Sua 'obra' fala por ele". Em toda declaração da arte se dá uma mensagem, "se conhece e se re-conhece algo". Gadamer sublinha o ato de encontro na obra e diferencia esse receptor do mero consumidor da indústria cultural[224]. Não é um horizonte de escape; tampouco devemos considerá-lo um arroubo que nos libera da pressão da realidade. O encontro com a arte não é um sucedâneo ou um mundo de fantasia para nos esquecer de nosso ser. Ao contrário, é um lugar de encontro conosco e com nossos semelhantes; é um espelho, no qual volta a surgir

---

222 Hans-Georg Gadamer, *Estética y hermenéutica*, op. cit., p.136.
223 *Ibidem*, p.274.
224 *Ibidem*, p.136.

sempre de novo diante nós mesmos, muitas vezes de um modo bastante inesperado, muitas vezes de um modo bastante estranho: como somos, como poderíamos ser, o que acontece conosco. Por isso, Kafka dizia que não devemos perder tempo com obras que não se finquem em nós como um machado, trincando o que está congelado em nosso cérebro e em nosso espírito. Steiner lembra que seus próprios textos justificam esse radicalismo, e acrescenta: "Dito de um modo mais suave: o texto, a obra de arte, a composição musical, a 'notícia que continua nova' (Ezra Pound) exige não só compreensão: exige também *re-ação*. Devemos agir 'de novo', transformar em conduta a resposta e a interpretação"[225]. O encontro é um ato de identificação e de reconhecimento que nos convida a refletir sobre nossa própria vida e nos convida a mudá-la. Talvez por isso Kafka dizia que "a poesia transforma a vida"[226].

Ligando essas reflexões a alguns pontos-chave do primeiro capítulo, podemos lembrar o aspecto essencial da interpretação como condição de possibilidade da experiência valiosa de ócio, como sustenta Jaime Cuenca, destacando o processo de integração e interpretação que se funde em uma só unidade de significado. Como estamos observando, a experiência de ócio estético integra a participação do sujeito à descoberta que realiza de seu mundo pessoal e a compreensão ampliada sobre o fenômeno. Não se inventa a interpretação arbitrariamente, nem esta deve ser imposta como se fosse algo passivo: "É o sujeito quem interpreta, livremente, a partir de certas pautas sociais que, ao mesmo tempo, limitam e tornam possível sua interpretação"[227]. Nas experiências valiosas de ócio estético, a interpretação culmina nesse processo de compreensão participante.

Em definitivo, a participação nos conduz à compreensão e nela completamos a descoberta estética. A compreensão leva o participante a se encontrar com o sentido da obra; esta "fala com cada um", e esse apelo requer sua colaboração. A experiência de ócio estético não se dá sem a participação, a compreensão, a interpretação da pessoa.

---

[225] George Steiner, *Errata*, Madrid: Siruela, 1998, p. 39.
[226] Gustav Janouch, *Conversaciones con Kafka*, Barcelona: Fontanella, 1969, p. 69.
[227] Jaime Cuenca Amigo, *El valor de la experiencia de ocio en la modernidad tardía*, Bilbao: Universidad de Deusto, 2012, p. 230.

Fruição

> O prazer que, em todas as épocas, a obra de arte proporciona ao homem vem da comunhão entre a obra e quem a contempla.
>
> Henri Matisse[228]

A experiência de compreensão se apresenta como um âmbito de satisfação e de fruição.

Jauss resume os traços da experiência ao prazer e à compreensão. Aquele é dado por esta. A emoção da experiência se condensa na compreensão, e esta faz que nos deleitemos de novo. Nela encontramos uma esfera de gozo, que continua e, ao mesmo tempo, diferencia aquele primeiro prazer do contato com o objeto estético. Vejamos como R. Wagner expressa essas ideias:

> Jamais esquecerei a feliz noite em que tive a sorte de ouvir juntas essas duas obras de arte! Não esquecerei nunca o que senti quando descobri um maravilhoso parentesco entre essas duas sinfonias! "Eu também – dizia aquela noite a um amigo –, eu também estou feliz. E como não estar, depois de ter escutado, na mais perfeita tranquilidade de espírito e com um doce sentimento de bem-estar, duas composições que parecem ter sido inspiradas pelo deus da alegria, nobre e pura?"
>
> A essas duas obras, aos transportes que inspiram à alma humana a certeza de terem sido criadas para o mais ideal dos prazeres, une-se, de um modo indissolúvel, embelezando e purificando aqueles transportes, o pressentimento de um mundo superior, supraterrestre.
>
> A diferença que sempre estabelecerei entre essas duas sinfonias é que na de Mozart a linguagem do coração se exala em doces e ternos desejos, enquanto na composição de Beethoven o mesmo desejo se lança ao infinito com uma impetuosidade mais violenta.
>
> Na sinfonia de Mozart predomina a plenitude da sensibilidade; na de Beethoven, a orgulhosa consciência da força.[229]

---

228 *Sobre arte,* Barcelona: Barral, 1978.
229 Richard Wagner, *Novelas y pensamientos,* Madrid: Lípari, 1995, p. 97.

A experiência de ócio estético é prazerosa, ou, em outros termos, nos proporciona fruição. No capítulo anterior destaquei o vínculo da fruição com o autotelismo e recordei a diferença que Csikszentmihalyi aponta entre o prazer em sentido estrito e a fruição[230]. O primeiro é um princípio homeostático e conservador que leva as pessoas a economizar energia e a derivar recompensas de ações geneticamente programadas em nossa natureza; já a fruição requer o uso de habilidades para satisfazer desafios externos. Essa observação é facilmente comprovável no âmbito das artes, tanto da experiência criadora como da recriadora.

A relação entre a obra e quem a contempla é o ponto-chave que possibilita a atualização da obra. O prazer surge na vivência atualizada da obra e não em uma hipotética volta ao tempo em que foi criada. Gadamer insiste nessa questão. Experimentamos a fruição em sua relação conosco, como pessoas no mundo em que vivemos. Podemos nos deleitar com obras realizadas há muito tempo, mas a leitura que fazemos delas é efetuada a partir de nosso presente.

Até o século XIX se manteve a capacidade de reconhecimento do prazer estético, diferenciando-o da capacidade abstrata do conhecimento conceitual. Depois, com a autonomia da arte, essa questão foi esquecida ou, inclusive, se tornou suspeita de consolidar os interesses da classe dominante[231]. Alguns autores do final do século XX reivindicaram, com força, esse aspecto. É o caso, entre outros, de R. Jauss e Giesz.

Uma das questões que se colocou historicamente consiste em saber se o prazer do ócio estético tem alguma característica específica ou se identifica com o prazer sensível. Esse aspecto foi objeto de reflexão do pensamento estético desde Kant até a atualidade. O prazer estético é desinteressado e deixa de lado a existência do objeto, transformando-o, criando-o como objeto estético.

Podemos observar esse processo no seguinte texto de Amado Nervo, que recolhe a impressão que a cidade de Florença lhe causa em uma visita noturna, em seu primeiro encontro com ela. A experiência se enriquece pelo conhecimento que o sujeito tem de sua cultura, de seus escritores, o que, nesse momento, se junta à experiência e contribui para enriquecê-la. A vivência é intensa e se deseja preservar o deleite:

---

230 Mihalyi Csikszentmihalyi, *Creatividad*, Barcelona: Paidós, 1998.
231 Hans Robert Jauss, *Experiencia estética y hemenéutica literaria*, Madrid: Tauros, 1986, p. 70.

És misteriosa como uma cidade vista à noite – escrevi, certa vez. Minha primeira visão de Florença foi noturna. Teve muito de adivinhação e de pressentimento, mais que de realidade e de detalhes. Cheguei às cinco de uma tarde de inverno, que ia, já sangrada e moribunda, arrastando sua mão de escarlate pelos montes vizinhos, e às sete comecei a percorrer a cidade, ao léu, sobressaltado a cada passo, como se encontrasse o fantasma de Alighieri.

Depois, com a luz, vieram as visitas aos museus e às igrejas, a inevitável peregrinação artística: "Oh, minha amiga!, não falarei disso. Para quê? *Tout est bu, tout est mangé*" [Tudo foi bebido, tudo foi comido], como disse o nosso Verlaine. Vi palácios, vi jardins, meditei à beira desolada, ou sorridente, do Arno turvo e lânguido; tive tempo ainda para escrever minha *Beatriz*, em que me prometi reconstruir a Florença de Dante. Mas nada, nada se iguala àquela minha excursão noturna. Era como se eu visse tudo através de um mistério; sonhava que via. Meus passos inconscientes me levaram à Piazza della Signoria, meus inconscientes passos me puseram diante da Loggia dei Lanzi. Oh! Na verdade te digo que nada é comparável à minha Florença noturna. Fruí de tal ventura que quisera fugir, fugir diante do primeiro pressentimento da alvorada, por temor de que o sol, ao sair, dissipasse a cidade fantástica, como naquela *mise en scène* dos poemas wagnerianos, por medo de perceber que era tudo mentira, que tinha os olhos fechados e que só meu sonho era verdade.[232]

O eu poético do texto de Amado Nervo se deleita com a experiência da visita a Florença, destacando especialmente a fantástica cidade noturna sobre a qual projeta os poemas wagnerianos. Sobre a cidade ampliou suas virtualidades criadoras, e sua participação ativa despertou em seu espírito um sentimento peculiar, um sentimento contente de plenitude. O professor López Quintás estudou esse fenômeno criativo e vincula-o ao prazer. Essa possibilidade de deleite, de dar livre expansão à capacidade criadora, torna viável a expansão da personalidade humana, põe o ser humano no caminho da plenitude. O homem não sente prazer quan-

---

232 Amado Nervo, *Obras completas,* Madrid: Aguilar, 1951, I, p.1421.

do está separado do que pode nutri-lo ao envolvê-lo. Ele experimenta o autêntico prazer quando se acha ativamente unido às realidades que, ao conectá-lo, promovem sua liberdade: "Essa promoção implica uma saída de si, um espécie de êxtase, mas um êxtase lúcido, que potencializa o poder de reflexão e de ação, não um êxtase de fascinação e embriaguez, como acontece nas diversas formas de vertigem. Trata-se de uma espécie de transporte"[233]. A abertura à realidade é enriquecedora, fonte de desenvolvimento e de prazer. Não nos estranha a expressão radical de um poeta como Baudelaire:

> É esse admirável, imortal instinto do Belo que nos faz considerar a Terra e seus espetáculos como um vislumbre, como uma *correspondência* do Céu. A sede insaciável de tudo que está além, e que a vida revela, é a prova mais viva da nossa imortalidade. É ao mesmo tempo pela poesia e *através* da poesia, pela música e *através* dela que a alma entrevê os esplendores de além-túmulo; e, quando um poema delicado traz lágrimas aos olhos, essas lágrimas não são prova de um deleite excessivo, elas são antes o testemunho de uma melancolia irritada, de uma postulação dos nervos, de uma natureza exilada na imperfeição e que gostaria de se apoderar imediatamente, ainda nesta terra, do paraíso revelado.[234]

Nesse tema podemos observar também uma gradação que iria do simples gostar ao intenso deleite. Muitas experiências se caracterizarão por um estado de complacência que nos faz sentir à vontade diante de uma paisagem ou em um passeio por um entorno que cativa nosso olhar. Nós nos deleitamos contemplando a gama de cores conseguida pelo pintor ou a musicalidade no poema. Outras experiências nos provocarão um deleite mais complexo em que estaremos totalmente envolvidos, interpretando, compreendendo. A seguinte reflexão do pianista Joaquín Achúcarro apresenta muito bem essa ideia:

---

[233] Alfonso López Quintás, *Estética de la creatividad*, Madrid: Rialp, 1998, p. 92.
[234] Charles Baudelaire, "El pintor de la vida moderna", em: *Salones y otros escritos sobre arte*, Madrid: Visor, 1996, p. 29.

Podemos sentir a música epidermicamente, abrir os sentidos e notar a própria reação física prazerosa que produz. E se você está preparado, além disso, pode se deleitar de forma mais intelectual. Uma música, como qualquer obra de arte, te dá mais quanto mais preparado intelectualmente você estiver, o que não quer dizer que não te dê nada, se não estiver preparado. A música de Mozart, por exemplo, parece encantadora para qualquer um, porque é mesmo. Mas se, além disso, você entender de música, quando a estudar lhe causará assombro constatar o fruto das aventuras do cérebro de Mozart enquanto compunha. São duas formas diferentes de se deleitar com a música, mas em ambas nos deleitamos.[235]

As palavras de Achúcarro distinguem dois níveis de deleite: o primeiro está vinculado à experiência sensível, prazerosa produzida pela música. O segundo se relaciona com a compreensão e nos leva a fruir de modo mais intelectual. O texto seguinte – narrado pelo personagem principal de Firmin, um rato – situa-se no primeiro nível, mas aponta para o segundo, com a lenta acumulação de significado: "E você não precisa acreditar nos contos para gostar deles. Eu gosto de todos. Adoro a progressão da exposição, do desenvolvimento e do desenlace. Adoro a lenta acumulação de significado, as brumosas paisagens da imaginação, os percursos labirínticos, as vertentes arborizadas, os reflexos nos lagos, as reviravoltas trágicas e os deslizes cômicos"[236].

O prazer estético e a compreensão que o texto nos proporciona são inseparáveis das palavras que o configuram, de seu ritmo ou das imagens que evoca em nós. Observemos como Juan Ramón Jiménez expressa essa ideia: "Quando contemplamos com paixão quieta, constante, permanente, um ser, um existir, com encantamento e gosto enlevado, vamos pouco a pouco nos fundindo com eles até que, de repente, salta entre eles e nós o amor, súbito conhecimento inteiro que determina a emoção. Sem emoção, sem amor, sem espírito, pouco vale a poesia, por muito que custe"[237]. O poeta faz referência ao amor, ao modo do eros platônico, como uma força benéfica que nos impulsiona ao sensível e o reconduz a

---

235 Joaquín Achúcarro, entrevista em *El Correo*, 24 out. 1999, p.69.
236 Sam Savage, *Firmin*, Barcelona: Seix Barral, 2008, p.63.
237 Juan Ramón Jiménez, *Estética y ética estética*, Madrid: Aguilar, 1967, p.159.

sua dimensão espiritual. O sensível não é anulado, e sim engrandecido pela emoção, pelo conhecimento que surge.

Nem todas as experiências de ócio estético proporcionam fruição no sentido positivo do termo. Queria trazer aqui a reflexão de A. Hauser, ao destacar que a participação responsável do receptor da obra de arte nada tem do prazer hedonista nem gastronômico, mas é "uma rigorosa prova intelectual e moral"[238]. A apropriação de uma obra não se realiza como uma distração cômoda, amena e singela. Ela não tem uma finalidade sensualista – sustenta Hauser – e pede um processo do coexecução, complemento da obra. Em suma, o deleite não é redutível a um prazer sensual, e a tarefa de participação na obra é difícil e responsável.

O texto que reproduzo a seguir mostra muito bem essa atitude responsável e difícil. A escritora Marina Mayoral relata sua visita à Capela de Rothko, em Houston.

A capela foi uma encomenda de um casal de mecenas, Domenique e John de Menil. Eles delegaram a Mark Rothko a tarefa de projetar um lugar para a contemplação e a meditação de pessoas de qualquer religião ou crença, e também para os ateus. A escritora conta sua visita:

> A capela, um edifício de planta octogonal, rodeada de grama e de árvores, de paredes lisas, tem um aspecto austero, acentuado pela porta preta. Reflete-se em um grande espelho d'água retangular, em cujo centro se encontra uma obra de grandes dimensões de Barnett Newman, *Obelisco quebrado*: uma pirâmide sobre a qual outra pirâmide invertida pivotante se prolonga em forma de prisma truncado. Ambas as formas estão unidas pelos vértices, em um equilíbrio que parece impossível. É dedicado a Martin Luther King. Agora, refletindo sobre isso, penso que essa obra prepara o ânimo para o que vamos encontrar na capela.
>
> Eu passei mal. Minha primeira impressão foi de escuridão, embora haja uma luz zenital que ilumina os quadros. Eu diria que a escuridão vinha da obra. Não que as cores dos quadros sejam muito escuras: pretos, cinzas, violetas, mas a escuridão é o tema.

---

238 Arnold Hauser, *Sociología del arte*, Barcelona: Labor, 1977, p. 563.

Havia muito pouca gente, cinco ou seis visitantes, um deles, uma mulher jovem, estava sentada no chão, em uma almofada, em frente a uma das obras, em uma posição de ioga. O espaço interior da capela parece mais amplo do que a vista exterior sugere. Há uns bancos de madeira sem encosto nos quais você pode se sentar e ir mudando de lugar para contemplar de diferentes perspectivas os catorze grandes quadros que ocupam as paredes. Todo mundo fica calado e não se move, procura não fazer barulho. Há um ambiente de recolhimento e respeito.

Eu fiz o que sempre faço diante dos quadros de Rothko: aproximei-me até sentir essa vibração especial da sua pintura. Fui percorrendo, um por um, deixando-me impregnar por eles. Em alguns a escuridão era muito densa, massas de sombra acumulando-se umas sobre as outras. Mas em outros parecia intuir-se algo no fundo, havia veladuras violeta, atrás das quais talvez houvesse algo diferente, menos sombrio, menos tétrico... Mas não incitavam como outras pinturas de Rothko a penetrar nelas, a fundir-se com elas. Ao menos a mim. Mesmo que me fosse permitido, mesmo que mexer em uma tela não fosse algo absolutamente proibido em qualquer museu, mesmo que tivesse podido pousar minha mão sobre elas como se pousa sobre uma imagem religiosa, eu não o teria feito. Não tenho vergonha de confessar que senti o mesmo calafrio que sinto desde menina quando tenho que cruzar um corredor sem luz, do qual não se vê o final. A sensualidade que, por muitos anos, competiu com a austeridade nas pinturas de Rothko já havia desaparecido fazia tempo, e, na capela, a austeridade chega a seu ponto máximo.

Sentei em um daqueles bancos sem encosto e continuei contemplando as pinturas por um longo tempo. Devo ter ficado ali mais de meia hora.

[...]

Na capela eu não conseguia fruir as obras. Lembrei, sem querer, as palavras de um crítico: "Ele não pintou o infinito; pintou o nada..." [...]

Saí de lá angustiada. Mas a jovem da posição de ioga parecia em perfeita paz consigo mesma e com o entorno. Talvez a angústia estivesse em mim e não na obra.

Falei com muita gente sobre essa obra, li o que os estudiosos de Rothko dizem sobre ela. Todos estão de acordo quanto ao impacto emocional que provoca, mas para uns representa a eternidade, o infinito, e para outros, o vazio, o nada. Imagino que sejam experiências pessoais e intransferíveis.

Hoje penso que o que ele nos transmitiu nessa obra foi a ausência de resposta à grande pergunta que para Unamuno está na base de toda filosofia e de toda religião: o que existe depois da morte? Não creio que Rothko pintasse o nada, mas também não podia transmitir uma fé que não tinha. Creio que para os não crentes a capela expressa o silêncio, a incerteza. Mas silêncio não quer dizer que não exista resposta: só que nós não a ouvimos, e na incerteza há sempre uma pequena parte de esperança. Talvez por isso a capela se tornou um santuário aberto a todos, todos os dias. Um santuário espiritual que bem vale uma viagem a Houston.[239]

O texto que lemos nos situa muito bem na complexidade da experiência de ócio estético que estamos analisando. A atitude da escritora é aberta e participativa. Ao experimentar a pintura da capela, o que ela sente é angústia, e ela se depara com a pergunta unamuniana: o que há depois da morte? Diante dessa confissão surge a pergunta: podemos falar, aqui, de fruição estética? Convém pensar essa questão de outro ponto de vista. Refiro-me ao vínculo da fruição com a compreensão.

O deleite da experiência de ócio estético se intensifica se observarmos o prazer proporcionado pela compreensão do que o objeto nos dá. Sabemos que a arte nos oferece um mundo condensado que o autor configurou intencionalmente em forma. Sua recepção é uma tarefa complexa e, às vezes, difícil, que nos leva a adentrar seus valores sensíveis, formais e de sentido. A obra é um microcosmo que nos convida a participar. Esse fenômeno é, sem dúvida, uma fonte específica de prazer, como assinalou Aristóteles e, recentemente, Jauss.

O próprio Aristóteles vincula prazer e compreensão ao relacioná-los com a intelecção do que está ocorrendo na trama da obra e com o juízo de valor que emitimos. Talvez a experiência a que alude o filósofo seja a de mais alto grau. Mas convém observar que nela a coparticipação do espectador e o deleite estão unidos no mesmo ato. Podemos rastrear essa união em outras experiências. Minha satisfação no passeio está vinculada à minha apreciação do entorno, e o mesmo ocorre quando contemplamos

---

[239] Marina Mayoral, "The Rothko Chapel", *MUSA (Revista de los museos de Andalucía)*, nº 12, maio 2010, pp. 6-8.

um espetáculo da natureza. Isso significa que se estabelece uma relação com um objeto, não de um modo solitário em minha própria subjetividade. Esse aspecto é fundamental para compreender a especificidade do prazer estético. A relação se realiza sobre o objeto estético, quer dizer, o criado com os dados fornecidos pela realidade, bem como pelos imaginários que o sujeito investiu nele. Há certa distância nessa relação; não há uma mera fusão, e sim uma distinção que nos permite uma perspectiva. A atividade implica o deleite, não como algo secundário, mas intrínseco. A experiência é em si mesma prazerosa, e, embora sejamos nós como sujeitos os que fruímos, nós o fazemos sobre o objeto estético. Vejamos o comentário de H. Gardner sobre essa questão:

> Ao perceber um objeto como belo, nos satisfaz manter uma distância com respeito a esse objeto; quer dizer, não tentamos abraçá-lo, comê-lo ou jogá--lo no chão. O objeto projeta e detém um poder definido. Costumamos voltar a observar o objeto belo periodicamente (embora, talvez, não com muita frequência), a fim de recriar ou inclusive ampliar a sensação prazerosa.[240]

Dessa distância e voluntariedade da experiência estética, o pensador L. Giesz deduz o principal traço caracterizador da fruição estética: fruímos o objeto ao distanciá-lo esteticamente. Na experiência estética anulamos nosso interesse pelo objeto e, paradoxalmente, passamos a ter interesse por nosso desinteresse: "Esse interesse superior, que elimina a relação primária com o objeto da fruição realmente existente, de fato não está isento das qualidades da fruição. Só que agora a fruição se torna mais dialética, pois eu fruo ao deixar em suspenso a fruição primária e seu objeto"[241]. Esse deleite se diferencia da fruição pura do sujeito sobre si mesmo.

O autotelismo nos proporciona certa independência; delimita com mais clareza o objeto que contemplamos, seja o entorno da cidade ou seja a relação que estabelecemos com uma obra de arte. A distância vem marcada pelo autotelismo, e essa perspectiva aponta o traço peculiar do prazer estético: somos nós como sujeitos que fruímos, mas o fazemos de-

---

240 Howard Gardner, *Verdad, belleza y bondad reformuladas*, Barcelona: Paidós, 2011, p. 63.
241 Ludwig Giesz, *Fenomenología del kitsch*, Barcelona: Tusquets, 1973, p. 45.

sinteressadamente – para usar o termo tradicional – sobre o objeto e não sobre nós mesmos. Este seria o primeiro nível específico de prazer estético.

R. Jauss continua a reflexão de Giesz e defende que na experiência estética o sujeito é capaz de fruir tanto o objeto, que vai mostrando progressivamente seus traços e provocando prazer, como a si mesmo, pois ao exercer a atividade, o sujeito se sente liberado da existência cotidiana e se experimenta na capacidade de ser outro. Por isso dirá – como Giesz – que o prazer estético se dá em uma relação dialética entre a autossatisfação e a satisfação alheia. Quer dizer, um movimento pendular entre o sujeito e o objeto, entre a contemplação não interessada e a participação experimentadora, uma autossatisfação na satisfação alheia. Isso pressupõe a unidade primária entre o prazer que entende e o entendimento que frui: "No ato estético o sujeito frui sempre algo mais que a si mesmo: sente-se na apropriação de uma experiência do sentido do mundo, que pode lhe revelar tanto sua própria atividade produtora como a recepção da experiência alheia e que pode lhe confirmar a aprovação de um terceiro"[242]. Essas são as razões que podem nos ajudar a compreender as seguintes palavras do poeta Antonio Gamoneda, prêmio Cervantes 2006, para quem a poesia é "sofrimento prazeroso": "Caberia pensar que a poesia existe porque sabemos que vamos morrer... mesmo carregada dessa notícia mortal e fundamentada em sofrimento, a poesia tem sua causa e sua finalidade em criar prazer... a poesia é o relato de como se avança para a morte, mas, simultaneamente, é também a arte de implicar prazer nesse relato"[243].

Concluindo, podemos resumir a reflexão sobre o prazer do ócio estético destacando seu caráter específico. Não é um prazer solitário, nem uma mera autossatisfação. A atitude, a voluntariedade e a consciência da experiência, assim como o autotelismo, nos proporcionam o contexto para compreender esse prazer. Supõe uma relação com o objeto que nos permite seu desdobramento, e nele encontramos a causa da fruição. Pode dar-se em diferentes níveis e graus de intensidade, da satisfação

---

[242] Hans Robert Jauss, *Experiencia estética y hemenéutica literaria*, Madrid: Tauros, 1986, p.73.
[243] Antonio Gamoneda, *La voz de Antonio Gamoneda*, Madrid: Publicaciones de la Residencia de Estudiantes, 2004, p.15.

que nos proporciona o entorno da cidade até a apropriação e participação do receptor em uma experiência de sentido do mundo que lhe é oferecida pela obra de arte. Em alguns casos, como na experiência de Marina Mayoral na Capela de Rothko ou a que podemos experimentar na representação de tragédias como *Medeia*, o aspecto da fruição se vincula à compreensão. Delineia-se como uma experiência complexa em que prevalece não a satisfação, nem uma dimensão de sensualidade, mas o prazer intelectual de se apropriar da experiência de sentido do mundo que a obra nos proporciona.

Dimensão ética: a transformação do receptor

As emoções estéticas nos fazem sentir a obra, mas também compreender e julgar. A dor de outro ser humano pode ser a nossa, somos capazes de fazê-la nossa; na experiência estética nos colocamos no seu lugar, no lugar do semelhante. Esse processo ajuda-nos a nos compreender melhor e também a iluminar nossa consciência: nos convida a um juízo, a nos situar no lugar do outro. Um juízo que parte dessa pergunta implícita na obra: E você, o que faria se estivesse nessa situação? Essa pergunta revela mais uma vez que a experiência estética tem uma dimensão ética, porque nos ajuda a questionar nossa postura, a nos conhecer e a nos interrogar.

Devemos a Aristóteles a primeira e decisiva reflexão sobre esse tema. Acabamos de ver o vínculo do prazer com a compreensão, que constitui um aspecto-chave do prazer estético. A tragédia deve produzir prazer, sustenta o filósofo. O prazer próprio da tragédia é o que emana do sentimento de compaixão e temor produzidos pela própria estrutura da representação. Trata-se de um prazer que tem uma dimensão ética. Sigamos os passos de seu pensamento[244].

A tragédia – a trama trágica – deve despertar compaixão (*eleos*) e temor (*phobos*) no espectador. Aristóteles considerava a compaixão e o temor as emoções trágicas por excelência. Talvez a tradução dos termos não seja a mais adequada, mas podemos entender o que o filósofo queria dizer. Os sofrimentos da tragédia movem a um sofrimento compartilhado, provo-

---

244 María Luisa Amigo, *Las ideas de ocio estético en la filosofía de la Grecia clásica*, Bilbao: Universidad de Deusto, 2008.

cam em nós *com-paixão*. O que é a compaixão? Nosso autor o demonstra muito bem na *Retórica*: compaixão é o sentimento que se experimenta diante do sofrimento imerecido[245]. Trata-se do pesar que se sente por um mal que se mostra destrutivo ou penoso para quem não o merece, um mal que nós mesmos, ou algum dos nossos próximos, poderíamos padecer. O filósofo vincula a compaixão ao medo, à consciência de que algo semelhante poderia acontecer conosco. Por outro lado, destaca a visão da justiça, já que se trata de um mal que acontece a quem não o merece.

O sujeito capaz de se compadecer deve imaginar a si ou aos seus na possibilidade de sofrer um dano semelhante. Aristóteles analisa as situações de quem é capaz de sentir compaixão e, em geral, demonstra que é capaz de sentir compaixão quem se lembra que o mesmo mal aconteceu com ele ou com seus próximos, ou teme que aconteça com ele mesmo ou com seus próximos. Nós nos compadecemos de tudo o que, sendo penoso ou doloroso, é destrutivo ou letal (morte, ultrajes corporais, maus-tratos, velhice, doença, falta de alimento); de danos graves causados pela sorte (carência e escassez de amigos, fealdade, debilidade, mutilação) ou do que de onde se espera um bem venha um mal. Por último, ao explicar de quem nos compadecemos, Aristóteles fala dos conhecidos e dos próximos, dos semelhantes, pois o que se teme para si se compadece nos outros; das pessoas boas que se acham em tal situação porque a desgraça é imerecida, e das que reforçam o seu desgosto por meio de gestos, de vozes, de indumentária e, em geral, de gestos teatrais; da sensação de proximidade e iminência.

Como vemos, o filósofo se mostra um grande conhecedor da natureza humana. Mas o que mais nos interessa é seu olhar ético sobre essa experiência. Sigo seu raciocínio.

Falando da amizade na *Ética a Nicômaco*, Aristóteles define a filantropia como uma disposição amistosa natural para com todos os homens, por serem homens[246]. Na *Retórica* e na *Poética*, a essa boa disposição natural de atitude amistosa dos seres humanos acrescenta um sentimento de justiça. A filantropia seria, portanto, não uma virtude, mas uma dis-

---

245 Aristóteles, *Retórica*, Madrid: Gredos, 2000, livro II, cap. 8, 1385b 13-1386b 8.
246 *Idem*, *Ética a Nicómaco*, Madrid: Gredos, 1993, 1155a, pp. 15-22.

posição natural, sentimental, subjacente à emoção estética. A compaixão surge a partir dela, e começamos a compreender mais claramente a dimensão ética da experiência estética. Tendo em vista a desgraça imerecida, o espectador forma um juízo valorativo, que poderíamos formular assim: "Não merecia tanta desdita". Esse juízo repugna sua filantropia e seu amor à justiça; brotam então a compaixão e o temor. Ambos os sentimentos se assentam na disposição amistosa natural que todos nós compartilhamos pelos outros. Por sua vez, ambos estariam inseridos no horizonte de finalidade a que todos aspiramos, quer dizer, a felicidade.

Essa experiência é ética-estética; o prazer primário da experiência estética provém da compreensão intelectual, do reconhecimento intuitivo, do outro que sou eu. A experiência da arte abre a um mundo de conhecimento; é uma descoberta de nós mesmos no horizonte dos outros homens. Desse modo, Aristóteles precisou a especificidade do prazer estético próprio da tragédia. Trata-se de um prazer caracterizado pela compreensão do que ocorre na trama. A visão do espectador ativa a faculdade mais elevada do ser humano: a mente. O receptor descobre o universal no caso particular que aparece diante de seus olhos. Entram em jogo os sentimentos éticos, e o espectador julga. A experiência estética adquire assim a compreensão mais elevada, considerando seu âmbito autônomo e, ao mesmo tempo, destacando a dimensão ética.

Estas breves notas apontam a riqueza dessa vivência da arte que abre a um mundo de conhecimento e de descoberta de nós mesmos no horizonte de outros seres humanos. Nesse sentido, a arte é transformadora e traz benefícios à pessoa.

A reflexão aristotélica é de suma importância, já que destacou, tão precocemente, a fecundidade e a riqueza da experiência de ócio estético. Desse horizonte de fundo, o dramaturgo espanhol Antonio Buero Vallejo escreveu, no século XX, sobre a dimensão transformadora da tragédia, enlaçando a compreensão e a participação do receptor. Aponto, brevemente, seus traços centrais.

O escritor deve empregar certos recursos para conseguir essa transformação do receptor. Buero se refere, por exemplo, aos efeitos de imersão. Esses efeitos consistem em um recurso teatral mediante o qual o público participa "dos problemas e da situação anímica íntima de alguns protagonistas"²⁴⁷. A intenção é promover uma participação física e psíquica do espectador. Como explica o dramaturgo, não se trata somente de incitar uma participação física, como esteve na moda no teatro mundial; nesse caso, convidam-se os espectadores a se deslocar, a se mover, a subir ao palco ou até a modificar alguns aspectos do texto. O que Buero propõe é uma participação psíquica, embora esta se consiga por meio de recursos físicos.

Assim, *En la ardiente oscuridad* [Na escuridão ardente] obriga os espectadores a compartilharem a cegueira com os personagens, apagando as luzes da sala; o mesmo ocorre em *La llegada de los dioses* [A chegada dos deuses]. Se o protagonista for surdo, como no caso de Goya em *El sueño de la razón* [O sonho da razão], o público também será surdo como ele. Em *El tragaluz* [A claraboia] a participação é mais intensa ainda, e o espectador é incorporado ao palco, através da claraboia, que é a quarta parede. Em *La fundación* [A fundação], o público vai experimentando o transtorno do protagonista e vai tomando conhecimento dele à medida que a peça avança. Buero utiliza esses recursos com a finalidade de que: "O público capte a outra face da realidade: a da relação – digamos normal – entre pessoas que se falam e se conectam entre si sem esses efeitos de imersão. O que pretendo, por conseguinte, quando os utilizo? Recuperar para o teatro algo que estava se perdendo: a importância decisiva da intimidade, da interioridade humana"²⁴⁸.

O autor da tragédia lança com suas peças suas perguntas e seu olhar sobre o enigma do mundo e sua dor. Não nos dá uma resposta, pois a qualidade essencial do gênero é a colocação de uma problemática sem soluções concludentes. A peça fica aberta ao espectador. A finalidade é conseguir uma reação crítica dele, inquietá-lo e arrancá-lo de sua recepção passiva. Buero busca a mudança interior, não a ação direta. Não há respostas; só se postula a esperança como último significado da tragédia. É o espectador que deve produzir o sentido, contemplando ativamente a cena. Em *El tragaluz* os personagens do tempo futuro que contemplam a cena, Él e Ella, dirigem-se aos espectadores com estas palavras:

---

247 Antonio Buero Vallejo, *Obra completa*, Madrid: Espasa-Calpe, 1994, II, p.510.
248 *Ibidem*, p.511.

Se não se sentiram em algum momento verdadeiros seres do século XX, mas observados e julgados por uma espécie de consciência futura; se não se sentiram em algum outro momento como seres de um futuro já feito presente que julgam, com rigor e piedade, pessoas muito antigas e talvez iguais a vocês, o experimento fracassou.[249]

Assim se fecha o círculo da criação; a proposta que a obra apresenta nos convida a uma reflexão séria e nos propõe uma busca de sentido que, talvez, os personagens da peça não tenham encontrado; a esperança de uma solução melhor está em nós, receptores da obra.

A intenção do dramaturgo é conseguir uma mudança, uma transformação e um aperfeiçoamento interior no espectador. O espectador não pode ficar moralmente alheio à proposta da obra. O valor moral reside na razão, nela e não nas ações ou nos resultados. Por isso, no ato de compreensão estética, o receptor julga com a lei de sua razão que lhe proporciona uma máxima de ação elevada em nível geral: "Age de tal modo que a máxima de atuação possa sempre valer como princípio universal"[250]. Kant nos lembra que se deve agir de modo que a máxima de nossa conduta possa ser, a qualquer momento, princípio objetivo ou lei universal. Não impõe um conteúdo determinado, mas uma forma que respeita a humanidade na pessoa do outro e lembra que o ser humano é um fim em si mesmo.

O dramaturgo põe a esperança no espectador, que deve descobrir um mundo mais justo, para além do sofrimento desesperançado dos personagens. Buero não oferece soluções, mas uma obra aberta que pede a complementaridade do receptor. Não há uma solução concludente para a condição humana; a ambiguidade do texto é aliada do autor para despertar a resposta do público[251]. É a razão que nos convida positivamente à esperança de uma vida melhor, um ideal de vida mais digna e justa para todos os seres humanos. Aqui reside a esperança de Buero; é o alento a que fora da cena, do poema ou da imagem, o ser humano

---

[249] Antonio Buero Vallejo, *El tragaluz*, Madrid: Escelicer, 1969, p.100.
[250] Immanuel Kant, *Crítica de la razón práctica*, Buenos Aires: Losada, 1968, p.7.
[251] Bertolt Brecht, *El alma buena de Se-Chuan*, Buenos Aires: Nueva Visión, 1978, p.26.

possa viver melhor do que as circunstâncias da peça nos mostram. O juízo ético-estético que fazemos ante a realidade que a obra nos propõe é uma possibilidade nossa, do ser humano que todos compartilhamos. Por isso, nossa esperança é também uma possibilidade para os outros. O juízo ético é universal, e assim também é o da experiência estética. O que julgamos diante da sorte do personagem, de suas situações, de seus conflitos, de sua evolução na trama e na intencionalidade das palavras, passa pelo modelo de ser humano que todos nós desejamos como paradigma de humanidade.

A transformação do espectador é, como acabamos de ver, um processo marcado pela dimensão temporal da representação e pelo impacto que esta provoca naquele. A aposta ética se abre para além da experiência vivida no teatro e nos convida à ação, à conquista de uma vida mais digna e justa para todos. Talvez seja esse o benefício mais ambicioso e, ao mesmo tempo, mais fecundo da arte. Nós o vimos na experiência teatral, mas *mutatis mutandis* poderíamos propô-lo como benefício de outras experiências estéticas possibilitadas por obras de arte altamente fecundas em valores humanos. Esse é um tema de grande interesse que vou desenvolver no capítulo seguinte.

CAPÍTULO 3

Valores da experiência de ócio estético

> *Como é possível que alguns traços sobre uma tabuinha de argila, riscos de pena ou de lápis que muitas vezes mal chegam a ser legíveis num frágil pedaço de papel, constituam uma* persona – *uma Beatriz, um Falstaff, uma Anna Kariênina – cuja substância, para um sem-número de leitores ou espectadores, excede a própria vida na sua realidade, na sua presença fenomenal, na sua longevidade social e encarnada?*
>
> George Steiner[252]

A pergunta formulada por George Steiner, reconhecido intelectual, nos apresenta o enigma da criação e nos conduz a uma questão-chave que eu gostaria de tratar a seguir: os valores da experiência de ócio estético. No primeiro capítulo, delimitei essas experiências diferenciando-as de outras que podem estar próximas ao ócio estético. No segundo, quis me aproximar de sua compreensão, colocando minha atenção nas experiências valiosas de ócio estético. Agora, gostaria de aprofundar as razões pelas quais podemos considerar valiosas essas experiências, algumas experiências. E é o que me proponho a fazer, a seguir.

Podemos nos perguntar: que valor implica a experiência da obra de arte, portadora de um impulso tão radical, como o que Steiner destaca na frase citada na epígrafe? Ou, em outros termos: em que consiste a

---

[252] *Los logócratas*, Madrid: Siruela, 2006, p.55.

transformação valiosa da experiência criadora de ócio estético? E, enfim, quais são os valores da experiência de ócio estético? Não pretendo responder de forma absoluta a essa questão, que um autor como Steiner coloca como sendo a mais difícil da poética e da psicologia. Proponho-me apenas a explicar alguns aspectos que se apresentam à sensibilidade e ao sentido, quando vivenciamos essas experiências, e que parecem escapar quando pensamos sobre elas.

Focarei essas perguntas nos valores da experiência de ócio estético em sua dupla vertente criadora e recriadora. Gostaria de destacar a dimensão valiosa das obras de arte criadas pelos artistas, e já adianto que o faço no sentido que poderíamos chamar a geração de valor que os criadores produzem. O substantivo "valor" e o adjetivo "valioso" não são utilizados aqui em um sentido de apreciação subjetiva, muito menos em uma dimensão econômica. Eu os empregarei apontando a riqueza do resultado criado, da obra conseguida, destacando a transformação da realidade exercida pela ação criativa. Os artistas criam, nomeiam, fundam outra realidade. Nas grandes obras, é possível discernir uma irradiação que as ultrapassa[253] ou uma transfiguração dos objetos que representam[254]. Ambas as expressões apontam para um *plus*, um acréscimo do real; a obra de arte transborda seu significado em um sentido não unívoco, mas aberto[255] e simbólico[256]. Esses aspectos mostram seu valor e indicam que os poetas, os artistas em geral, são criadores no sentido mais profundo do termo.

Além dessa dimensão criativa, que chamei de geração valiosa, a arte apresenta de maneira intuitiva formas portadoras de valores, criados por uma pessoa, o artista, para outra, o receptor. Isso nos situa em uma perspectiva comunicativa. Na experiência de ócio estético, realizamos diferentes operações sensíveis e intelectuais, e nelas estimamos ou desestimamos, em outras palavras, valoramos. Isto não quer dizer que inventemos

---

[253] Étienne Souriau, *La correspondencia de las artes*, México: Fondo de Cultura Económica, 1965, p. 35.
[254] Mikel Dufrenne, *Fenomenología de la experiencia estética*, Valencia: Fernando Torres, 1982, 1, p. 371.
[255] Umberto Eco, *Obra abierta*, Barcelona: Ariel, 1979.
[256] Hans-Georg Gadamer, *Verdad y método*, Salamanca: Sígueme, 1977; idem, *Estética y hermenéutica*, Madrid: Tecnos, 1996.

subjetivamente os valores da arte, e sim que os descobrimos nessa relação e que esses valores se desenvolvem nela ou a partir dela. Devemos estar conscientes de que nessa relação o papel do participante é fundamental, pois, como já destaquei anteriormente, ela depende de sua atitude, de sua abertura e da participação ativa e descobridora realizada por ele. É nessa relação entre a obra e o receptor, e com essas condições, que os valores podem tornar-se patentes, ampliando as potencialidades das obras. A relação comunicativa possibilita a descoberta de valores encarnados nas formas e converge para o desenvolvimento de outros valores na pessoa. Isso significa que a vertente recriadora da experiência de ócio estético situa o horizonte do valor em outra dimensão. Refiro-me aos benefícios que traz para o desenvolvimento pessoal. Observemos que o termo valor adquire um sentido humanizador, já que favorece o desenvolvimento humano. "Humano", no sentido kantiano, quer dizer tudo aquilo que potencializa as pessoas, que são seres valiosos em si mesmos. Assim, os valores da arte, embora não sejam especificamente morais, adquirem essa dimensão na medida em que se integram em uma forma de desenvolvimento especificamente humana[257]. Martha Nussbaum ressaltou a capacidade da literatura para ampliar habilidades e desenvolver capacidades. O mundo da ficção funciona como um complemento à experiência, favorece a sensibilidade e amplia a capacidade do leitor para perceber conflitos morais. Daí que a autora valorize seus efeitos positivos na educação[258].

Essa questão ganha força com as reflexões que destacam o valor educativo dessas experiências para a formação da mente[259]. Minha abordagem não tem como eixo a linha cognitiva traçada a partir da psicologia ou da educação, mas a reflexão estética e a teoria do ócio.

---

[257] Adela Cortina, "Valores morales y comportamiento social". Em: Fernando García de Cortázar (org.), *El siglo XX*, nº 60, Madrid, 2001, p.323.
[258] Martha Nussbaum, *Paisajes del pensamiento*, Barcelona: Paidós, 2008.
[259] Rudolf Arnheim, *Arte y percepción visual*, Madrid: Alianza Forma, 1979; *idem, Consideraciones sobre la educación artística*, Madrid: Paidós Estética, 1993; Elliot W. Eisner, *Educar la visión artística*, Barcelona: Paidós, 1995; *idem, El arte y la creación de la mente*, Barcelona: Paidós, 2005; Nelson Goodman, *Maneras de hacer mundos*, Madrid: Visor, 1990; Howard Gardner, *Educación artística y desarrollo humano*, Barcelona: Paidós Educador, 1994; *idem, Verdad, belleza y bondad reformuladas*, Barcelona: Paidós, 2011.

Em suma, pretendo esboçar algumas dimensões do ócio criativo como fonte de geração de valor. Essa linha leva à transformação valiosa da realidade que os artistas realizam nas obras de arte e a sua potencialidade para expandir valores na pessoa que as recria. Tanto um caso como o outro, criação ou recriação, nos conduzem à pessoa e a determinada atitude diante da realidade. Esse horizonte da relação foi desenvolvido no primeiro capítulo, sob o termo beleza. As palavras-chave que se inserem nesse vínculo são: a pessoa, sua atitude, a experiência, a criação, a participação, a contemplação, todas elas reunidas sob o âmbito da beleza.

Quando os artistas quiseram defender a autonomia da arte, eles escreveram textos reivindicando esse espaço. É o que podemos ler em Lessing, que se limita às obras nas quais o artista se manifestou como tal e nas quais a beleza foi seu único objetivo: "Gostaria de chamar obras de arte apenas aquelas nas quais o artista pôde se manifestar como tal, quer dizer, aquelas nas quais a beleza foi para ele sua primeira e última intenção"[260]. A intenção de Lessing é tomar distância de obras que obedecem a parâmetros religiosos ou a finalidades práticas, que não são consideradas no plano da criação autônoma. Evidentemente, depois da arte comprometida do século xx, não se pode limitar a arte a esta concepção. No entanto, o âmbito da beleza como horizonte conceitual pode continuar servindo para priorizar a relação estética, tanto do ponto de vista criador como receptor. Assim, trato de salientar que nessas experiências se privilegia a relação com a realidade, do ponto de vista estético. A experiência criadora se condensa no esforço do artista para encontrar a via de expressão. O escultor com o cinzel na mão, o pintor com o pincel e o escritor procurando a palavra exata nos dão a imagem do desafio da criação em busca da obra. Todo artista tem que encontrar a forma que expresse o que quer dizer. Na experiência recriadora, essa relação com a realidade se concretiza na fruição de sua contemplação, participando dela sem outra finalidade, quer dizer, a partir da apreciação da beleza. O artista também pode recriar:

---

[260] Gotthold Ephraim Lessing, *Laocoonte o los límites de la pintura y la poesía*, Madrid: Tecnos, 1990, p.76.

Ao momento criador sucede outro momento essencial: aquele em que um contemplador ou um autor surpreso por sua própria obra se posta diante dessa obra que estava ali, cheia de possibilidades, mas muda, e que só quando esse contemplador a torna sua, descobrindo-a desde seu próprio centro, volta a viver e a dizer algo que, aliás, não é nunca exatamente o que seu autor queria conscientemente que dissesse.

O espectador ou contemplador não é, com efeito, um mero receptor passivo. Recriar-se em uma obra de arte é tornar a criá-la.[261]

Frui-se algo pelo que é em si mesmo, pela relação com esse objeto, independentemente de sua posse, de seu uso ou de seu consumo. Como vimos antes, isso significa que a relação de ócio estético é autotélica.

---

261 Gabriel Celaya, *Poesía y verdad*, Barcelona: Planeta, 1979, p.50.

Valores da experiência criativa de ócio estético

A experiência criativa de ócio estético se concretiza na criação de objetos estéticos e obras artísticas. É evidente que a dimensão criativa do ser humano faz referência a um horizonte de criação mais amplo, como apontei no primeiro capítulo. Devemos às vanguardas artísticas do século XX a reivindicação do princípio de criatividade em todas as pessoas, e não exclusivamente naquelas agraciadas com um misterioso talento hereditário. Além disso, suas reflexões vincularam a criatividade a categorias extra-artísticas (tais com o jogo, a vida, o espírito, o trabalho construtivo) que hoje em dia já são inseparáveis dela. Essas contribuições foram reunidas por teorias posteriores sobre a criatividade e, sobretudo, na consideração do papel do participante na recriação da obra[262]. Neste capítulo, uma parte da minha atenção se volta para as criações dos artistas e outra para a recriação delas, o que supõe a criatividade de toda pessoa. Sabemos que diversas propostas da arte contemporânea apostaram na vivência como obra, que não requer a consolidação em um objeto. Não me deterei nelas, mas naquelas que patenteiem a criação em obra, suscetível de ser, por sua vez, participada e revivida por outra pessoa.

Desde o Iluminismo a ação criadora é compreendida como fruto de um artista genial. Sem negar as reflexões anteriores, como as da Antiguidade ou do Renascimento, é o pensamento kantiano que sustenta a ideia

---

[262] Macarena Cuenca Amigo, *La creación y desarrollo de públicos de la ópera en Europa*, tese de doutoramento, Bilbao – Universidad de Deusto, 2010; María Luisa Amigo, *Experiencias de ocio estético*, Instituto de Estudios de Ocio, Bilbao: Universidad de Deusto, 2010.

de gênio criador, ideia que ainda se mantém viva. Kant afirma que o gênio é um dom natural para produzir obras de arte originalmente, sem regras aprendidas nem imitadas. Essas obras serão consideradas exemplares. Trata-se de um talento natural que não consiste em uma habilidade, tampouco em normas aprendidas. O gênio deve aprender o ofício artístico, formar seu gosto e dominar sua intuição com o entendimento, mas seu surgimento é algo natural e imprevisível. De modo que a originalidade é sua primeira qualidade. Além disso, a obra não deve ser um absurdo, mas um modelo que sirva a outros. O artista genial não saberá explicar como a realiza, pois não há regra alguma em sua criação, por isso tem grande dificuldade para comunicá-la aos outros. A genialidade é inata, e Kant a define como "a faculdade espiritual inata mediante a qual a natureza dá a regra à arte"[263].

Na nossa época o conceito adquiriu uma extensão muito ampla. Csikszentmihalyi[264] levanta diferentes usos e atribui a criatividade propriamente dita às pessoas que modificaram o campo simbólico, como Leonardo ou Picasso. A pesquisa de H. Gardner[265] se desenvolve nessa mesma linha. Essas pessoas, usando símbolos em um dado domínio, como as artes, por exemplo, realizam obras inovadoras, que são reconhecidas pelo ramo cultural correspondente, nesse caso, a arte. Destaca, portanto, a qualidade da pessoa e também o resultado reconhecido no espaço cultural. É importante observar a dimensão de reconhecimento pelos especialistas, o que insere o valor da obra em um espaço intersubjetivo.

Essa compreensão incidiu na relação recriadora e na valoração das obras de arte. Se admirarmos algo como obra de um gênio, ressaltamos que sua criação – que não obedece à aplicação de regras – surge de um fazer que ultrapassa essa ação, o que conduz a um horizonte que penetra no mistério ou no inconsciente e funda suas raízes em um espaço irracional. O filósofo Gadamer diz que é justamente isso que caracteriza o que é artístico, o que é "esteticamente valioso"[266]. Para corresponder a

---

263 Immanuel Kant, *Crítica del juicio*, México: Editorial Nacional, 1973 [1790], p. 359.
264 Mihalyi Csikszentmihalyi, *Creatividad*, Barcelona: Paidós, 1998.
265 Howard Gardner, *Mentes creativas*, Barcelona: Paidós, 2010.
266 Hans-Georg Gadamer, *Estética y hermenéutica*, Madrid: Tecnos, 1996, p. 66.

essa criação é preciso um receptor com uma capacidade *congenial*, que saiba fruir recriando. Isso não significa que a obra tenha a mesma função para o criador e para o recriador, como já apontei anteriormente, com Hauser. Isabel Allende reconhece na ação criadora um campo de intersubjetividade:

> Invento um mundo que é ficção que não me pertence. E nesse longo e paciente exercício diário de escrita descubro um monte de coisas a respeito de mim mesma e da vida. Não tenho consciência do que escrevo. É um processo estranho; é como se com esta "falsa-ficção" você descobrisse pequenas verdades a respeito de si mesma, a respeito da vida, das pessoas e de como o mundo funciona.[267]

Falar de arte parece levar a homogeneizar âmbitos bem diferenciados como a composição de uma obra musical, uma ópera, uma obra pictórica ou um poema. Umas e outras requerem tempos diferentes que possibilitem sua realização. Quando lemos confissões dos artistas, de uma ou outra área, reconhecemos a plenitude da experiência vivida, o prazer que experimentam ao idealizar a obra e ao vê-la concluída. O prazer de criar está ligado ao orgulho da obra feita. O poeta Juan Ramón Jiménez diz em um aforismo: "Nada significa o aplauso dos outros. As mãos se cansam. Flor de um dia. Procurem os deleites íntimos que nos proporcionem uma vida nobre e bela. Façam sua obra pelo prazer de fazê-la, pelo prazer de deixar-se na vida, de perpetuar nossa alma no rio das ideias"[268]. O texto mostra que o poeta entende a poesia como um fim em si mesma, não como um meio para outra finalidade. Não procura um objetivo didático, nem um prêmio, não persegue tampouco o aplauso dos demais. Oferece sua obra aos outros como fruto do trabalho agradável e nos convida a realizar nossa obra pessoal com prazer e deleite íntimo. Em seu pensamento, ócio e trabalho se unem em sua proposta de trabalho agradável. O trabalho agradável, quer dizer, o ócio, seria uma forma de se cultivar e de se realizar, em suma, uma realização poética, como o chama Juan Ramón.

---

[267] Raúl Cremades e Ángel Esteban, *Cuando llegan las musas*, Madrid: Verbum, 2016, p. 41.
[268] Juan Ramón Jiménez, *Y para recordar por qué he venido*, Valencia: Pre-textos, 1990b, p. 295.

Contudo, nestas páginas, minha atenção não está voltada ao valor da experiência para o próprio sujeito criador. Focarei a reflexão na geração de valor que a obra criada agrega, razão pela qual a obra é reconhecida como arte por peritos de seu campo. Em suma, proponho-me a apontar alguns argumentos que mostrem essa geração de valor das experiências de ócio criativo, não na própria criatividade do artista, mas no fruto criado, tentando explicar por que as obras são valiosas.

O fruto da experiência: uma obra valiosa

A experiência criadora de ócio estético sobre a qual reflito requer um criador, um artista, e se condensa em uma realidade criada, uma obra. Por isso minha atenção não está voltada para as vivências que renunciam à forma, mas para as que se consolidam em obra criada.

A obra de arte se origina em uma ação complexa em que o artista deve mover-se em diferentes planos que vão configurando uma forma sensível, portadora de uma realidade suprassensível. Plazaola sustenta que em nossa tradição ocidental a arte implica um material e uma transformação sobre ele; uma ação que funda suas raízes em um mundo inconsciente, mas que, sob a luz de uma intuição e guiada por uma razão, dá forma sensível a esse material. A obra de arte é uma realidade que traz invenção e a comunica[269]. Na mesma linha, J. Jiménez destaca o valor da arte como imagem, como forma simbólica de conhecimento e de identidade. Seu valor reside na singularidade da obra, que rompe a cadeia de signos do universo da cultura de massas. A arte é *poiesis*, criação, produção de conhecimento e prazer. Por isso, ele destaca que a arte convida a uma participação ativa[270]. Outros pensadores reconhecerão uma sabedoria instauradora[271] ou criadora de âmbitos[272]. A forma produz uma fonte de luz e clareza de sentido. É uma realidade criada por uma pessoa, o artista,

---

[269] Juan Plazaola, *El arte y el hombre de hoy*, Valladolid: Diputación de Valladolid, Institución Cultural Salamancas, 1978; idem, *Introducción a la estética*, Bilbao: Universidad de Deusto, 1991.
[270] José Jiménez, *Imágenes del hombre*, Madrid: Tecnos, 1986.
[271] Étienne Souriau, *La correspondencia de las artes*, México: Fondo de Cultura Económica, 1965.
[272] Alfonso López Quintás, *Estética musical*, Valencia: Rivera Editores, 2005.

que pede um receptor, outra pessoa que dialogue com ela. Os artistas realizam formas nas quais encarnam sua visão das coisas e sua experiência de mundo. Esse trabalho de encarnação é uma ação primordial de busca e clarificação, já que a arte requer a forma criada.

A ação criadora do artista configura uma obra que resulta ser uma nova realidade. As obras de arte não podem ser compreendidas somente em termos de suportes materiais e qualidades sensíveis. A arte é uma atividade instauradora. Étienne Souriau escreve: "É o conjunto das buscas, orientadas e motivadas, que tende expressamente a conduzir um ser do nada, ou do caos inicial, até a existência completa, singular, concreta, de que dá fé sua presença indiscutível. Em toda obra é possível discernir uma irradiação que a ultrapassa"[273]. A expressão de Souriau, "uma irradiação que a ultrapassa", explicita de novo a arte como criação de valor. Howard Gardner destacou o caráter memorável da forma, traço ou sintoma da beleza artística[274].

Essas reflexões mostram que as obras de arte se caracterizam por ser um campo de sentido, de luz, de acréscimo do real. Nessa linha, podemos falar de uma transfiguração da arte. O pensador de estética Dufrenne afirma: "A arte transfigura os objetos que representa"[275]. Os objetos que um artista representa – embora sejam tirados de uma paisagem, de uma realidade natural – ficam imolados a um sentido que os ultrapassa. A arte nos ensina a ver além de nossa visão cotidiana; nos ajuda e nos treina na visão metassensível: "O que interessa e estimula um artista é, entre os objetos do mundo, o que não está feito e parece que está esperando: trata-se dessa dimensão inapreensível do real, que só se manifesta na afetividade, e que somente a arte pode reter e comunicar"[276].

O que é preciso para surgir esse mundo, para a obra nascer? É preciso a atenção criadora do poeta, o gosto de olhar, o dom da observação. A abertura à experiência, a atenção fluida, a curiosidade e o interesse são

---

[273] Étienne Souriau, *La correspondencia de las artes*, México: Fondo de Cultura Económica, 1965, p. 35-95.
[274] Howard Gardner, *Verdad, belleza y bondad reformuladas*, Barcelona: Paidós, 2011, p. 71.
[275] Mikel Dufrenne, *Fenomenología de la experiencia estética*, Valencia: Fernando Torres, 1982, 1, p. 371.
[276] *Ibidem*, p. 364.

traços próprios de uma pessoa criativa e da consciência poética. A poesia, como a vida, que é sua órbita própria, tem infinitos aspectos. É o olhar do poeta que revela a beleza ao procurá-la com inquietação e entusiasmo. Não é uma atitude passiva, mas de busca ativa e criadora, já que culmina em obra, na palavra criada pelo poeta.

Essas reflexões que acabo de fazer são bases para compreender que a obra de arte diz algo, diretamente, para além de seu significado inteligível; revela certa qualidade afetiva que não é fácil traduzir, mas que se experimenta de maneira distinta. A obra criada oferece uma pluralidade de sentidos que testemunham sua profundidade e sua fecundidade. O sentido não é unívoco, mas plural, aberto e simbólico. Aí reside seu valor: a riqueza de sua forma avaliza sua abertura, ao mesmo tempo em que a distancia de outros produtos de consumo, carentes desses traços.

Eu gostaria de desenvolver um pouco mais essas ideias. Para tanto farei uma pergunta.

Por que a obra criada é valiosa?

Tratarei de responder a essa pergunta com uma série de explicações que não pretendem ser exaustivas, mas, simplesmente, apontar as direções que do ponto de vista do ócio estético indicam o valor.

Vou resumir a primeira resposta com uma expressão de Juan Ramón Jiménez: as obras de arte aumentam o mundo com realidades valiosas. Esta afirmação do poeta se arraiga no horizonte ético-estético que marcou seu pensamento. Juan Ramón defende que um poeta tem que aumentar o mundo de alguma forma e maneira "por seu pensamento, seu sentimento ou sua espressão [sic]"[277]. Concebe sua ação poética no duplo sentido de criar – aumentar, desse modo, o mundo com sua palavra – e aprofundar as questões, dar significado às perguntas:

---

[277] Juan Ramón Jiménez, *Crítica paralela,* Madrid: Narcea, 1975, p.145.

Viemos somente para compreender por que e para que viemos. E o único saber que pode nos compensar em nosso papel de ignorantes na representação humana sucessiva (de nosso voltar para o outro escuro sem o seguro segredo entre cujo sol tanto andamos) é o amor de nossa matéria animada pela semente da sucessiva verdade completa.[278]

"Aumentar o mundo" se traduz, nos artistas, na obra de criação. Essa obra se sustenta na consciência de apropriação do mundo pelo eu e na doação de significatividade às coisas. Trata-se, portanto, de uma ação estética, criadora, mas que situa o artista em um horizonte de autenticidade de caráter ético. A obra criada é, para os que não são artistas, um horizonte de compreensão, de renovação de nossa própria visão da realidade, e, ao mesmo tempo, uma fonte de prazer.

Contudo, se disséssemos apenas que o artista aumenta o mundo, a visão pareceria meramente quantitativa. Por isso devemos acrescentar que o fruto dessa ação é valioso. Pode sê-lo em diversas direções, mas queria apontar uma delas: o artista é capaz de criar uma realidade invisível – "o essencial é invisível aos olhos", diz o pequeno príncipe. Destaquei, anteriormente, o esforço dos artistas para dotar a obra de novas significações. Talvez, agora, a palavra-chave que pode nos ajudar a compreender essa realidade invisível seja valor. A realidade criada pelo artista é um âmbito de transformação que transfigura as coisas em valores. A realidade invisível é uma vida espiritual, um alimento da alma que o artista, neste caso o escritor, é capaz de criar e que nos convida – a nós, leitores – a vê-lo também. Tanto em *Platero e eu* como em *O pequeno príncipe* a ação realizada transforma as coisas em valores. A obra de arte nos oferece esse olhar fecundo da realidade feita palavra, forma. Essa ação tem, além disso, a capacidade de conectar, em muitos casos, "acontecimentos e emoções de significado pessoal com temas e imagens de caráter universal"[279]. Daí seu valor e sua transcendência. Aponto a seguir esses valores em três linhas: o valor de exaltação do sensível: a obra criada torna presente e exalta a riqueza sensível; o valor da interrogação e da descoberta: as obras de arte

---

278 *Idem, Ideolojía (1897-1957)*, Barcelona: Anthropos, 1990a, p.171.
279 Howard Gardner, *Mentes creativas*, Barcelona: Paidós, 2010, p.209.

interrogam a realidade; e, por último, o valor do novo significado: a obra criada condensa novas significações.

Valor de exaltação do sensível:
a obra criada torna presente a riqueza sensível e a exalta
Nem os poetas, nem os pintores, nem os artistas em geral buscam uma réplica do mundo sensível. As obras que criam tornam presentes imagens de plenitude sensível. Como diz Cassirer: "A arte nos proporciona uma imagem mais rica, mais vívida e colorida da realidade e uma visão mais profunda em sua estrutura formal"[280]. A ciência se encarrega de descobrir as leis e os princípios gerais, a arte, de revelar a profundidade sensorial. Assim, ela nos ajuda a ver as formas e a nos deleitar com sua variedade. Nesse sentido, destaca o valor que proporciona seu conhecimento, um conhecimento singular e específico que se apoia na visão simpática da realidade.

Eu me referi, anteriormente, à transformação estética realizada pela lembrança unida à palavra em *El humo adormecido*. Observemos agora como é vista a realidade sensível, dignificada e transcendida pela conjunção da emoção e da riqueza da realidade:

> Não *eram* pêssegos, ameixas, peras, maçãs... de forma classificada, mas fruta por emoção de fruta, além de sua evocação de deliciosos motivos barrocos; e *aquela* fruta, o toque de sua pele só de olhar para ela, e sua cor aristocrática de esmalte, e flores que claro que tinham que ser justamente magnólias, gardênias e jasmins por sua brancura e por sua fragrância, fragrância de uma felicidade recordada, inconcreta, que quase parece participar do esquecimento, porque a emoção de alguma música expande como que um perfume íntimo de magnólias, de gardênias, de jasmins que não têm a exatidão do perfume como o cravo.[281]

Toda obra de arte tem uma matéria que não é apenas um meio indispensável para a configuração da obra, mas também um fim; vale por suas

---

[280] Ernst Cassirer, *Antropología filosófica*, México: Fondo de Cultura Económica, 1971, p. 251.
[281] Gabriel Miró, *El humo dormido*, Madrid: Cátedra, 1978, p. 93.

qualidades e porque estas se oferecem à percepção estética, mostrando a dimensão sensível da obra. Os artistas configuram o sensível para que ele possa ser captado sem equívocos. A linguagem intensifica as representações sensoriais, seja pelo uso de adjetivos, de imagens, sugerindo uma rede de relações sinestésicas, seja intensificando as metáforas. São recursos do artista que definem os elementos da linguagem encarregados de atrair nossa atenção na experiência estética.

Sabemos que Cézanne trabalhava suas obras devagar, voltando, uma e outra vez, sobre o motivo, porque sabia que pintar a natureza não é copiar o objeto, mas dar-se conta das próprias sensações: "Pintar do natural não é copiar o objetivo; é realizar as nossas sensações. O pintor tem duas coisas: o olhar e o cérebro, e ambos devem se ajudar mutuamente. É preciso trabalhar no seu desenvolvimento recíproco: o olhar, através da visão natural; o cérebro, através da lógica das sensações organizadas que dão os meios de expressão"[282]. O pintor procurava outra maneira de representar a realidade, mais duradoura e capaz de captá-la de diferentes pontos de vista. Observemos, neste poema, como Rafael Alberti poetiza essa ação na obra de Renoir:

RENOIR
As cores sonhavam. Quanto tempo,
oh, quanto tempo fazia!
O rosa era quem queria
resvalar pelo seio e ser cadeira.
O amarelo, cabeleira,
a cabeleira, rosas amarelas.
O anil, diluir-se entre as coxas
e cingir feito água os joelhos.
O prata, ser oliva
e vinho de cravo o vermelho-vivo.
Morreu a cor preta?
O azul é que canta

---

282 Paul Cézanne, "Testimonios de Paul Cézanne". Em: *La pintura contemporánea en el Museo Thyssen-Bornemisza*, Madrid: Fundación Colección Thyssen-Bornemisza, 1993, p.18.

e se destila
em uma sombra verde ou lilás.
Mas é o rosa o de melhor garganta.
O rosa canta junto ao mar.
O largo rosa nádega pelo rio,
o rosa espádua posto a espelhar
ao sol e a ressoar
rosa calcanhar pelo rocio.
Vibra, zumbe a vida,
e é um zumbido de cigarras
em sua agreste pupila estremecida.
O zéfiro cobalto clarineia,
o cabelo azuleia,
nacara a pele e se prateia
de um pó nítido a paisagem.
Se arroxeia a folhagem
e na sombra verdeja fresco o lilás.
Mas é o rosa quem melhor titila
ao despir-se evaporado em rosa.
Pintor: em tua paleta rumorosa,
quando vertem suas jarras as cores,
já todas são ramos de flores.
E rosa.[283]

Algumas obras de arte nos fazem ver o mundo sensível em toda a sua riqueza, realçando aspectos que não vemos com o olhar cotidiano. Essa capacidade as torna valiosas e potencializa o desenvolvimento de valores no receptor que as acolhe.

---

283 Rafael Alberti, *A la pintura*, Buenos Aires: Losada, 1976, pp.125-6.

Valor da interrogação e da descoberta:
as obras de arte interrogam a realidade
Os artistas realizam formas em que encarnam sua visão das coisas e suas vivências. Esse trabalho de encarnação é uma ação primordial de busca e clarificação da forma, já que a arte requer a forma criada. Esse esforço pela forma é valioso, pois tem por trás de si um trabalho de experimentação, de interrogação, de concreção e de ordem. Visão, atenção e ordem são aspectos-chave da criação destacados pelos artistas.

O escultor Eduardo Chillida reconhece que trabalha em função do conhecimento para esclarecer determinadas questões que só se iluminam nas formas abstratas. Uma de suas obras tem o título *Buscando la luz, IV*. Chillida afirma que:

> Para mim a escultura é o meio de conhecimento mais apropriado que encontrei. Quando estou trabalhando em uma obra, estou tentando responder a perguntas que eu mesmo me faço em relação a meu entorno, a meu mundo, mas sempre tentando procurar luz através dessa linguagem que é minha obra, uma obra é como uma pergunta.[284]

Fazer luz, mostrá-la nas palavras, no ferro, na melodia é o esforço da criação. O poeta tenta chegar a ela com as palavras; o pintor com as cores, o músico com os sons. A obra criada, a forma conseguida, pode ser compreendida como "forma de claridade". O conceito é de María Zambrano: "Existem lugares privilegiados em toda a realidade, mesmo nessa estranha realidade que é uma obra humana de criação, lugares em que se cria um meio de visibilidade, onde a claridade se faz transparência e a escuridão se esclarece em mistério, como uma clareira no bosque onde brota um manancial e que parece ser o centro que torna visível o 'bosque que as árvores ocultaram', visível porque o torna vivo"[285]. Essa imagem de formas de claridade ressalta o poder da arte para configurar, com sua própria luz, novas facetas do real e revela que há obras realmente iluminadoras. Antonio Machado escreveu que a alma do poeta se orienta em direção

---

[284] Martín Ugalde, *Hablando con Chillida, escultor vasco*, Donostia-San Sebastián: Txertoa, 1975, p.74.
[285] María Zambrano, *La España de Galdós*, Barcelona: La Gaya Ciencia, 1982, p.17.

ao mistério para fazer um pouco de luz, para penetrá-lo e condensá-lo em claridade de palavra, de forma significativa, como o explicita, entre outros textos, em uma carta a Unamuno: "Todos os nossos esforços devem tender para a luz, para a consciência... [...]. A beleza não está tanto no mistério, mas no desejo de penetrá-lo"[286]. As imagens líricas contêm intuições porque "há profundas realidades que carecem de nome", e essa é a tarefa da lírica, a expressão do intuitivo, do que não tem um conceito geral, abstrato. Por isso a tarefa do poeta é buscar a palavra.

Talvez possamos pensar que essa epígrafe só faria alusão a certas obras de criação como alguns textos de Borges ou certos poemas mais metafísicos. Não é minha intenção restringi-la a determinadas obras. Tampouco pretendo o contrário, atribuindo-a a todas. O que, sim, gostaria, é sustentar que podemos observá-la em muitas obras. Em alguns casos, esse traço salta à vista, mas em outros devemos fazer um esforço para compreender que o artista não quis fazer uma cópia da realidade, e sim outra realidade que modifica aquela, que a transforma ou a denuncia. Nessa linha, Marcuse reflete quando diz que toda obra é "subversiva de percepção e compreensão, uma denúncia da realidade estabelecida, a manifestação da imagem da liberação"[287].

A pintura de Giorgio de Chirico foi logo valorizada como pintura metafísica e admirada pelos surrealistas pela inquietação que suscita. Eis o que o artista diz sobre isso: "Todo objeto tem dois aspectos: o aspecto comum, que é o que geralmente vemos e que todos veem, e o aspecto fantasmagórico e metafísico, que só raras pessoas em momentos de clarividência e meditação metafísica veem. Uma obra de arte tem que contar algo que não aparece em sua forma visível"[288]. A obra de René Magritte também produz um efeito semelhante. Utiliza elementos figurativos, facilmente reconhecíveis: guizos, cortinados, folhagem, rochas, árvores... Mas os situa de um modo estranho. Ordena-os de maneira desconcertante e, assim, perturba nosso senso de realidade. Nada é o que parece à

---

286 Antonio Machado, *Poesías completas,* Madrid: Espasa-Calpe, 1988, II, p.1474.
287 Herbert Marcuse, *La dimensión estética del hombre,* Barcelona: Materiales, 1978, pp.57-8.
288 Ángel González García, Francisco Calvo Serraller e Simón Marchán Fiz, *Escritos de arte de vanguardia 1900-1945,* Madrid: Turner Orbegozo, 1979, p.147.

primeira vista; a obra de Magritte nos convida a perguntar como são as coisas. Suas imagens buscam nossas perguntas. O artista está interessado no efeito que a obra provoca em nossa mente; quer romper os hábitos de visão de nosso olhar acomodado; só vemos o que nos interessa ver. Atrai o pintor encontrar relações novas, insólitas, misteriosas entre os personagens de seus quadros e os objetos que os rodeiam. Relações que provocam em nós um efeito de deslocamento e de inquietação. Em um espaço mais próximo poderíamos reconhecer esta torção em obras como as dos pintores Jesús Mari Lazkano ou Javier Riaño.

Valor do novo significado:
a obra criada condensa novas significações
O artista busca a forma; sabe que é portador de uma experiência criadora radical. Os poetas querem nomear com plenitude de sentido, procurando a palavra essencial. Por isso pedem à inteligência o nome exato das coisas e evitam o risco do lugar-comum, gasto em seu uso e, às vezes, esvaziado de sentido. As palavras, diferentemente das outras matérias que os artistas utilizam, têm, como afirmou A. Machado, uma significação do humano, às quais é preciso dar uma nova significação. O poeta tem apenas a palavra e com esse material deve fazer a joia, transformar o metal em obra singular:

> A palavra é valor de troca, convencional, moeda de curso; o poeta faz dela meio de expressão, valor único do individual; precisa transformar a moeda em joia. Mas o ourives fará uma joia com o metal de uma moeda, fundindo-a e imprimindo-lhe nova forma. Para lavrar sua joia o poeta não pode destruir e apagar a moeda. Porque seu material de trabalho não é o que na palavra corresponderia ao metal da moeda, isto é: o som, mas aquelas significações do humano que a palavra, ao se fazer moeda, pretende objetivar.[289]

A transformação do metal em joia não é dada pelo valor fonético, nem pela linha, nem pela cor, mas pela profunda palpitação do espírito, o que

---

289 Antonio Machado, *Poesías completas*, Madrid: Espasa-Calpe, 1988, II, p.1315.

põe a alma, quer dizer, a voz própria do poeta ou a resposta animada, em contato com o mundo[290]. Essa resposta é a que encarna a forma conseguida e é ela que mostra a nova significação. Entre a palavra usada por todos e a palavra lírica existe a mesma diferença que entre uma moeda e uma joia do mesmo metal. Juan Ramón também o expressa em diversos textos e o poetiza em vários livros, especialmente de 1917 a 1924. O poeta tem que recriar o mundo com sua palavra essencial:

> Não sei com que dizê-lo
> porque ainda não está feita
> minha palavra.[291]

Os artistas, conscientes de sua missão criadora, compararam sua ação com a ação divina. Nos poetas, essa concepção remonta à Antiguidade, e nos artistas plásticos, ao Renascimento. Juan Ramón diz: "Ninguém deve se assustar com a palavra divino. Divina é toda a vida, porque divino quer dizer original [*sic*]"[292]. Explicita-o em um contexto em que está se referindo à definição da poesia de Íon. A visão platônica se relaciona com a consciência e a capacidade de se realizar em contato com o infinito, com o belo, com o eterno. Nesse sentido, a ação criadora é divina e conduzirá o poeta à suma consciência da beleza, vivida e expressa em sua obra: Deus. O nome conseguido dos nomes. O nomear em plenitude deve ser compreendido na trajetória da busca de sentido que caracteriza toda a sua obra, em especial, a escrita a partir de 1916. Como em Platão, o poeta ressalta o mais valioso, que impulsiona sua ação ético-estética. Essa busca da palavra é acompanhada pela criação de uma realidade valiosa. Em alguns textos, Juan Ramón Jiménez a denominou "realidade invisível". A realidade criada pelo artista é uma área de transformação que transfigura as coisas em valores. Podemos ler, por exemplo, *Platero e eu*, nesse sentido.

---

290 *Ibidem*, p.1593.
291 Juan Ramón Jiménez, *Obra poética*, Madrid: Espasa-Calpe, 2005, I, 2, p.377.
292 *Idem*, *La corriente infinita*, Madrid: Aguilar, 1966, p.221.

BORBOLETAS BRANCAS

A noite cai, brumosa já e arroxeada. Vagas claridades malva e verdes persistem atrás da torre da igreja. O caminho sobe, cheio de sombras, de campainhas, de fragrância de capim, de canções, de cansaço e de desejo. De repente, um homem escuro, com um boné e um espeto, vermelho um instante o rosto feio pela luz do charuto, desce até nós de um casebre miserável, perdido entre sacas de carvão. Platero se amedronta.

– Leva argo [sic]?

– Veja você mesmo... Borboletas brancas...

O homem quer cravar a ponta aguda de ferro no bornalzinho, e não o evito. Abro o alforje, e ele não vê nada. E o alimento ideal passa, livre e cândido, sem pagar seu tributo à Fazenda...[293]

O homem crava seu espeto e não vê nada, porque o que Platero leva é impalpável, não se vê materialmente. É uma realidade invisível, uma vida espiritual, um alimento da alma que o poeta é capaz de criar e que nos convida a ver também. Vale lembrar que o poeta expressou o desejo de que sua obra chegue a outros: "Que por mim vão todos/ os que não conhecem as coisas". A realidade invisível é uma riqueza que podemos descobrir se abrirmos os olhos e formos capazes de vê-la no metrô – *Uma realidade invisível anda pelo metrô inteiro*[294] – ou no alforje que Platero leva ou ao redor de nós:

> Há ao redor de nós uma vida espiritual que espreita os menores instantes desta pobre vida cheia de obrigações absurdas, para encher o vazio – que é a plenitude, a única vida – de imagens que são a felicidade absoluta. Não será isto a promessa de uma vida do futuro, pura, clara, ideal, livre de toda trava, e para a qual vamos caminhando?[295]

Não só na poesia. Richard Wagner avalia com as seguintes palavras o êxito de Beethoven: "Na sinfonia de Beethoven os instrumentos falam uma linguagem que até então ninguém tinha usado: sua expressão puramente

---

[293] *Idem, Obra poética*, Madrid: Espasa-Calpe, 2005, II, 3, pp. 467-8.
[294] *Ibidem*, Madrid: Espasa-Calpe, 2005, I, 2, p. 119-20.
[295] Juan Ramón Jiménez, *Ideolojía (1897-1957)*, Barcelona: Anthropos, 1990a, p. 39.

musical, encantando o ouvinte e multiplicando os matizes com a variedade mais inconcebível, comove profundamente, chega ao mais íntimo do nosso ser com uma força que nenhuma outra arte pode alcançar"[296]. O pintor tem a cor para expressar as novas significações. Por isso, a obra se torna simbólica, como reconhece Gauguin. O símbolo é criado por meio de harmonias inteligentes:

> Posto que a cor é enigmática em si mesma, nas sensações que produz em nós, logicamente só pode ser utilizada de forma enigmática, quando se usa não para desenhar, mas para proporcionar as sensações musicais que se desprendem dela, de sua própria natureza, de sua força interior, misteriosa, enigmática. O símbolo é criado por meio de harmonias inteligentes. A cor é uma vibração, como a música, e por isso chega ao que há de mais geral e parte do mais vago que existe na natureza: sua força interior.[297]

Essas reflexões conduzem ao horizonte simbólico: as criações artísticas são símbolos. Assinalei anteriormente que meu ponto de partida era a compreensão da obra de arte como portadora de uma multiplicidade de sentidos, por sua riqueza inesgotável[298] e por seu caráter ambíguo[299]. A fecundidade de sua forma reside em sua dimensão simbólica. Plazaola destaca que as obras de arte podem não ser imitativas, mas são sempre símbolos. Por sua vez, López Quintás sustenta que o que a grande arte de todos os tempos tenta traduzir, e trazer para a presença do espectador, não são objetos, mas "âmbitos de realidade"[300]. O caráter simbólico tem a ver com a multivocidade da arte. Perante uma leitura direta – o sinal de trânsito –, a arte é inesgotável, é multívoca, simbólica, convida a ser interpretada. Daí a atualidade da obra, que consiste em um estar constantemente aberta a novas integrações, como um presente atemporal[301].

---

[296] Richard Wagner, *Novelas y pensamientos*, Madrid: Lípari, 1995, p.106.
[297] Paul Gauguin, *Escritos de un salvaje*, Madrid: Debate, 1989, p.147.
[298] Mikel Dufrenne, *Fenomenología de la experiencia estética*, Valencia: Fernando Torres, 1982, I.
[299] Umberto Eco, *Apocalípticos e integrados*, Barcelona: Lumen, 1984.
[300] Alfonso López Quintás, *Estética musical*, Valencia: Rivera Editores, 2005.
[301] Hans-Georg Gadamer, *Estética y hermenéutica*, Madrid: Tecnos, 1996, p.56.

Nessa dimensão simbólica, os aspectos anteriormente destacados ganham unidade: a exaltação da riqueza sensível em uma forma esclarecida, as novas significações, o aumentar o mundo ou a torção da realidade são facetas de um prisma complexo – a obra criada – que manifesta nelas sua riqueza simbólica. Aquilo que é representado é permeado de sentido, além das limitações de sua própria representação. Essa dimensão abre a experiência ao absoluto, à transcendência em todo um arco que reconheceríamos da superação do sensível ao mistério, o enigma da realidade, a abertura ao incondicionado e a Deus. É preciso entender essa transcendência encarnada na forma simbólica, que se desdobra e se abre ao sentido.

Em correspondência com essa plenitude, a compreensão da obra não se circunscreve ao sentido literal, nem se reduz à imitação; convida o receptor a uma compreensão profunda para descobrir a profundidade do mundo que a obra comporta. Nelson Goodman destacou a eficácia cognitiva dos símbolos artísticos e sublinhou que a simbolização deve ser julgada conforme sirva ao propósito cognitivo[302]. O artista conhece as propriedades e funções de certos sistemas simbólicos que lhe permitem criar obras que atuem de maneira esteticamente eficaz: densidade sintática, semântica, plenitude relativa, exemplificação e referência múltipla e complexa são propriedades que tendem a focalizar a atenção no símbolo[303]. O símbolo artístico desempenha diversas funções referenciais integradas e carrega consigo uma pluralidade de significados.

Vou terminar esta seção mostrando, com dois textos, o salto qualitativo que a obra de arte realiza. O primeiro corresponde às instruções para dar corda a um relógio, detalhada por uma marca de relógios, e nele prevalece a função comunicativa da linguagem. No segundo texto, em contrapartida, predomina a função poética. O escritor Julio Cortázar usa sua criatividade para explicar como dar corda em um relógio e transporta o leitor do fato cotidiano a um plano transcendente.

---

[302] Nelson Goodman, *Los lenguajes del arte,* Barcelona: Seix Barral, 1976, p.258.
[303] *Idem, Maneras de hacer mundos,* Madrid: Visor, 1990, p.99.

INSTRUÇÕES PARA DAR CORDA NO RELÓGIO

Para manter a hora certa, os relógios mecânicos manuais precisam que lhes deem corda à mão, girando a coroa de corda da caixa, uma vez por dia. Essa ação libera a energia necessária para o funcionamento correto por 36 horas. Para dar corda em um relógio mecânico manual, segure simplesmente o relógio com a mão e gire a coroa de corda da caixa no sentido das agulhas até notar que se bloqueia. Isso indica que o processo de dar corda terminou. Leve em conta que, se der corda no relógio enquanto o estiver usando, pode enrolar demais a mola, o que poderia chegar a quebrá-la.[304]

* * *

Lá no fundo está a morte, mas não tenha medo. Segure o relógio com uma mão, pegue com dois dedos o pino da corda, puxe-o suavemente. Agora se abre outro prazo, as árvores soltam suas folhas, os barcos correm regata, o tempo como um leque vai se enchendo de si mesmo e dele brotam o ar, as brisas da terra, a sombra de uma mulher, o perfume do pão.

Que mais quer, que mais quer? Amarre-o depressa a seu pulso, deixe-o bater em liberdade, imite-o anelante. O medo enferruja as âncoras, cada coisa que pôde ser alcançada e foi esquecida começa a corroer as veias do relógio, gangrenando o frio sangue de seus pequenos rubis. E lá no fundo está a morte se não corremos, e chegamos antes e compreendemos que já não tem importância.[305]

Em suma, apontei três linhas que tentam mostrar a dimensão valiosa da experiência de ócio estético criador. O valor da exaltação do sensível, o valor da interrogação e da descoberta e, por último, o valor do novo significado.

---

304 Instruções retiradas do site da relojoaria Cartier.
305 Julio Cortázar, *Historias de cronopios y de famas*, Madrid: Aguilar, 2007, p.27. [Trad. Glória Rodriguez, *Histórias de cronópios e de famas*, São Paulo: Civilização Brasileira, 2009.]

Valores da experiência recriadora de ócio estético

> *Santa idade da mãe Poesia e do pai Jogo! Sim, do pai Jogo, de que, como ensinava Schiller, nasceu a arte. A intuição pueril do mundo, o santo sopro da mãe Poesia refresca a alma. Por ela os homens, rendidos do batalhar da vida, ganham alento como o gigante Anteu do contato com a terra. Do duro trabalho a que estamos condenados nos remoçamos no jogo; da inquisição laboriosa e dessecante da ciência, na contemplação plácida e refrescante da poesia.*
>
> Miguel de Unamuno[306]

Neste capítulo estou refletindo sobre os valores das experiências criadoras e recriadoras de ócio estético. Delimitei algumas áreas que explicaram o caráter valioso das criações artísticas. Proponho-me agora a fazê-lo com outra relação: a do recriador da experiência de ócio estético. Tomo como ponto de partida a argumentação do primeiro e do segundo capítulos: na experiência recriadora, a relação com a realidade se concretiza na fruição de sua contemplação, participando dela sem outra finalidade, quer dizer, da apreciação da beleza. Frui-se algo pelo que é em si mesmo, pela relação com isso, independentemente de sua posse, de seu uso ou de seu consumo. O texto de Miguel de Unamuno que inicia esta seção nos situa de maneira excelente nesse prazer e nessa gratuidade. Avançamos nesses aspectos-base, e

---

[306] *Recuerdos de niñez de mocedad*, Madrid: Espasa-Calpe; Austral, 1958, p.126.

proponho-me a destacar os benefícios que a experiência possibilita. Juan Ramón nos fornece outro texto delicioso nessa mesma linha:

O MELHOR DISCO

Da ópera que ouvi esta tarde, tão maravilhosamente cantada, do concerto tão soberbo que ouvi esta noite o que fica? (você, amiga, me diz como uma recriminação).

Fica que eu os assimilei com meu espírito ao meu corpo, e me enchi disso tudo, até a última molécula côncava do meu ser; fica que os tornei meus, e isso me deu tanto quanto me pode dar a esperança, a caridade e a fé; fica que eu sou melhor por isso; fica que eu centupliquei por isso a minha vida.

Por que pensar, por que dizer, dura amiga, que é uma pena que "isso" do que não fica nada ocupe tanto tempo de minha vida; que seria melhor dar esse tempo, por exemplo, à humanidade; que o disco de minha consciência, onde isso fica gravado, ninguém pode ouvir, e que para isso existem os discos que todo mundo pode comprar.

E que melhor disco, amiga, que o que gira em minha consciência, gravando toda a beleza da vida para que eu lhe diga isso, e você o ouça?[307]

A ideia fundamental da experiência valiosa na recriação das obras de arte se resume em que as obras nos oferecem um leque de possibilidades de vivência que nos permite desfrutar e, ao mesmo tempo, desenvolver nossas potencialidades como seres humanos. A fruição das artes favorece o cultivo da sensibilidade, da inteligência e da consciência. Nosso poeta já o apontava, referindo-se, especialmente, à poesia. Ele explicitou em diversos lugares seu desejo de que a poesia devia contribuir para fomentar no receptor os valores pessoais, a sensibilidade, a inteligência e a consciência, em suma, todas as facetas necessárias para que o ser humano se desenvolva plenamente[308]. Seguindo o caminho reflexivo do poeta, tomo dele a ideia de que cada obra de arte é uma plenitude criada pelo artista, uma beleza vivida, que ele configura. Para nós, re-

---

307 Juan Ramón Jiménez, *Historias y cuentos*, Barcelona: Bruguera, 1979, p. 210.
308 *Idem*, *Libros de prosa*, Madrid: Aguilar, 1969, I, p. 925.

ceptores, recriadores da obra, é um diamante infinito que nos deleita com sua experiência e nos ajuda a cultivar a sensibilidade, a inteligência e a consciência. Esses três benefícios são valores que a experiência de ócio estético nos possibilita desenvolver. Penso que não são exclusivos da área de ócio estético e que, provavelmente, podem ser aplicados a outros campos, já que se referem ao desenvolvimento integral da pessoa. Contudo, vou me referir apenas à recriação das artes, e o ponto de vista será o que nos oferecem os artistas, com suas reflexões, ou o da apreciação da arte, assim como a reflexão estética. Não vou me situar no campo da psicologia da arte nem no da educação da arte, embora seja evidente que os benefícios de que falamos aqui têm uma incidência no âmbito educativo e podem ser considerados contribuições valiosas para o desenvolvimento de estratégias de aprendizagem, da transmissão de valores ou da compreensão do mundo.

No campo da reflexão do ócio a ideia de benefícios se expandiu como a consequência positiva das experiências de ócio. No âmbito filosófico ou educativo, falamos de valores na medida em que incidem na ampliação de nossas potencialidades, visto que nos fazem crescer como seres humanos. Nesse sentido, falar de valores equivale a falar de benefícios: ambos podem ser compreendidos como desenvolvimento humano. Assinalei, no primeiro capítulo, que a pesquisa do Instituto de Estudos de Ócio, da Universidade de Deusto, sempre teve como foco o ócio humanista e continua a fazê-lo em diversas áreas, entendendo que o ócio valioso é o que se vincula ao desenvolvimento humano[309]. Trabalha-se na dupla dimensão pessoal e social, intimamente imbricada, tanto do ponto de vista teórico como dos estudos empíricos. A investigação sobre os valores e os benefícios da experiência de ócio é um eixo central de estudo constante. Minha pequena contribuição sobre os valores no campo do ócio estético focaliza, neste livro, o desenvolvimento pessoal. Tenho consciência de sua implicação cultural e das condições sociais que o possibilitam, mas o enfoque que apresento está voltado à pessoa, valorizando suas experiências de ócio estético em seu desenvolvimento.

---

[309] Manuel Cuenca,"Ocio valioso en tiempo de crisis". Em: Susana Torío *et alii* (org.), *Crisis social y el estado del bienestar*, Oviedo: Universidad de Oviedo, 2013, pp. 5-20.

O desdobramento dos benefícios dessa experiência terá três partes nas quais esboçarei alguns valores da experiência estética na formação da sensibilidade, na compreensão da realidade e na compreensão do outro ou dos outros seres humanos.

Costumo resumir esses três níveis com os termos sensibilidade, inteligência e consciência. Eu o farei nas páginas seguintes, mas adianto que os três termos sintetizarão as três linhas de valores que aponto agora. Cientes de que a sensibilidade humana é inteligente e a inteligência, sensitiva, não será arriscado vincular a sensibilidade a nosso próprio desenvolvimento mental, a inteligência à compreensão da realidade e a consciência à relação com o outro. Essa confluência nos vasos comunicantes de nosso psiquismo torna difícil a supressão dos benefícios da forma como vou tentar mostrá-los a seguir. Onde começa o sensível e termina o inteligível? A resposta, em muitos casos, é complicada. Por isso, alguns exemplos que dou nessas páginas para me referir à expansão de nossa sensibilidade poderiam também ser lidos em termos de compreensão da realidade ou de relação com os outros seres humanos. Quer dizer que destaco um aspecto, mas poderíamos, certamente, delinear sua riqueza em outros valores complementares. Não pretendo esgotar o tema, mas apontar as direções que considero mais importantes.

Valores da experiência de ócio estético na formação da sensibilidade

Alguns autores como R. Arnheim[310] ou Gardner[311] e outros pensadores salientaram a importância da educação artística para o desenvolvimento integral das pessoas. Vinculando suas contribuições à reflexão

---

[310] Rudolf Arnheim, *Consideraciones sobre la educación artística*, Madrid: Paidós Estética, 1993.
[311] Howard Gardner, *Educación artística y desarrollo humano*, Barcelona: Paidós Educador, 1994; idem, *Verdad, belleza y bondad reformuladas*, Barcelona: Paidós, 2011.

do Instituto de Estudos de Ócio, há alguns anos centrei minha atenção investigadora nesse tema[312].

Ao levá-la a cabo a partir desse horizonte, o ponto de vista adotado é o da experiência autotélica de ócio: a fruição da obra de arte é valiosa em si mesma porque gera estados de satisfação e harmonia. Nessa experiência – sem necessidade de que tenha outra finalidade –, a reflexão é capaz de expandir sua riqueza e observar as habilidades concretas que contribuem para a formação da mente.

Ao falar da mente me refiro ao desdobramento de todo o nosso psiquismo, de todas as habilidades que conformam nossa forma de sensibilidade inteligente, na esteira de Arnheim e Gardner. O núcleo fundamental da teoria de Arnheim é que a arte ou as artes cumprem uma função cognitiva de grande valor para a experiência e a formação do ser humano. O autor entende por cognitivo a aquisição de conhecimentos no sentido mais amplo, que abrange do mais elementar registro de sensações até a mais refinada explicação da experiência humana. São processos cognitivos tanto a percepção de um perfume no ar como o estudo do pensamento filosófico presente em uma obra de arte. Em suma, todas as operações mentais implicadas na recepção, na armazenagem e no processamento da informação: percepção sensorial, memória, pensamento, aprendizagem[313]. Percepção e pensamento não são operações contrapostas. Todo pensamento produtivo tem lugar no terreno da percepção, e o pensamento é, acima de tudo, pensamento visual; toda percepção ativa implica aspectos de pensamento. Arnheim valoriza a intuição, a intuição perceptiva, e a define como uma atividade mental. É a principal forma que a mente tem de "explorar e compreender o mundo". Utiliza a expressão conceitos perceptivos, diferenciando-os dos conceitos intelectuais, instrumentos do pensamento abstrato. São dois recursos da condição humana, interdependentes, que se necessitam mutuamente e que, portanto, devem ser considerados na educação das pessoas; não se deve cultivar apenas o

---

[312] María Luisa Amigo, *El arte como vivencia de ocio*, Bilbao: Universidad de Deusto, 2000; idem, *Bilbao, un encuentro con el arte*, Bilbao: Beta, 2007; idem, *Las ideas de ocio estético en la filosofía de la Grecia clásica*, Bilbao: Universidad de Deusto, 2008.
[313] Rudolf Arnheim, *El pensamiento visual*, Barcelona: Paidós Estética, 1986, p. 27.

intelecto e a formação lógica, mas também favorecer as disciplinas que exercitem a visão inteligente, já que "ver implica pensar"[314].

Nesse sentido, é interessante lembrar também Pierre Francastel, que defende a especificidade do conhecimento estético e reivindica para o pensamento plástico o mesmo direito do pensamento matemático ou abstrato. A arte e a matemática são os dois polos do pensamento, os dois são modos maiores do pensamento humano. A palavra é a testemunha das atividades abstratas do espírito, a arte é a de suas atividades informantes do real, quer dizer, não expressivas, mas figurativas. Para Francastel, a arte dá forma a atividades fundamentais: "Existe, em uma palavra, um pensamento plástico, assim como existe um pensamento matemático ou um pensamento político, e é essa forma de pensamento que foi mal estudada até agora"[315].

A recriação das artes ajuda a desenvolver a mente, sendo assim valiosa também para cooperar com as outras áreas educativas. Não obstante, a leitura que faço, a seguir, não é centrada nessa possível cooperação, mas na riqueza estética, do ponto de vista do ócio estético, que é o que nos guia. Por isso, prefiro utilizar o termo sensibilidade.

O conceito de sensibilidade é um pilar-chave na reflexão da estética. Em seu horizonte se concretiza, fundamentalmente, a capacidade que os seres humanos têm de se sentirem afetados pelas obras de arte e a possibilidade de experimentar sentimentos estéticos não só diante daquelas, mas também diante da realidade. Faz referência também à nossa faculdade de captar a dimensão sensível da obra que é percebida através dos sentidos. Devemos estar conscientes de que, no âmbito estético, essa captação não é meramente sensível, mas, ao mesmo tempo, inteligível. López Quintás destaca que a "sensibilidade é o lugar vivo da presença da beleza, não o meio através do qual temos acesso a seu conhecimento"[316]. Há uma unidade de níveis dada por nosso próprio psiquismo. Por essa estreita vinculação entre o sensível e o inteligível, Juan Ramón Jiménez usava as expressões "sensibilidade *inteligente*" ou "*inteligencia* sensitiva" e

---

314 *Ibidem*, p.27.
315 Pierre Francastel, *La realidad figurativa*, Barcelona: Paidós, 1988, p.13.
316 Alfonso López Quintás, *Estética musical*, Valencia: Rivera Editores, 2005, p.21.

o filósofo Xavier Zubiri, a de "inteligência sentente" (sic). Contudo, a consciência dessa continuidade não impede que sejamos capazes de discernir os distintos planos e diferenciar o âmbito sensível dos outros. É o que me proponho a fazer aqui, desdobrando a sensibilidade, a inteligência e a consciência. O tempo todo, levo em conta a experiência, entendida como experiência fecunda e pessoalmente enriquecedora.

Entendo esse nível de sensibilidade na dupla dimensão de fruir de nossos sentidos e de contemplar o sensível em sua plenitude, como a arte o condensa. Uma ideia-chave é que a arte nos oferece um bom caminho para cultivar a sensibilidade, porque o artista fez uma escolha criativa. É preciso escolher as cores e as formas de sua pintura, os adjetivos e substantivos que configuram seu poema, as notas e sua estrutura na obra musical. O criador realiza operações de concreção e clarificação da forma, nas quais condensa simbolicamente sua visão do mundo. Nós, receptores de suas obras, somos capazes de revivê-las, de complementá-las, de participar delas, quer dizer, de ter experiências estéticas. A experiência das obras possibilita esse desenvolvimento porque o artista escolheu as formas e condensou nelas o que quer comunicar. Esse vínculo realça o valor da arte, que penetra pelos sentidos e se abre a nossa inteligência.

Passo a elencar, a seguir, alguns valores da experiência de ócio estético que favorecem o desenvolvimento da sensibilidade.

Uma renovação do olhar e a fruição de escutar: enriquecimento da sensibilidade

> *A melhor literatura nos ensina a olhar a realidade com olhos mais atentos.*
>
> Antonio Muñoz Molina[317]

O fruir da obra de arte enriquece nossa experiência pessoal e amplia nosso eu. O poder da ficção nos mostra a realidade de outra maneira também possível. Por isso podemos dizer, com Jauss, que a curiosidade

---

[317] *Pura alegría*, Madrid: Alfaguara, 1998, p.25.

estética não é um simples olhar, mas uma nova forma de ver[318]. Acrescento indiscutivelmente o deleite de escutar para destacar a abertura à realidade em todos os sentidos: o olhar não é apenas visual, nem o escutar meramente sensitivo. Ambos começam no plano sensível, mas não terminam nele. Residem em nosso desejo de nos explicar o mundo e de encontrar nosso lugar nele e realizam essa missão através de um espaço de ficção que nos proporciona prazer.

A experiência estética tem uma fase de abertura à realidade, à natureza, à arte. Às vezes, esse momento se produz como vindo de fora, como se viesse ao nosso encontro sem pôr nada de nossa parte. É o que expressa Jorge Guillén, no longo poema *Vida extrema*, de que transcrevo as primeiras estrofes:

> Há muita luz. A tarde está suspensa
> do homem e sua possível companhia.
> Muito claro o transeunte sente, pensa
> como a seu amor a tarde se confia.

> ...E passa mais um homem. A sós nunca,
> atentamente olha, vai devagar.
> Não há de ficar aquela tarde truncada,
> para o atento erige seu palácio.

> Tudo visto? A tarde ainda regala
> sua variação: imensidão de gota.
> Treme sempre outro fundo nessa cala
> que o mergulhador mais diário nunca esgota.

> Inextinguível vida! E ao atento
> sem cessar adentrando quisera,
> enquanto o envolve tanto movimento,
> consumar bem sua tarde verdadeira.[319]

---

318 Hans Robert Jauss, *Experiencia estética y hemenéutica literaria*, Madrid: Tauros, 1986, p.120.
319 Jorge Guillén, *Cántico*, Buenos Aires: Sudamericana, 1973, pp.388-95.

O poeta, transeunte, é olhar atento, aberto à experiência da tarde. A tarde lhe dá de presente sua imensa variação, que ninguém poderá esgotar. O poeta, o atento, deseja penetrar nessa riqueza de vida. Sua abertura à experiência, sua curiosidade e interesse se concentram em sua tentativa de dar sentido; observemos que, embora a riqueza da tarde venha de fora, a experiência não se daria se não houvesse atenção, um olhar atento que possibilita sua consumação. O trabalho do artista começa na visão. Vincent van Gogh expressa genialmente essa ideia na frase que inspirou a epígrafe: "Ache belo tudo o que puder; a maioria vê beleza em muito pouco"[320]. A frase nos remete à criatividade de toda pessoa e também à dificuldade, pois depende de nossa atitude, de nossa abertura à realidade. Os criadores estão treinando seu olhar constantemente e, nesse sentido, têm essa habilidade mais desenvolvida que qualquer um de nós, o que não significa que os outros não sejam capazes de ampliar sua criatividade. Por isso, as obras de arte nos oferecem muitas possibilidades para enriquecer nosso olhar e nossa mente.

A recriação de uma obra de arte exercita as potencialidades que temos como seres humanos. J. W. Goethe afirma que o costume de ver obras de arte favorece o sentido da visão e leva-o a ver um quadro onde quer que olhe:

> Dentre os demais, a visão era o sentido com que captava o mundo. Tinha vivido entre pintores desde criança e, como eles, aprendera a contemplar os objetos com referência à arte. Agora que me achava abandonado a mim mesmo e à solidão, surgiu em mim esse dom meio inato, meio adquirido. Olhasse para onde olhasse, via um quadro, e quis reter tudo o que chamava minha atenção ou me causava alegria. Assim, comecei a desenhar naturalmente com muito pouca habilidade.[321]

De fato, em *Viagem à Itália* são frequentes os comentários de Goethe sobre a paisagem, na qual vê quadros e se refere ao dom antigo de ver o mundo com olhos de pintor, o que lhe permite fruir mais intensamente[322].

---

320 Vincent van Gogh, *Cartas a Théo*, Barcelona: Labor, 1982, p. 18.
321 Johann Wolfgang Goethe, *Poesía y verdad*, Barcelona: Alba, 1999, p. 235.
322 *Idem, Viaje a Italia*, Barcelona: Zeta, 2009, p. 95, 351.

Ele destaca que só na presença das obras de arte se reconhece seu valor, e não em reproduções ou textos. E acrescenta: "Foram concebidas para saciar o olho com sua verdadeira grandeza e corporeidade, assim como para satisfazer o espírito através da bela harmonia de suas dimensões"[323]. Talvez por essa razão Brodsky diz que a arte suscita a visão do paraíso:

> O olho procura a segurança e a paz. Isso explica a sua predileção pela arte, explica a apetência que ele tem para a beleza e dá razão, também, à própria existência da beleza, posto que a beleza é o único consolo diante da hostilidade do mundo. Essa é a razão de Veneza, a lembrança de São Petersburgo ou Istambul serem sua versão do paraíso, posto que ali se encontra o lugar onde repousar, o espaço onde o olhar vaga, só e ensimesmado, levado por um leve desejo sem objetivo. A arte suscita a visão do paraíso, aquela visão que nos subtrai da agitação e das obrigações, e nos libera da peremptoriedade da vida ao despertar em nós a reflexão que suscita a beleza[324].

A familiaridade dessa relação nos ajuda a aprender a olhar e favorece o prazer de escutar: "Onde os outros não veem/ se detém o olhar que sou", escreve em um poema Guillermo Sucre. O poeta venezuelano detém seu olhar quando outros não o fazem. Está aberto à realidade, disposto a acolher o que ela lhe oferece.

Essa nova forma de ver é uma metáfora que não se circunscreve à visão sensível e se concretiza melhor no horizonte de renovação de nossa realidade. A arte nos ajuda a deter nosso olhar, ensinando-nos a ver de maneira privilegiada objetos, pessoas ou acontecimentos: "Deve ser estudada", escreve Francastel, "porque ela [a arte] torna possível um esmiuçamento do real segundo modalidades de percepção particular [...]. Põe à disposição dos indivíduos e das sociedades um instrumento próprio para explorar o universo sensível e o pensamento"[325]. Juan Ramón o expressa da seguinte forma:

---

[323] *Ibidem*, p. 59.
[324] Antoni Marí, *La vida de los sentidos*, Barcelona: Tusquets, 2006, p. 43.
[325] Pierre Francastel, *La realidad figurativa*, Barcelona: Paidós, 1988, p. 115.

Uma paisagem nunca será idêntica para diversos temperamentos de músico, de pintor, de poeta. Cada paisagem se compõe de uma infinidade de elementos essenciais – montanhas, árvores, rios, prados, caminho –, sem contar os detalhes mais insignificantes, que, às vezes, são os mais significativos.

Cada indivíduo se impressionará com um conjunto de determinados elementos evocativos – uma das várias paisagens que, como uma tricromia, se sobrepõe à paisagem; e as interpretações, sendo de uma mesma coisa, sob uma mesma luz, de um mesmo lugar, serão completamente diferentes. Isso quanto ao físico, pois na interpretação espiritual, os valores são infinitos.[326]

Podemos pensar também na obra de Monet, em seu esforço em trabalhar livremente as formas, sem se ater às regras tradicionais de representação. Assim o faz Manet em *Claude Monet e sua esposa no barco de seu ateliê*.

Assim como o do pintor, o olhar do poeta, feito palavra, nos convida a renovar nossa visão, mostrando-nos de maneira privilegiada aspectos da natureza, pessoas, acontecimentos, em suma, um modo de apropriação da realidade. Faz-nos ver o que nossa visão acomodada não registra, oferecendo-nos outra perspectiva da realidade, capaz de abrir a fonte de nossos sentimentos ideais. O artista, o poeta nos convidam a descobrir um mundo, o mundo criado. Entramos nele e o conhecemos por participação ativa e cocriadora. Nessa relação se vinculam a criatividade receptora e o conhecimento.

O reconhecimento da riqueza sensível das obras produz prazer. Às vezes, uma excitação como a que Unamuno traz, no texto a seguir. O filósofo se refere à sua experiência de leitura de um poema de Zorrilla:

> Estas palavras me levantavam a alma, imaginando a imensa solidão naquele risonho e doméstico pomar de parreiras, milhos, árvores frutíferas e pássaros. E concluía dizendo:
>
> Mais grave e mais solene
> que sobre o mar fervente

---

[326] Juan Ramón Jiménez, *Ideolojía (1897-1957)*, Barcelona: Anthropos, 1990a, p. 32.

o ruído com que roda
a rouca tempestade.

Que deleite o destes erres!
E quando de noite, no silêncio campestre, ouvia-se do corredor de casa um longínquo zumbido que diziam ser do mar, recordava

o ruído com que roda
a rouca tempestade.

Que feitiço me produziriam os versos por si mesmos, por seu afago ao ouvido! Recordo o singular deleite que achava nesses outros versos, também de Zorrilla, que desde então sei de cor e que dizem:

Passou um dia e outro dia,
um mês e outro mês passou,
e um ano já passava,
mas de Flandres não voltava
Diego que a Flandres se retirou.

Difícil encontrar outros versos que contenham menos poesia, pois esses não têm nenhuma.[327]

Contudo, cada artista realiza essa tarefa com os meios próprios de sua personalidade e de seu estilo, e nossa recriação da obra será diferente em um ou em outro caso, conforme a obra do autor chegue a nós. Pensemos, por exemplo, na obra do pintor alemão Caspar David Friedrich. Sua obra tem um valor místico e simbólico. Várias obras desse artista colocam o espectador no quadro, exigindo imaginação e complemento da cena. É como se a realidade se expressasse com mais força pela ausência que pela presença. Friedrich pinta os efeitos subjetivos da paisagem. Exige que o observador real, quer dizer, nós, como contempladores da cena,

---

[327] Miguel de Unamuno, *Recuerdos de niñez de mocedad*, Madrid: Espasa-Calpe; Austral, 1958, pp. 94-5.

nos identifiquemos com o representado. As sensações subjetivas do pintor são recebidas pelo observador real através do fictício que situa de costas para o nosso olhar. Obras como *O caminhante diante do mar de névoa* ou *O monge diante do mar* são enigmáticas; por um lado, um canto à individualidade romântica, e por outro nos contrastam com os limites do conhecimento, proibido a nossos olhos, e nos convidam a olhar o que está oculto. No caso de Friedrich, o pintor solicita que nos incorporemos à pintura. Outro artista, Christo, realiza essa ideia de maneira muito diferente. Esse artista trabalha embrulhando monumentos, ocultando-os do nosso olhar. Algumas instalações suas ficaram famosas, como a que ocultou uma zona de costa, uma ponte de Paris e o Reichstag de Berlim. Sua intenção é nos fazer enxergar com olhos novos o que nosso olhar acostumado à comodidade do cotidiano não vê.

> Saber olhar não é nada fácil, mas existe uma pedagogia do olhar. Exige atenção e sabedoria. Se você não sabe o que olhar, é difícil descobrir alguma coisa. Nossas observações são sempre seletivas e pressupõem algo assim como um critério de busca e seleção. Precisamos procurar para encontrar. Picasso se equivocou ao dizer com grande petulância: "Eu não procuro, encontro". Precisamos sempre de um projeto, de uma antecipação.[328]

No pavilhão de Alvar Aalto, na Bienal de Veneza de 2003, o islandês Ruri exibiu uma instalação interativa e multimídia, na qual o espectador era inserido para que vivesse a experiência da obra.

Tratava-se de 52 fotografias de quedas-d'água e de correntes glaciais, expostas em painéis etiquetados, emoldurados e arquivados. Quando o participante os abria, ouvia o ruído de uma cascata específica. A obra, chamada *Archivio – acque minacciate*, nos convidava a tomar consciência do som da natureza; o arquivo era um banco de dados naturais para nos fazer pensar sobre o valor do mundo natural; uma proposta para ver com olhos novos sons esquecidos em nosso mundo moderno.

---

[328] José A. Marina e Nativel Preciado, *Hablemos de la vida*, Madrid: Temas de Hoy, 2002.

O pavilhão da Dinamarca também apresentava algumas obras que estimulavam nossos sentidos, nesse caso, convidando-nos a uma imersão em um *laboratório óptico*. Olafur Eliasson, em *The Blind Pavillon*, usava diversas técnicas para produzir espaços de cores intensas que provocavam um estímulo sensitivo, em alguns casos, no limite de nossa sensibilidade. O espectador era afetado pela intensidade da luz que o banhava em um amarelo ofuscante. Mas, ao mesmo tempo, a instalação o detinha em formas de cores como um grande caleidoscópio nas quais ficava gratamente imerso.

Em outras propostas da Bienal eram exibidas formas em branco e preto, em contrastes simultâneos, jogos de perspectivas, superposições de folhas translúcidas, interferências de linhas etc. que provocavam diferentes impressões. Utilizavam efeitos de ilusão psicofisiológica para que o espectador percebesse em movimento o que não se movia ou propunham a ele pensar sobre os limites dos sentidos e sua relação com o conhecimento, como a obra de Monika Sosnowska, exposta no Arsenal, em que um corredor convocava a participação ativa do espectador, que nele entrava e, ao longo do percurso, descobria que o extenso prisma visto no início se transformava e diminuía, na realidade. Essas propostas intensificam nossa sensibilidade, interrogam seus limites ou expõem a questão de sua falibilidade.

A arte possui muitos caminhos capazes de renovar nosso olhar e intensificar nossa sensibilidade; bastaria nos determos nos diferentes momentos históricos, para observá-lo com facilidade. As obras de arte estimulam os sentidos do espectador, mas essa função vai além do enriquecimento sensitivo. Os artistas podem condensar nas obras investigações analíticas, propostas que ampliam nossa visão e abrem nossa mente a universos de sentido. Muitas obras nos interrogam, nos surpreendem, nos comovem e nos convidam a entrar e descobrir um mundo.

A descoberta de um mundo

> *O principal valor das artes na educação reside em que, ao proporcionar um conhecimento do mundo, dá uma contribuição única à experiência individual.*
>
> Elliot W. Eisner[329]

A arte tem um grande poder de penetrar a realidade e mostrar, com sua própria luz, novas facetas do real. Ela tem a capacidade de transfigurar, enriquecer, aprofundar a realidade e nos fazer partícipes disso. A arte cria formas alternativas que iluminam novas possibilidades para o ser humano, suas relações com o mundo e com os outros. Ela não se limita a gerar destrezas técnicas ou expressivas; a experiência estética que nos proporciona tem uma dimensão cognitiva apoiada em um modo de conhecimento por participação, no qual se vinculam conhecimento e ação criativa coparticipada. É um tipo de conhecimento experiencial, e esse adjetivo alude à imersão ativo-receptiva do sujeito que participa da experiência estética, sublinhando seu protagonismo.

As emoções estéticas são muito diversas e apresentam numerosos graus. Os estados afetivos que as obras desencadeiam podem nos levar ao êxtase ou nos deixar indiferentes. Essas emoções se relacionam com o estado anímico do receptor, mas também com a disposição de abertura à arte e à cultura artística. A busca de representação, a história ou qualquer outra circunstância podem nos distrair e impedir a comunicação com a obra. Essas experiências requerem uma participação consciente no processo de conhecimento.

Nos capítulos anteriores, ressaltei que a recepção da arte é criatividade ativamente participante e interatuante. A experiência valiosa de ócio estético supõe uma tarefa de reconstrução e integração que envolve plenamente o receptor; não é uma atitude passiva e quieta, mas de participação e coexecução. Já sabemos que essa apropriação só pode

---

[329] *Educar la visión artística*, Barcelona: Paidós, 1995, p.9.

se realizar no espaço interior que nos permite o discernimento e a valoração. A experiência de ócio estético requer discernimento individual e capacidade de distinção. Os artistas nos convidam a entrar no mundo criado, mas cada um o faz com meios diversos, com seu próprio estilo, definindo uma linguagem peculiar. Sabemos que a obra criada é fruto de uma transformação valiosa em que entram em jogo a matéria, a forma, a intuição, o instinto, a razão... todos os elementos sensíveis e inteligíveis que o artista põe em jogo. Quando me refiro a descobrir um mundo, aludo a esse conjunto e não só à ideia ou ao significado. Vale lembrar, aqui, um aforismo de Juan Ramón: "Em poesia, a profundidade não é qualidade isolada, nem depende só da 'ideia'; vem de uma fusão da cor, da música, da paixão ou da serenidade, quando tudo isto coincide nesse ponto de sensualidade que assinala o parto feliz, a 'felicidade da criação'"[330].

Agora, vou me deter, brevemente, em uma obra que tivemos a oportunidade de ver em Bilbao. Trata-se de uma instalação do artista japonês Hiro Yamagata, *Campo quântico-X3*. Um dispositivo projetava luzes a *laser* sobre dois grandes cubos, ao lado do Museu Guggenheim. Esses cubos tinham uns painéis holográficos e um revestimento especial que decompunham a luz, a refletiam e refratavam, mostrando essa visão do espectro luminoso. Só percebemos uma fração do espectro de luz solar; há faixas que não conseguimos ver. O *laser* gera luz a partir da reação dos elétrons ante as diferentes partículas que normalmente não podemos ver, e nessa instalação as víamos refletidas nos cubos. A sensação era que se gerava uma estrutura, as luzes pareciam se materializar, criando uma rede. Os reflexos mudavam constantemente e nos proporcionavam uma infinidade de visões diferentes, nos faziam ver o que não vemos normalmente. Nesse caso, a metáfora "descoberta de um mundo" se tornava patente na nova criação que se manifestava em nossa mente.

Na Bienal de Veneza de 2003, uma instalação exposta no pavilhão da Grécia, obra dos artistas A. Kyriakakos e D. Rotsios, propunha um espaço para a reflexão em torno do multiculturalismo, um vídeo documentado com duzentas entrevistas mostrando diferentes opiniões e pontos de

---

330 Juan Ramón Jiménez, *Ideolojía (1897-1957)*, Barcelona: Anthropos, 1990a, p.456.

vista. É interessante destacar que, depois da dificuldade de acesso à instalação – em que o piso foi montado com painéis angulares que dificultam a estabilidade –, o visitante era convidado a permanecer no recinto, inclusive deitado, para fazer meditação. Entrar no mundo que o artista criou requer a participação ativa do espectador.

A experiência dessas obras nos ajuda a visualizar a teoria de P. Francastel que sustenta que a arte não pode se reduzir a um significado secundário. Não é uma forma secundária de manifestação de ideias. Ela se opõe às posições que a interpretam em termos de linguagem verbal. A arte é produto das mãos e do pensamento dos artistas, condensando uma experiência que se oferece aos outros como um elemento de realidade complementar às outras formas de compreensão do ser humano. A arte oferece a possibilidade de manifestar valores que só podem ser captados através de um sistema autônomo de conhecimento e atividade. O artista não trabalha sobre um plano de reflexão dado por outros setores do conhecimento. A arte não é a transposição para outro sistema significativo de valores que podem ser expressos prescindindo dela, nem sucedâneo de outras linguagens[331].

Observemos, agora, o seguinte soneto de Fernando Pessoa, no qual o poeta recolhe expressamente sua consciência de olhar, de adentrar em outra realidade, e nos convida a participar do que vê, nos convida a descobrir seu mundo:

> Súbita mão de algum fantasma oculto
> Entre as dobras da noite e do meu sono
> Sacode-me e eu acordo, e no abandono
> Da noite não enxergo gesto ou vulto.
>
> Mas um terror antigo, que insepulto
> Trago no coração, como de um trono
> Desce e se afirma meu senhor e dono
> Sem ordem, sem meneio e sem insulto.

---

[331] Pierre Francastel, *La realidad figurativa*, Barcelona: Paidós, 1988, p.144.

E eu sinto a minha vida de repente
Presa por uma corda de Inconsciente
A qualquer mão nocturna que me guia.

Sinto que sou ninguém salvo uma sombra
De um vulto que não vejo e que me assombra,
E em nada existo como a treva fria.[332]

Pessoa nos convida a participar do mundo que criou, a que deu forma com esforço, procurando as palavras certas para mostrar o sentimento existencial que dá tom ao texto. Não o faz por capricho nem arbitrariamente, o artista as procura e as descobre. Sua obra situa-se em um horizonte de autenticidade. A criação tem uma dimensão existencial que é a raiz da realidade criada que nos doa. Depois da leitura voltamos para o poema com mais calma, pensando nos vocábulos escolhidos, perguntando-nos por seu significado, tentando tornar nosso o sentido do poema. José Antonio Marina destaca, em *La magia de escribir* – escrito em colaboração com María de la Válgoma –, a seguinte ideia:

> Muitas coisas só podem ser pensadas quando são escritas. Há assuntos complexos que só podem ser tratados mediante a escritura. A escritura permite objetivar o pensamento, colocá-lo diante de nós, em uma página, na tela do computador, em uma lousa, e trabalhar sobre esses signos tão manejáveis. Os pensamentos se desvanecem, a mente, às vezes, trabalha com iluminações breves, que precisa captar para que não se percam. A escritura serve para isso. É uma grande tecnologia do eu, que lhe permite desdobrar-se. Em raciocínios muito longos não posso manter tudo na consciência. Uma famosa lei diz que só podemos manejar, simultaneamente, na mente, entre cinco e nove elementos. Pouca coisa. Em compensação, no papel, podemos capturar muitos mais. A sequência do pensamento, o discurso, fica solidificado, posto em lugar seguro, estabilizado sobre o papel.

---

[332] Fernando Pessoa, *Antología poética*, Madrid: Austral, 2009, p.107. Livros de diversas editoras portuguesas e brasileiras apresentam em idioma nativo a obra do poeta de Portugal. No site do projeto Arquivo Pessoa, o soneto pode ser lido em http://arquivopessoa.net/textos/2485. [N. E.]

Não faz muito tempo, foi demonstrado um famoso teorema matemático, enunciado, há séculos, por Fermat. A demonstração ocupa mais de quatrocentas páginas. Teria sido impossível fazê-la mentalmente.

Por isso foi tão importante a criação de anotações escritas. Beethoven não teria inventado essa complexa história que são suas sinfonias se não dispusesse de uma escritura musical que permitisse fazê-lo. E a física atual não existiria se não se tivesse inventado um modo de representar as equações.[333]

A obra que o artista nos oferece, seu mundo criado, é uma invenção que ele nos convida a compartilhar como receptores. Vale lembrar, aqui, as seguintes palavras de Antonio Gala: "Dizem, com frequência – e muita ambiguidade –, que poesia é comunicação. Para mim é uma via de conhecimento, de investigação da realidade mais profunda e mais exata das coisas do mundo"[334]. Como receptores temos a sorte de receber a obra criada e, ao torná-la nossa, poder participar desse conhecimento. Nessa linha, Borges escreve: "A poesia é o encontro do leitor com o livro, a descoberta do livro"[335].

Já comentei que as emoções estéticas são muito diversas e apresentam inúmeros graus. Há certa inércia que impede a abertura para as novas propostas e se instala nas já admitidas e assimiladas. Além disso, talvez também não seja fácil para muitas pessoas receber a emoção pela cor, pela forma ou pelo som. Os artistas do grupo Der Blaue Reiter, especialmente Kandinsky e Marc, ressaltaram as relações entre as cores e os sons e tentaram estabelecer uma linguagem simbólica de formas e cores, capaz de mostrar correspondências com o sentimento. O compositor A. Schönberg colaborou com eles em suas publicações. A linguagem cromática abstrata era visualizada em formas, cores, tons e música. Não estavam interessados na abstração, mas na força da cor nas formas soando, ressoando, nas que as contemplam. O espectador encontra nelas uma consonância com sua alma: "Naturalmente tal con-sonância

---

[333] José Antonio Marina e María de la Válgoma, *La magia de escribir*, Barcelona: Plaza y Janés, 2007, pp. 30-1.
[334] Antonio Gala, entrevista a *El Pais Semanal*, Madrid: 1995, n. 250.
[335] Jorge Luis Borges, *Obras completas*, Madrid: Círculo de Lectores, 1993, p. 155 [Trad. Heloisa Jahn, *Borges oral & Sete noites*, São Paulo: Companhia das Letras, 2017.]

(ou *re-sonância*) não fica na superfície: o estado de ânimo da obra pode aprofundar-se e transfigurar o estado de ânimo do espectador"[336]. Esses artistas almejaram uma renovação espiritual por meio da cor. Sua arte se vincula ao mundo interior. A sintonia dos meios pictóricos com o impulso emocional do artista criador ou do contemplador seria a chave dessa transformação que deveria chegar à sociedade. As formas, quando são verdadeiramente artísticas, cumprem sua finalidade e são alimento espiritual. São obras que mantêm a alma em um determinado tom, como o diapasão, as cordas do instrumento; fazem-na vibrar. O espectador estabelece uma sintonia com o impulso emocional do artista através dos meios pictóricos. Para Kandinsky, a arte projeta a percepção de valores espirituais da vida, através de formas significativas. Os valores que o artista atribui a essas formas, surgidas da necessidade interior, podem variar para o espectador; a obra provoca nele uma emoção paralela, diferente da do criador. Da mesma forma que no diálogo entre duas pessoas o essencial é a comunicação de ideias e sentimentos, no encontro com a obra é preciso buscar o efeito direto e abstrato, porque a arte é uma linguagem que fala com a alma. A arte não é uma criação inútil – diz Kandinsky –, é uma força útil que serve ao desenvolvimento e à sensibilização da alma.

Nas exposições atuais ou nas grandes mostras de arte contemporânea – como na Bienal de Veneza que comentamos –, a participação do receptor é bastante estimulada. Muitas instalações nos convidam a percorrê-las, indicando o rumo por meio de dispositivos ou propondo um percurso inquietante, quase às cegas, seguindo as flechas no chão que indicam o caminho. Essas experiências requerem uma participação consciente, um discernimento individual e uma capacidade de distinção.

Nossa experiência de ócio estético nos conduz à descoberta do mundo que o artista nos propõe; não é um mero jogo, embora a proposta carregue consigo essa dimensão lúdica; convoca a um âmbito de liberdade que é voluntário e reflexivo e nos convida a um campo de conhecimento que o artista condensou na forma proposta.

---

336 Wassily Kandinsky, *De lo espiritual en el arte*, Barcelona: Barral-Labor, 1981, p. 23.

Aprender a pensar, desfrutando de experiências estéticas
Todos os elementos que constituem a forma estética oferecem uma informação valiosa para a formação da mente. Por isso, alguns pesquisadores deram ênfase especial à contribuição da arte em nossa formação. A arte produz obras dotadas de estruturas inteligíveis e apresenta, portanto, uma racionalidade peculiar, aberta à possibilidade de compreensão. As obras integram diferentes planos de realidade e contêm virtualidades expressivas diversas. Na obra de arte há elementos físicos, objetivos, mensuráveis, já que toda obra se apoia em elementos materiais; esses elementos se encadeiam uns aos outros e, com isso, ganham novos valores expressivos. Além disso, não esqueçamos que o artista os estrutura, com o que os elementos não só se realçam entre si, mas também instauram a forma. Essa forma configurada expressa não uma figura, mas um campo. As obras de arte encarnam âmbitos de realidade; no sensível mostram uma realidade metassensível, inobjetiva.

A forma de conhecimento de que são portadoras não é uma forma auxiliar subordinada ao "pensar" e à solução de problemas. Essa ideia foi o foco da reflexão de grandes pensadores como Arnheim, Gardner, Eisner e outros. Pensar em termos de formas, o que representam, que sentimentos podem expressar, de que modo podem se compor e combinar ou que formas múltiplas de significação podem incorporar os símbolos espaciais das artes visuais é um treinamento insubstituível.

Confrontar-se com uma obra de arte, torná-la nossa, apreciá-la, valorá-la, exige desenvolver uma série de disposições inteligentes. Requer uma atitude consciente, tempo para a aproximação e capacidade de reflexão. A observação deve ir se concretizando em uma reflexão organizada. Todo esse treinamento pode ser útil também para outros campos da vida.

Muitos artistas são conscientes dessa capacidade da arte e se esforçam para criar formas que condensem suas indagações. O Guggenheim de Bilbao incorporou à sua coleção uma série de esculturas gigantescas de Richard Serra. Trata-se da instalação *A memória do tempo*, na linha das *Torções elípticas*, que pudemos ver em 1999. São sete obras, e cada uma delas consta de duas ou mais pranchas curvadas de aço, de grandes dimensões. Suas formas constroem elipses e espirais conectadas umas às outras. O trabalho desse artista foca o processo de produção, as características específicas dos materiais e a integração do espectador no espaço escultórico. As esculturas parecem mover-se quando percorridas, gerando, inclusive, uma sensação de vertigem e espaço em movimento. A experiência dessas obras nos convida a pôr em questão o olhar acomodado.

As imagens que os artistas criam e que, como espectadores, recebemos pelos olhos, ouvidos e tato não são diagramas facilmente legíveis da natureza. Sabemos que nosso olhar não é passivo; ele interroga a realidade e nela descobre possibilidades. Os artistas prolongam a capacidade que todos temos de buscar novas formas perceptivas. A percepção sensorial não se limita a registrar as imagens que chegam aos órgãos receptores: ela busca estruturas. Psicólogos como Arnheim ou Gardner consideram esse conhecimento valioso, por tratar-se de formas peculiares e diferentes das outras simbolizações, e reivindicam sua presença na educação formal. Gardner sublinha a natureza especial das artes e sua contribuição peculiar ao conhecimento. Destaca que as formas artísticas de conhecimento e de expressão são menos sequenciais, mais holísticas e orgânicas que as outras formas de conhecimento; tentar fragmentá-las e estabelecê-las em conceitos separados ou subdisciplinas é especialmente arriscado. O encontro com a arte proporciona um treinamento da intuição de uma obra em que entram em jogo tanto a criação como a reflexão. Essa contribuição nunca se perde e continua evoluindo ao longo da vida, desde que continuemos comprometidos com atividades artísticas. Gardner defende a incorporação dessa forma de conhecimento ao currículo de formação básica dos alunos[337].

Rudolf Arnheim também deixou claro o valor do desenvolvimento da intuição perceptiva por meio da experiência da arte. A apreciação das obras de arte é, em grande medida, questão de intuição, e o cultivo da intuição é uma das principais contribuições da arte à formação da mente humana. A intuição é uma forma de consciência unida às atividades estéticas, o que não significa que essas não acolham a reflexão. Do ponto de vista do receptor, podemos falar de intuição no conhecimento imediato que a experiência estética desencadeia. O receptor compreende a obra por certa

---

337 Howard Gardner, *Educación artística y desarrollo humano,* Barcelona: Paidós Educador, 1994; idem, *Verdad, belleza y bondad reformuladas,* Barcelona: Paidós, 2011.

simpatia, abarcando-a com um olhar, antes de entrar na análise. Ocorre-nos, com frequência, na recriação musical, mas também com outras artes.

Isso não quer dizer que o encontro com a arte seja uma intuição alheia à análise reflexiva. Muitas obras requerem uma experiência lenta que nos permita compreender seu sentido. Isso significa que a presença da forma confirma outro modo de conhecimento, diferente do pensamento abstrato. Podemos observar esse processo no seguinte exemplo: trata-se de uma obra de Giacometti, denominada *A mulher-colher*. Se detivermos nosso olhar nela, nós a captamos intuitivamente, apesar de seu caráter abstrato. O escultor realizou uma construção em bronze da representação de uma mulher, sugerida pela forma côncava, um ventre-colher. Captamos a obra com um olhar, de forma global. Intuímos que é um símbolo aberto à interpretação e à sugestão.

O caminho do conhecimento artístico e o caminho do pensamento abstrato são dois recursos da condição humana, interdependentes, que se necessitam de maneira mútua e que, portanto, devem ser considerados na educação das pessoas; não só se deve cultivar o intelecto e a formação lógica, mas também favorecer disciplinas que exercitem a visão inteligente, já que: "Ver implica pensar"[338]. Os artistas realizam essa função da obra de arte de múltiplas maneiras, tão diversas quanto suas propostas estéticas.

A arte ajuda a mente humana a se confrontar à complexa imagem do mundo. Apresenta-se, então, como uma forma de conhecimento peculiar e diferente de outras simbolizações. Essas observações se complementam com a última reflexão que me proponho a apontar, a seguir: o valor da compreensão simbólica.

Um treinamento na compreensão simbólica do mundo
Uma das características da obra de arte enquanto objeto estético consiste em oferecer uma pluralidade de sentidos. Essa pluralidade testemunha a profundidade da obra e tem sua raiz na inesgotabilidade do fato humano. Diante da obra de arte pressentimos uma infinidade de sentidos, uma

---

338 Rudolf Arnheim, *Consideraciones sobre la educación artística*, Madrid: Paidós Estética, 1993, p. 32.

abertura a diversos âmbitos de significação. Como diz López Quintás, as imagens da arte não refletem uma realidade empírica, expressam antes uma realidade ambital que articula um modo de compreensão simbólica. Esse modo de compreensão condensa significados e valores, experiências individuais e coletivas que, de maneira consciente ou inconsciente, fixam e transmitem a experiência humana.

Graças à transfiguração da arte, o representado é permeado de sentido, além das limitações de sua própria representação. Destaquei, com Umberto Eco, a recepção como uma "aventura de descobertas". Muitas obras se mostram ao receptor como um problema a ser resolvido e ampliam destrezas para incitar uma reflexão. A compreensão da obra não se circunscreve ao sentido literal, nem se reduz à imitação. Convida a uma compreensão profunda para nela descobrir a profundidade do mundo que encerra. Tanto Arnheim como Eisner valorizaram o valor educativo das artes por sua capacidade de simbolizar. Talvez tenha sido Herbert Read quem mais insistiu na transcendência que implica a familiaridade com a dimensão simbólica das artes para o desenvolvimento do pensamento e da capacidade cognitiva[339]. Pensar em termos de formas, o que representam, que sentimentos podem expressar, de que modo podem se compor e combinar ou que formas múltiplas de significação podem incorporar os símbolos espaciais das artes visuais é um treinamento insubstituível. Gardner considera valiosa essa forma de conhecimento e a vê ameaçada pelas simbolizações tipicamente escolares. Por ser uma forma peculiar e diferente das outras simbolizações, deve estar presente nas escolas e ser incorporada à educação formal[340].

Contudo, podemos nos perguntar o que é o símbolo na arte. Gosto de resumir o conceito com uma expressão de Juan Ramón Jiménez: o simbolismo precisa o impreciso em uma imagem[341]. Observemos agora que o escritor atribui à poesia uma tarefa simbólica, porque ela expressa o inexprimível, o que conceitualmente não se pode dizer de uma maneira

---

339 Herbert Read, *La educación por el arte*, Barcelona: Paidós, 1991.
340 Howard Gardner, *Educación artística y desarrollo humano, op. cit.; idem, Verdad, belleza y bondad reformuladas, op. cit.*
341 Juan Ramón Jiménez, *El modernismo*, Madrid: Aguilar, 1962, p. 259.

exata, e a poesia o faz por meio de imagens. A poesia é epifania, isto é, aparição do inefável pelo significante e nele. O que o poeta diz da poesia pode ser transposto à arte. Não quer dizer que o símbolo aponte a algo oculto, inalcançável, mas que condensa em suas imagens a experiência humana de modo simbólico, remetendo-nos ao sentido que devemos descobrir participando da obra, como vimos no capítulo anterior.

Mas isso não ocorre apenas na arte medieval. Se pensarmos, por exemplo, em *Broadway Boogie Woogie*, uma obra de Mondrian, observamos uma composição geométrica de faixas verticais e horizontais. As faixas são adornadas com pequenos quadros coloridos, e em alguns dos retângulos delimitados pelas linhas há outros quadrados e retângulos. A obra foi pintada em 1942-3, no final da vida do pintor. Essa pintura é mais rítmica e variada que outras obras de Mondrian e evoca os ritmos do *jazz*, que, como sabemos, o encantavam, em seu período americano; o artista encontrou no *jazz* a equivalência entre ritmos finos e relações variáveis. Ela também sugere o ritmo sincopado da cidade. Contudo, essa pintura não é uma paisagem urbana abstrata. A obra é uma ordem, uma harmonia que o artista descobre. A obra participa da ordem, porque é ordem. O pintor consegue encarnar a ordem nas cores e nas formas representadas na obra. A experiência é mental, isto é, olhamos a imagem do pintor, seu quadriculado, e temos a experiência mental do que simboliza: a ordem. Um símbolo e o que simboliza estão em continuidade, participam da mesma natureza. Quando nós, os receptores, vivenciamos a obra, temos a experiência do símbolo e do que este simboliza; nós o compreendemos em uma experiência comunicativa com a obra, o que nos fornece um conhecimento específico. É o que podemos ver, por exemplo, em *O ceifeiro* e *O semeador*, de Van Gogh.

Essas pinturas são imagens simbólicas. Em uma de suas cartas ao irmão Theo, o próprio artista diz que o ceifeiro é um símbolo da morte. Mas para compreendê-la totalmente, temos de vinculá-la a outra imagem muito cara ao artista: o semeador. O pintor faz várias versões de ambos os temas. Conhecedor das tarefas do campo, Van Gogh se inspira nelas para nos lembrar de que devemos frutificar e germinar em nossa vida, como o camponês o faz com a terra. O amarelo se torna um símbolo de esperança: a morte, aqui, não é uma ameaça, mas o tempo de recolher o fruto germinado e maduro.

Muitas propostas, como essas de Van Gogh, convidam a uma compreensão simbólica. O sentido se abre a partir das palavras, das formas, das cores, quer dizer, nos meios sensíveis que o encarnam, tanto em uma obra figurativa como em uma abstrata. Destaquei, no primeiro capítulo, a compreensão da beleza transcendente. A arte medieval tem um grande conteúdo simbólico que manifesta uma realidade espiritual. Se prescindirmos dessa dimensão metafísica, não podemos compreender seu sentido. É o que vemos na Sagrada Família, de Gaudí.

A originalidade da realização dessa obra, que se destaca como um ponto alto da arquitetura universal, deve ser procurada na natureza. Essa origem filia Gaudí ao Modernismo e também à tradição platônica e cristã. Mas não só, pois também arquitetonicamente a natureza é modelo[342]. Vale lembrar que, na tradição platônica cristã, a natureza sensível participa da realidade inteligível. O cosmos como grande natureza leva a marca do Criador. Gaudí realizará o templo como natureza e manifestação de Deus. O sentido ascensional dos fiéis no templo – guiados pela floresta de colunas – corresponde à presença mediadora dos anjos que descem, vinculando os dois espaços de realidade.

Gaudí admira a força germinadora do mundo natural e nela estabelece sua imaginação criadora. Assim, o crescimento orgânico será o modelo que seguirá nas colunas, nos capitéis, nos arcos parabólicos. Pensemos em um detalhe: a coluna é, talvez, a conversão arquitetônica de uma árvore. Em Gaudí é o contrário, ele transforma a coluna em árvore e segue sua inclinação, como podemos ver na Sagrada Família. Ele faz um jogo de sustentação no qual uma coluna se abre para a cúpula, produzindo a sensação de um bosque abrindo-se para o céu. O arquiteto se inspira na força interior da natureza, em seu desenvolvimento, daí que esse germe se transforme em um símbolo e não seja um mero ornamento.

Os arcos parabólicos, marcadamente lanceolados, produzem a mesma impressão. Sabemos que o Modernismo buscava a obra de arte total,

---

[342] Maria Luisa Amigo, "Espiritualidad y belleza de la obra de Gaudí", *Mensajero*, Bilbao: 2011, n.1421, pp.24-6.

e por isso os artistas eram multifacetados, sendo arquitetos, *designers* de móveis, escultores ou ilustradores. Gaudí também tinha essa característica, mas nele esse sentido unitário tem um valor de profundo significado: torna-se imagem simbólica de uma Natureza unitária, de Deus Criador. Por isso, o arquiteto quer fazer uma obra bela, que leve quem a contempla à origem da natureza: ao Criador. Chama a atenção como Gaudí conseguiu que uma sensação prazerosa predomine ao contemplar sua obra. O artista privilegiou a vista, porque procurou expressamente o impacto sensorial, pleno de sensualidade e de beleza. A luz, as cores, as formas são os elementos com os quais o contemplador entra em contato com a obra para degustar, para saborear sua beleza. Cada elemento faz sentido no conjunto, e todo ele é expressão de uma experiência profunda de beleza que o artista quer transmitir e tornar participante aquele que o contemplar . A arte realizada e projetada por esse artista genial é uma fonte de exaltação e de deleite que se abre à transcendência.

    A arte nos oferece imagens iluminadoras concretas de forças e relações menos tangíveis, como os desejos, as esperanças, o medo ou o sofrimento. Essas forças se mostram como um campo de estímulos organizados de tal modo que o receptor não pode realizar uma comunicação referencial; não pode isolar os significantes para referi-los univocamente a um significado denotativo; deve captar o sentido da obra encadeando os significados que a forma encarna e lhe sugere.

Valores da experiência de ócio estético na compreensão da realidade: inteligência

A arte instaura, com seus meios próprios, uma realidade diferente da sensível e material; ela cria uma ordem nova, expressa uma nova dimensão de realidade: a realidade criada. Isso não significa que o artista se isole em uma torre de marfim que nada tem a ver com o mundo em que vivemos. Ao contrário, o artista se interessa por este mundo, o único que temos, mas lhe interessa aprofundá-lo, descobri-lo, configurá-lo em novas visões. Cassirer diz que a arte "constitui uma das vias que conduzem a uma visão diferente das coisas e da vida humana. Não é uma imitação, mas uma descoberta da realidade"[343].

Nesta seção, gostaria de assinalar a capacidade que a obra de arte tem de mostrar outras facetas do real e de configurá-lo em formas. Essa possibilidade nos convida a compreender nossa própria visão de mundo e a nos questionar sobre ela. Organizei esta reflexão em quatro linhas que destacam a capacidade da arte de mostrar outra realidade, sua possibilidade de questionar e interrogar a realidade em que vivemos e sua dimensão crítica.

Destaquei, anteriormente, que gosto de resumir os três campos de valor com os termos sensibilidade, inteligência e consciência, como propõe o poeta Juan Ramón Jiménez. Desenvolvi o conceito de sen-

---

[343] Ernst Cassirer, *Antropología filosófica*, México: Fondo de Cultura Económica, 1971, p. 213.

sibilidade, desdobrando alguns valores que favorecem seu desenvolvimento. Agora, interessa-nos fazer o mesmo com o segundo termo: inteligência. Vale lembrar que não se trata de níveis estanques, mas de uma compreensão da sensibilidade que é inteligente e de uma inteligência sensitiva.

Tradicionalmente, no campo da filosofia, e posteriormente no da psicologia, a inteligência esteve relacionada à capacidade de compreender e à resolução de problemas. Os gregos distinguiram uma dupla vertente da inteligência em sua dimensão teórica e prática. A primeira era voltada ao saber teórico – na amplitude da curiosidade científica que caracteriza o ser humano –, enquanto a segunda tinha como foco a ação, com especial atenção à dimensão ética.

O termo inteligência, como vimos antes com sensibilidade, não possui um sentido estético. Contudo, no campo da estética, são utilizados conceitos relacionados ao conhecimento estético e que transcendem o sensível. Quando se fala em estrutura, em unidade, em harmonia, em temporalidade, privilegiam-se aspectos que correspondem a um domínio de compreensão. Obviamente, isso não quer dizer que aquela possa se dar sem esta. O termo também é utilizado associado à criatividade, no sentido de inteligência criativa. Tomo da tradição filosófica o sentido do termo como "compreensão", englobando a noção em sua dupla vertente de desenvolver nossa inteligência e de compreensão da realidade, quer dizer, de favorecer o desenvolvimento daquela exercitando-a na compreensão da realidade que as experiências estéticas nos possibilitam. As obras de arte nos convidam a fazer perguntas, nos ajudam a compreender. São realidades criadas por uma pessoa, o artista, que convocam um receptor, outra pessoa que dialogue com elas sobre temas que interessam a todos. Apresento, a seguir, algumas linhas de interrogação e compreensão que a arte nos propõe.

A arte nos oferece outra realidade, uma visão renovada do real

A realidade criada amplia a realidade sensível dotando-a de novos horizontes de inteligibilidade. Paul Klee, em um famoso texto, afirma: "A arte não reproduz o visível, mas torna visível"[344]. Quer dizer, a arte tem uma função ontológica, uma vez que sua missão não consiste em imitar a realidade sensível, mas em transcendê-la, aprofundá-la, elevá-la a uma nova ordem, em poucas palavras, criar um mundo. A realidade criada relativiza a realidade sensível, que já não pode ser considerada única, concluída e conhecida. Vejamos como.

Essa ampliação da realidade é uma criação original, uma configuração em forma, uma realidade criada. Contudo, essa nova realidade nos interessa não somente por ser, por exemplo, agradável a nossos olhos ou a nossos ouvidos. Ela nos interessa também porque expressa determinados aspectos da vida que são relevantes para nossa experiência. O mundo que uma obra encarna se mostra em um espelho que é ficção, mas o que mostra constitui o sustentáculo fundamental da vida humana e é extremamente real.

A arte apresenta a complexidade existencial da natureza humana; articula os sentidos da vida, as incertezas e os sonhos do ser humano. Essa capacidade da obra explica sua peculiar temporalidade e a "perenidade de certas obras". São obras que dão a conhecer os processos que trançam ou destrançam a vida, que fundam âmbitos ou os anulam[345]. Revelam o recôndito do espírito e marcam os perfis do homem na existência. O profundo realismo dessas obras, no sentido apontado, permite que continuemos a revivê-las sem que envelheçam.

O artista tem a capacidade de formular em palavras, em sons ou em cores uma visão da realidade concretizada em formas. Poderíamos dizer que essas formas são formas de claridade, que iluminam um olhar ao mundo. O artista o pensou em sua consciência e o realizou. São, assim,

---

344 *Apud* Ángel González García, Francisco Calvo Serraller e Simón Marchán Fiz, *Escritos de arte de vanguardia 1900-1945*, Madrid: Turner Orbegozo, 1979, p. 322.
345 Alfonso López Quintás, *Estética musical*, Valencia: Rivera Editores, 2005.

uma apropriação do mundo do eu do artista que doa significatividade às coisas na medida em que tem olhos para a realidade. Essa capacidade está especialmente presente em alguns criadores. É o que podemos ver neste poema de Borges:

> DE QUE NADA SE SABE
> A lua ignora que é tranquila e clara
> E nem ao menos sabe que é a lua;
> A areia, que é areia. Não há uma
> Coisa que saiba que sua forma é rara.
> Tão alheias são as peças de marfim
> Ao abstrato xadrez como a mão
> que as rege. Talvez o fado humano
> De breves sortes e penas sem fim
> Seja instrumento de Outro. Nós o ignoramos;
> Dar-lhe nome de Deus não traz defesa.
> Vãos também são o temor, a incerteza
> E a truncada oração que iniciamos.
> Que arco terá lançado esta seta
> Que sou? Que cume pode ser a meta?[346]

O artista está aberto à realidade, não é uma coisa entre coisas, mas uma pessoa capaz de compreender. Encontramos apoio filosófico em uma larga tradição que remonta a Aristóteles e que recolhemos do filósofo Gadamer[347]. Nelson Goodman destacou a eficácia cognitiva dos símbolos artísticos e ressaltou que a simbolização deve ser julgada segundo sirva ao propósito cognitivo. O que move o artista é o impulso à compreensão, a urgência em conhecer, o deleite de descobrir algo e comunicá-lo: "O objetivo básico é o conhecimento em e por si mesmo; a praticabilidade, o prazer, a compulsão e a utilidade comunicativa se apoiam naquele"[348].

---

[346] Jorge Luis Borges, *Obras completas*, Madrid: Círculo de Lectores, 1993, p. 407. [Trad. Josely Vianna Baptista, *Poesia,* São Paulo: Companhia das Letras, 2017.]
[347] Hans-Georg Gadamer, *Estética y hermenéutica*, Madrid: Tecnos, 1996, p. 60.
[348] Nelson Goodman, *Los lenguajes del arte,* Seix Barral, Barcelona, 1976, p. 258.

Muñoz Molina diz que na literatura, especialmente no romance, encontramos uma ordem que nos ajuda a compreender a vida. A ficção narrativa compartilha com os contos de fada e com os mitos "a tarefa de explicar a ordem do mundo e de nos ajudar a encontrar nele nosso próprio lugar"[349]. E, em termos parecidos, Juan Ramón reconhece sua intenção criativa: "Quando quero voar, não é para ir ao céu deste ou daquele crente, com um deus mais ou menos parecido conosco, mas para conhecer, o mais e o melhor possível, esse universo que meus olhos veem de dentro dele com a luz do sol e as estrelas, e a cujos infinitos minha consciência, imensa como eles, pode chegar"[350].

A criação se delineia como uma apropriação do mundo pelo eu criador. O artista, o poeta está aberto à realidade; não é uma coisa entre coisas, mas uma pessoa capaz de compreender. Em outro texto de Juan Ramón lemos o seguinte aforismo: "Que angústia acreditar que essa bela rosa que tenho em minha mão possa pensar que não sei nada dela, que eu não possa saber o que significa, por exemplo, sua forma ou talvez sua essência"[351]. No início do capítulo, comentei sobre a consciência que Juan Ramón tinha de aumentar o mundo criando formas belas. Este foi para ele um princípio ético estético que o levou a trabalhar incansavelmente, tentando enriquecer o mundo com sua visão da realidade recriada em beleza. A beleza criada complementa, supre a realidade cotidiana, mostrando aspectos plenos que sucumbiriam na fugacidade do devir, se não fossem salvos pela poesia. A arte possibilita o resgate dos momentos plenos – dilatar até o infinito os minutos felizes – e recriar o próprio eu do poeta[352].

A poesia, essência bela, complementa e incrementa o mundo, salvando com a palavra – forma em claridade – seres, momentos, acontecimentos destinados ao esquecimento do perecer: "O poeta veio ao mundo para defini-lo, ordená-lo voluptuosamente em beleza, para nomeá-lo belo, verdadeiramente, para inutilizar nele todo o inútil e salvar todo o útil"[353]. A frase de Juan Ramón resume a missão do poeta: definir o mundo,

---

[349] Antonio Muñoz Molina, *Pura alegría*, Madrid: Alfaguara, 1998, p.35.
[350] Juan Ramón Jiménez, *Ideolojía (1897-1957)*, Barcelona: Anthropos, 1990a, p.711.
[351] *Idem, Y para recordar por qué he venido*, Valencia: Pre-textos, 1990b, p.169.
[352] *Idem, Ideolojía (1897-1957)*, op. cit., p.243.
[353] *Ibidem*, p.595.

ordená-lo em beleza, nomeá-lo belo, verdadeiramente. A tarefa se desdobra também em uma finalidade: inutilizar nele todo o inútil e salvar todo o útil. A realização da beleza se insere no horizonte da eternidade e não no contexto espaço-temporal da realidade sensível.

Não só na poesia ou na literatura encontramos esse poder da arte; também podemos encontrá-lo em outras artes. Vou me deter, brevemente, em outra obra significativa: o *Pente do vento*. Eduardo Chillida realizou essa obra ao longo de muitos anos, de 1952 a 1999. Ele próprio contou que, depois de muitas dificuldades, quando a real possibilidade de conceber a obra e de colocá-la onde queria estava próxima, sabia que a obra devia respeitar o lugar e não superar em protagonismo os demais elementos da paisagem: "Nesse lugar aconteciam coisas muito elementares: havia o horizonte lá atrás, a insistência do mar com sua luta, havia os homens se aproximando para olhar o desconhecido do passado até hoje, que continuamos olhando sem saber o que há por trás"[354]. A obra só mostra sua marca completa quando localizada no espaço. O escultor estuda o lugar e descobre a importância do estrato geológico que uniu em um tempo remoto a terra à ilha de Santa Clara, antes de que a ação do vento e do mar a quebrasse. Essa descoberta decide a posição da obra, em continuidade com a última rocha do litoral e a que sobressai da água alinhada com a ilha. Assim, o *Pente* mostra a tensão horizontal com as esculturas que representam a memória, para lembrar o que esteve unido antes de que a natureza o separasse. O terceiro elemento do triângulo, situado ao fundo, é o que marca o horizonte. Trata-se de uma peça aberta ao céu, um eixo vertical, a dimensão sagrada do espaço, que afirma e interroga sobre o futuro: "Minha escultura é a solução de uma equação que, em vez de números, tem elementos: o mar, o vento, as escarpas, o horizonte e a luz. As formas de aço se misturam às forças da natureza, dialogam com elas, são perguntas e afirmações"[355].

O *Pente do vento* é um lugar de encontro entre a arte e a natureza, entre a cidade e a obra criada. A escultura respeita o lugar natural transformado pelo tempo e nele ela se acomoda. Realizada nos limites da cidade, pa-

---

[354] Jesús Bazal e Alberto Pombo, *El peine del viento*, Pamplona: Ediciones Q, 1986, p. 57.
[355] Eduardo Chillida, *Escritos*, Madrid: La Fábrica, 2005, p. 78.

rece elevar-se como contraste entre a cidade econômica e o novo espaço criado pelo artista. O *Pente do vento* convida os passantes a tornar sua essa obra, a recuperar esse lugar como olhar estético e, sobretudo, a se fazer perguntas. O *Pente* é um modelo de realização artística no qual o espaço natural adquire uma nova dimensão pela obra criada e por sua potencialidade, para que o ser humano possa se questionar sobre seu lugar no mundo.

Em suma, muitas obras de arte criam uma nova realidade e encerram um campo de interrogação que convida a uma nova compreensão do mundo.

A arte denuncia e nos ajuda a ser críticos

A arte tem o poder de denunciar a realidade estabelecida. Os artistas nem sempre se interessam por ela, mas, se não levássemos em conta essa dimensão, não seríamos capazes de entender muitas propostas na arte contemporânea.

Alguns pensadores, como Marcuse, destacaram essa função da arte e insistiram em seu poder de denúncia e de memória: "O mundo de uma obra de arte é 'irreal' no sentido corrente da palavra: é uma realidade fictícia. Mas é 'irreal' não porque seja inferior em relação à realidade existente, mas porque lhe é superior e qualitativamente 'diferente'. Como mundo fictício, como ilusão (*Schein*), contém mais verdade do que a realidade cotidiana"[356]. Esta última aparece modificada pelas instituições até o extremo de converter a necessidade em escolha. Na realidade criada, por sua vez, as coisas se mostram como são e como podem ser. A dimensão simbólica da obra possibilita essa nova luz sobre a realidade. A arte mostra uma perspectiva da vida humana não através de conceitos, mas nas intuições encarnadas na forma de suas imagens. A forma artística é autônoma e diferente da realidade; Marcuse a denomina segunda realidade. A obra é estrutura e tem uma ordem própria. Nela reside sua força

---

[356] Herbert Marcuse, *La dimensión estética del hombre*, Barcelona: Materiales, 1978, p.120.

de articulação, sua capacidade para mostrar um mundo autônomo. A forma artística nos convida a pensar aspectos da realidade que representa.

Poderíamos comentar muitas imagens realistas ou expressionistas nessa linha. Mas vamos nos deter, um momento, na obra de Goya, *O três de maio de 1808, em Madri: os fuzilamentos na Montanha do Príncipe Pio*. A obra realiza essa função de crítica e denúncia, com os meios próprios da forma pictórica; praticamente, a única cor expressa é o carmim, a cor do sangue. A vítima é crucificada em uma iluminação de refletor, projetada pela lanterna instalada diante do pelotão, com o que o pintor consegue acentuar a dramaticidade da cena. Goya denuncia a injustiça da situação que encarna pictoricamente na imagem.

A forma estética transforma um dado conteúdo, seja um fato atual ou histórico, pessoal ou social, em algo novo – a realidade criada; essa é uma totalidade autônoma que chamamos poema, peça teatral, novela, quadro ou sinfonia: "A obra é 'subtraída' do constante processo da realidade e assume um significado e uma verdade próprios. A transformação estética se consegue através de uma remodelação da linguagem, da percepção e da inteligência, de modo que revelem a essência da realidade em sua aparência: as potencialidades reprimidas do homem e a natureza. A obra de arte, por conseguinte, *re-presenta* a realidade que denuncia"[357]. A função crítica da arte, seu poder de negação, reside em sua autonomia, em sua aparência, em sua ilusão. Mas, como assinala José Jiménez, Marcuse não se contenta, como Adorno, em afirmar a negatividade utópica e a falta de efetividade prática da arte[358]. A arte não é uma prática social e não pode, nesse sentido, mudar o mundo; o sentido real de liberação não está em suas possibilidades. Sua força reside em seu poder de quebrar o monopólio da realidade existente para definir o que é real: "A arte não pode mudar o mundo, mas pode contribuir para transformar a consciência e os impulsos dos homens e das mulheres capazes de mudá-lo"[359]. Como a arte consegue fazer isso? A resposta é tão ampla e variada como a imensidão de realizações artísticas.

---

357 *Ibidem*, p.68.
358 José Jiménez, *Imágenes del hombre*, Madrid: Tecnos, 1986, p.155.
359 Herbert Marcuse, *La dimensión estética del hombre*, op. cit., p.96.

A arte desmitifica e critica a realidade existente, cria um mundo ficcional que nos mostra outra realidade possível, alternativa; a arte questiona nossa visão de realidade, interroga nosso olhar, nossa mente e nos convida a compreender de novo o mundo.

A arte nos pergunta o que é a realidade e se questiona a si mesma

Em muitas propostas atuais, os artistas se interrogam a respeito da própria função da arte e de seus limites. Em algumas instalações da arte contemporânea eles situam as obras em contextos surpreendentes, rompendo os limites entre a realidade e a obra criada. O espectador fica perplexo e tende a não entrar no ambiente e a observá-lo à distância. Muitas propostas convidam a uma participação ativa e tentam reduzir a distância entre o objeto e o sujeito. A arte se realizou na vida cotidiana, mas o visitante se pergunta: isso é realmente uma obra de arte? A resposta parece óbvia, pois é exibida em um espaço de exposição, que foi cuidadosamente preparado. Certas obras pretendem justamente provocar essa pergunta? Lembremos, de novo, de Borges. Em muitos textos, ele nos induz a essas perguntas, por exemplo, no poema "Son los ríos":

SÃO OS RIOS
Somos o tempo. Somos a famosa
parábola de Heráclito, o Obscuro.
Somos a água, não o diamante duro,
a que se perde, não a remansosa.

Somos o rio e também aquele grego
que se olha no rio. Seu reflexo
varia na água do espelho perplexo,
no cristal, feito o fogo, sem sossego.

Somos o inútil rio prefixado,
rumo a seu mar. A sombra o tem cercado.

Tudo nos disse adeus, tudo nos deixa.
Na moeda a memória não perdura.

E no entanto algo ainda dura,
e no entanto algo ainda se queixa.[360]

O poema nos convoca a uma reflexão sobre a realidade. A consciência de nosso transcorrer não é alheia à mudança universal destacada por Heráclito. A obra propõe ao receptor uma pergunta pelo significado e o estimula a encontrar uma resposta à sua questão. Observemos, nesse sentido, o poema de Pessoa, "Autopsicografia". Nele, o poeta nos situa na realidade da arte:

O poeta é um fingidor.
Finge tão completamente
Que chega a fingir que é dor
A dor que deveras sente.

E os que leem o que escreve,
Na dor lida sentem bem,
Não as duas que ele teve,
Mas só a que eles não têm.

E assim nas calhas de roda
Gira, a entreter a razão,
Esse comboio de corda
Que se chama coração.[361]

A arte pode cumprir sua função cognitiva justamente em sua forma estética, liberando-se do dado, expressando sua própria verdade em sua própria linguagem. Aqui, vale lembrar uma famosa frase de Picasso: "Todos

---

[360] Jorge Luis Borges, *Obras completas*, Madrid: Círculo de Lectores, 1993, p. 373 [Trad. Josely Vianna Baptista, *Poesia*, São Paulo: Companhia das Letras, 2009.]
[361] Fernando Pessoa, *42 poemas,* Madrid: Mondadori, 1998, p.15. A obra do poeta português, em domínio público, tem sido publicada no idioma nativo por diversas editoras de Brasil e Portugal. No site do projeto Arquivo Pessoa, o poema encontra-se em http://arquivopessoa.net/textos/4234 [N. E.]

sabemos que a arte não é verdade. A arte é uma mentira que nos ensina a compreender a verdade, ao menos a verdade que podemos compreender como seres humanos. O artista tem que saber o modo de convencer os outros da veracidade de suas mentiras"[362]. A arte tem muitos caminhos para realizar essa tarefa.

Que poder tem a arte de transformar a realidade e tornar o mundo mais habitável? Possivelmente, essa pergunta deve ter sido formulada por muitos artistas. Goethe afirma: "A missão mais elevada de qualquer arte é forjar a ilusão de uma realidade superior por meio da aparência. No entanto, é uma pretensão errônea fazer dessa aparência realidade por tanto tempo que, no final, reste apenas uma realidade comum"[363].

Comentei anteriormente essa ideia de Goethe, a propósito do pensamento de Marcuse. Esse foi um tema de discussão no século XX que oscilou, especialmente em alguns momentos das vanguardas artísticas, entre a eficácia da forma e sua realização na sociedade. A arte deve se manter como forma ou deve morrer, realizar-se no mundo social?

A arquitetura e o urbanismo tiveram um papel fundamental no desenho das grandes transformações das cidades no século XX. Os artistas tiveram consciência de que podiam transpor sua criatividade para além do objeto obra de arte tradicional, e diversas vanguardas tentaram realizar a arte na sociedade, tratando de configurar uma nova realidade que fosse uma obra de arte total. Os surrealistas, o grupo De Stijl, a Bauhaus ou os construtivistas questionaram a arte de diferentes perspectivas e quiseram se apropriar de toda a realidade. Sua posição não renegava a arte, aceitando sem mais a realidade. A operação era justamente o contrário: eles tentavam realizar a imagem, queriam impregnar de beleza a vida cotidiana. Seu objetivo era a realização da utopia: fazendo arte, buscavam um novo ser humano e uma nova sociedade.

De outros pontos de vista, poderíamos reconhecer que a arte sempre teve uma dimensão utópica na medida de seu poder de nos propor novas visões do mundo e transformar nosso olhar, como dizíamos antes. Nesse sentido, nas primeiras páginas deste capítulo, lembrava eu a missão

---

[362] Werner Hofmann, *Los fundamentos del arte moderno*, Barcelona: Península, 1992, p. 407.
[363] Johann Wolfgang Goethe, *Poesía y verdad,* Barcelona: Alba, 1999, p. 501.

do artista de aumentar o mundo, nas palavras de Juan Ramón. É o que expressa também o seguinte texto:

> "Uma vida posta em verso", alguém disse sobre a minha obra. Sim; e prosa (versiprosa). Quero – ou melhor, tenho, tenho, tenho que – preencher cada hora de minha vida passada e presente com uma cor, com uma ideia, com uma melodia bela – sempre bela! –, suprir com beleza as fealdades, ou simplesmente dar-lhe melodia, dilatar até o infinito os minutos felizes, tornar-me, em suma, eu mesmo, outra vez, desde o início, e a meu prazer. Porque a arte é isso, prazer, deleite, encanto; lançar-se com ímpeto e heroicamente, ao mesmo tempo, no palco do mundo e girar com ele, com sua música infinita, pelos espaços eternos.[364]

A beleza é para o poeta o centro ôntico de seu mundo poético que fundamenta e dá sentido à ética-estética do criador e à sua missão transcendente na sociedade. O projeto de suprir com beleza atinge também a transformação do próprio poeta. A tarefa essencial do poeta é expressar a beleza, perdendo seu nome nela, quer dizer, tornando-se um com ela. O fruto dessa ação é benéfico para quem dela se aproxima e participa dela como receptor e fruidor.

As linhas apontadas mostram o valor do imaginário, do utópico e das realizações artísticas. Todas elas oferecem a possibilidade de fruir as obras criadas e, ao mesmo tempo, desenvolver nossa mente.

A arte mostra uma realidade inquietante e se abre à transcendência

Algumas imagens são um exemplo de como a arte pode questionar o espectador. Os artistas utilizam diversos meios para conseguir isso; por exemplo, ordenando os objetos de maneira desconcertante em situações insólitas; os objetos deslocados provocam um impacto, uma

---

[364] Juan Ramón Jiménez, *Ideolojía (1897-1957)*, Barcelona: Anthropos, 1990a, p. 243.

surpresa, mas o espectador não perde o senso do real; poderíamos dizer que o artista distorce a realidade para questionar nossa mente. Os objetos situados, paradoxalmente, fora de sua relação habitual no espaço modificam a realidade e provocam novas significações. Suas imagens procuram nossas perguntas. Assim, a arte renova nossos hábitos de visão e questiona nossas sensações.

Eu me referi, no início do capítulo, às imagens de R. Magritte, que são um exemplo de como a arte pode interrogar o espectador. Seus quadros são figurativos e os objetos facilmente reconhecíveis: guizos, cortinados, folhagem, rochas, árvores... O artista utiliza um método simples para perturbar nosso senso de realidade e incitar em nós a pergunta sobre como são as coisas. Magritte ordena os objetos de maneira desconcertante em situações insólitas.

Em sua obra *A condição humana*, o artista coloca um quadro diante da janela vista do interior de um quarto, que é exatamente a parte da paisagem coberta pelo mesmo quadro. A árvore representada tampa a árvore que está situada atrás dela, fora do quarto. Nós, espectadores, estamos, ao mesmo tempo, dentro do quarto, no quadro e fora, na paisagem real. A existência em dois espaços diferentes, ou, em outras obras, em dois tempos, passado e presente, questiona nossa visão em relação à realidade espaço-temporal. Magritte está interessado no efeito que a obra provoca em nossa mente; quer romper os hábitos de nosso olhar acomodado, só vemos o que nos interessa ver.

A pintura de Giorgio de Chirico foi rapidamente valorizada como pintura metafísica e admirada pelos surrealistas. Suas imagens são inquietantes, com sombras alongadas, arcadas e objetos que aludem a um mundo paralelo, quase despovoado de seres humanos ou mostrados diminuídos, perdidos em uma realidade insólita.

Nostalgia do infinito nos situa em uma perspectiva romântica. Algumas obras fazem lembrar as de Friedrich e propõem questões parecidas. O mundo não é concebido ordenado, inteligível à razão; privilegia-se o aspecto misterioso. Para aproximar-se dele, o sentimento e a imaginação antecedem a razão. As imagens dos poetas procuram aproximar-se do mundo incerto do devir.

Nessa mesma linha, muitas obras do Pop desafiam nossas expectativas de espectadores. Na exposição do Guggenheim, *Claes Oldenburg: os anos 1960,* que tivemos a oportunidade de ver em Bilbao, encontramos muitos exemplos. Uma banheira pendurada na parede como se fosse um pano; trata-se de uma escultura mole. Outras obras mostram um objeto cotidiano, um sorvete, um hambúrguer, em um formato inesperado, grande. Não se trata apenas de incorporar o objeto cotidiano à arte, nem de tapar o fosso entre a arte e a vida, como explicitaram esses artistas. Eles também estão interessados no efeito que a obra provoca em nossa mente; querem romper os hábitos de visão de nosso olhar acomodado; querem provocar o assombro e nos fazer descobrir o que talvez sempre tenha estado ao nosso lado e não tínhamos notado.

Mas, além disso, algumas obras de arte são portadoras de uma virtualidade que transmitem em suas formas simbólicas. Refiro-me à abertura à transcendência. São obras que apontam para uma valoração do sensível em uma riqueza que o transfigura. O visto e o ouvido se ampliam pelo sentido que se revela, e o sensível transborda em metassensível. Os textos se tornam especialmente transparentes de um sedimento de valor de que o autor é consciente. A experiência criadora é valiosa no duplo sentido de que valoriza o que seu olhar recria, e enriquecedora como vivência própria, que doa a outros receptores da obra.

Essa abertura à transcendência parte da experiência vivida. O termo "valor" ganha aqui o peso que lhe dá a consciência do artista. Em outras palavras: quando o autor o faz poema ou texto literário, é consciente do valor e trata de apalavrá-lo, de lhe dar a forma que não o desvirtue. Essa abertura pode ser entendida em diferentes níveis de intensidade e sentido. Poderíamos imaginá-los como um arco que se inicia na valoração do sensível, o visto ou ouvido, e culminaria em uma experiência de abertura ao infinito, ao incondicionado e absoluto. Platão, de novo, nos oferece uma chave para compreender essa diversidade de níveis e sentido último.

A abertura à transcendência se mostra em alguns textos como uma fonte de exaltação, reconhecimento e deleite. Qualquer aspecto da realidade vivido ecoa uma realidade que a excede, a ultrapassa. Na diversidade de objetos, de coisas, de horizontes do sensível transparece algo além de si mesmo, algo transcendental, que parece ultrapassar as fronteiras do espaço e do tempo. Às vezes, os textos assumem uma dimensão de revelação. O escritor revela, por participação, algo valioso. O sensível se amplia, se aprofunda, se transfigura. Como podemos observar, no seguinte texto de Rabindranath Tagore:

> Para mim a liberdade não está na renúncia. Sinto seu braço em infinitos laços deleitáveis.
> Estás sempre me escanceando, enchendo este copo de barro, até a borda, com a fresca beberagem de teu vinho multicolorido, de mil aromas.
> Meu mundo acenderá suas cem diversas candeias em teu fogo e as colocará no altar de teu templo.
> Não, nunca fecharei as portas de meus sentidos. Os deleites de minha vista, de meu ouvido e de meu tato sustentarão teu deleite.
> Todas as minhas ilusões arderão em festa de alegria, e todos os meus desejos madurarão em frutos de amor. [365]

George Steiner destacou a abertura à transcendência que a arte realiza. A música celebra o mistério das intuições de transcendência e nos põe em contato com o que é dificilmente exprimível e analisável[366], que só se sacia no eterno:

> Só no eterno poderia
> eu realizar esta ânsia
> da beleza completa.
>
> No eterno, onde não
> houvesse um som nem uma luz
> nem um sabor que dissessem
> "basta!" à asa de minha vida.

---

365 Rabindranath Tagore, *Obra escojida*, Madrid: Aguilar, 1970, p. 94.
366 George Steiner, *Presencias reales*, Barcelona: Destino, 1991, p. 264.

(Onde meu duplo rio
do viver e do sonhar
mudasse azul e ouro.)[367]

Algumas obras se situam além da percepção sensível, entrando em uma dimensão desconhecida, em que há uma unidade jubilosa. Harmonia, unidade, superação dos contrários e um conjunto indescritível e inefável são as notas que caracterizam essa experiência transcendente. Por isso, muitos artistas – poetas, especialmente – expuseram a limitação da linguagem poética para abarcar a experiência vivida:

> Que bem sei eu a fonte que emana e corre,
> mesmo de noite!
>   Aquela eterna fonte está escondida.
> Que bem sei eu onde tem sua guarida
> mesmo de noite!
>   Sua origem não sei pois não a tem
> mas sei que toda origem dela vem
> mesmo de noite.
>   Sei que não pode ser coisa tão bela,
> e que céus e terra bebem dela
> mesmo de noite.[368]

A arte mostra novas relações insólitas, misteriosas entre os objetos e as pessoas; relações que provocam em nós um efeito de deslocamento e de inquietação. Deste modo, ela renova nosso olhar, questiona nosso modo de compreensão da realidade e faz com que nos recoloquemos novas questões. Algumas obras nos oferecem um horizonte de abertura ao mistério e à transcendência.

---

367 Juan Ramón Jiménez, *Obra* poética, Madrid: Espasa-Calpe, 2005, I, 2, pp. 938-9.
368 San Juan de la Cruz, *Obras de San Juan de la Cruz*, Madrid: Aldus, 1943, p. 891.

Valores da experiência de ócio estético na compreensão dos outros seres humanos: consciência

As imagens artísticas são um símbolo de nossa experiência na vida. A arte não é um mero jogo ordinário, nem um simples entretenimento para nosso olhar. Em suas imagens encontramos um horizonte clarificado e essencializado em que podemos reconhecer nossos sentimentos, nossas inquietações e questões, e nossos problemas vitais.

O exercício que a recriação de uma obra de arte nos propõe é um treino para a vida social. No encontro com a obra reconhecemos situações que fazem parte de nosso viver. Por isso, nesse sentido, a recriação estética é uma escola que nos ajuda a desenvolver a relação com o outro, com os outros, com aqueles com quem compartilhamos a vida. Ela nos oferece a oportunidade de nos interrogar sobre nossos sentimentos, nossas inquietações, e nos incita a esclarecer nossas decisões éticas.

Na vida cotidiana utilizamos a palavra consciência em, pelo menos, dois sentidos. Nós nos referimos a ter consciência de algo, quer dizer, perceber ou reconhecer algo bem exterior a nós mesmos ou algo interno, como as modificações que experimentamos em nosso próprio ser. Em segundo lugar, empregamos o termo como conhecimento do bem ou do mal, quer dizer, em um horizonte moral. Situamo-nos aí na consciência moral, com um sentido específico. Quando nos referimos ao primeiro sentido, a ter consciência de algo, podemos fazê-lo de diferentes pontos de vista, dependendo se damos ênfase ao nosso psiquismo ou ao conhecimento. Falamos de ter conhecimento de algo e sublinhamos que somos nós os que o temos; assim, reforçamos a dimensão psicológica. Se insistirmos no aspecto cognitivo, a consciência é entendida como sujeito de conhecimento; nesse caso, destacamos a relação sujeito e objeto. Além disso, podemos nos referir à consciência de um ponto de vista metafísico e utilizamos o termo como sinônimo do Eu. Em todos esses casos a consciência é compreendida de um ponto de vista unificado, do qual nós mesmos temos certo conhecimento.

Na reflexão que faço neste livro, tomo da tradição filosófica a visão mais intimista da consciência como nosso ser interno, nosso próprio eu, algo que consideramos valioso. Sócrates é a referência no mundo grego. Seu lema foi um aforismo escrito no templo de Delfos: "Conhece-te a ti mesmo". Essa sentença se tornou o principal ponto de suas reflexões. O que o filósofo quis dizer? Sócrates nos convida a valorizar o mais importante, o que o ser humano tem de mais valioso: a alma. Isso significa que nos chama à interioridade, a penetrar em nosso espírito para nos conhecer além da superfície com que nos relacionamos com o mundo. Essa é uma de suas grandes contribuições: seu convite a nos conhecer, a conhecer nosso psiquismo, suas limitações e suas possibilidades. Outros pensadores depois de Sócrates deram ênfase à autocerteza e à intimidade. Este contexto nos leva às perguntas fundamentais de nossa vida: o que fazemos aqui?, para que vivemos?, o que podemos esperar? Quer dizer, as perguntas da filosofia, mas essas perguntas sabemos que são, também, as nossas, as que nos questionam no fundo de nosso coração.

É nesse horizonte que situamos a experiência de ócio estético. Ela não é alheia a essas questões do ser humano – muito pelo contrário, as grandes obras de arte as têm como tema fundamental; são elas que nos oferecem um âmbito para poder expandir valores que nos desenvolvem como pessoas.

Resumo, a seguir, esses benefícios em quatro áreas que miram o conhecimento da natureza humana, os sentimentos e as inquietações de nossa existência e, finalmente, a dimensão crítica.

A arte nos introduz no conhecimento da natureza humana e nos interroga sobre sua condição

> *O que sente, o que pensa das possibilidades de vida, das formas alternativas de ser que estão implícitas em sua experiência de mim, em nosso encontro?*
>
> George Steiner[369]

Muitas obras de arte nos convidam a penetrar no conhecimento da natureza humana. Aristóteles nos proporciona os pontos-chave dessa reflexão, como já vimos no capítulo anterior. A análise que realiza da tragédia nos oferece um plano de compreensão que podemos aplicar a outras obras de arte. Na experiência estética reconhecemos nossa própria natureza apresentada no espelho de ficção que é a obra de arte. Esse espelho, a obra, nos devolve a nós mesmos, nos convida a penetrar em nosso próprio conhecimento, e estreita um vínculo compassivo entre o que ocorre na obra, nosso eu e os outros. A emoção tem claramente uma função noética. Implica um reconhecimento de nós mesmos e dos problemas humanos que vemos condensados no espelho da arte.

Escolhi um poema de Manuel Machado que, por trás do aparente tom de brincadeira, em clara referência a um poema de Lope de Vega, resume uma reflexão sobre a fugacidade da vida.

ALFA E ÔMEGA
A vida inteira cabe em um soneto
começado com lânguido descuido,
e, apenas iniciado, transcorreu
a infância, que reflete este quarteto.

Lá vem a juventude com o segredo
da vida, que transita inadvertido,

---

[369] *Presencias reales*, Barcelona: Destino, 1991, p.176.

e que se vai também, que já se foi,
antes de entrar no primeiro terceto.

Maduros, olhando o ontem regressamos
saudosos, e ansiosos pelo amanhã,
e o primeiro terceto malgastamos.

E quando no terceto último entramos,
é p'ra perceber com experiência vã
que se acaba o soneto, e que nos vamos.[370]

O poeta nos convida a uma reflexão sobre o tempo e nossa duração na realidade. Ele ressalta a fugacidade de nosso viver, que a vida inteira cabe em um soneto. O poema nos faz partícipes de uma experiência comum que vivenciamos e compreendemos.

De outra perspectiva, gostaria de lembrar as palavras de Tarkovski:

> Em todo caso, para mim não há dúvida de que o objetivo de qualquer arte que não queira ser consumida como uma mercadoria consiste em explicar por si mesma e a seu entorno o sentido da vida e da existência humana. Quer dizer: explicar ao homem qual é o motivo e o objetivo de sua existência em nosso planeta. Ou talvez não explicar, mas tão somente confrontá-lo com essa questão. [...] a função indiscutível da arte, na minha opinião, está ligada à ideia do conhecimento, daquela forma de efeito que se expressa como comoção, como catarse[371].

O universo da arte supõe uma ampliação dos limites do mundo e uma prolongação do existente em termos de ficção. Essa possibilidade projetual da arte a capacita a nos mostrar novas facetas do real. Kundera salientou a novidade trazida pelos romances de Kafka, a ponto de kafkiano, termo tirado de uma obra de arte, determinado pelas imagens de

---

[370] Manuel Machado, *El mal poema y otros versos*, Granada: Biblioteca de la Cultura Andaluza, 1984, p.135.
[371] Andrei Tarkovski, *Esculpir el tiempo*, Madrid: Rialp, 2005, pp.50-60.

um romancista, ter se tornado imprescindível. Nenhuma outra palavra é capaz de captar seu sentido. Kafkiano representa uma possibilidade elementar do homem e de seu mundo, uma possibilidade historicamente não determinada, que acompanha o homem "quase eternamente"[372]. Nenhum outro termo sintetiza o labirinto sem fim em que o homem está imerso no mundo burocratizado das instituições. Não é uma noção sociológica ou política, é um denominador comum de situações tanto literárias como reais que Kafka nos revelou e que se tornou imprescindível para nós.

Goya realizou várias gravuras nas quais mostra a barbárie humana; os temas da guerra, da intolerância, da injustiça estão presentes em muitas obras. Uma delas se intitula significativamente *Não se pode olhar*. Essa e tantas outras obras de arte encarnam a dor humana e não foram feitas para que contemplemos sua beleza, mas para inquietar nosso olhar e nos questionar sobre nossa condição.

Milan Kundera defende que a missão da arte é descobrir uma verdade que está por descobrir; examinar até o limite algum dos temas da existência. A arte manifesta uma possibilidade humana, com autonomia total, sem compromisso. Assim, ela constitui um saber sobre a condição humana que é irredutível a outros modos de conhecimento. O artista cria uma forma que nos convida a compartilhar e com isso a enriquecer a experiência humana. Kundera pensa que o tema do romance é o enigma do eu ou, o que é a mesma coisa, uma exploração da vida humana. O romance é uma indagação do ser do homem no âmbito de incerteza em que sua vida se move. O eu é determinado pela essência de sua problemática existencial. Para o romancista, apreender o eu é apreender o essencial dessa problemática existencial: "Todos os romances de todos os tempos se orientam para o enigma do eu. Assim que criamos um ser imaginário, um personagem, enfrentamos automaticamente a seguinte pergunta: O que é o eu? Como apreender o eu? Esta é uma das questões fundamentais em que se baseia o romance em si"[373].

---

372 Milan Kundera, *El arte de la novela,* Barcelona: Tusquets, 1986a, p.120.
373 *Ibidem*, p.33.

O escritor pode apreender o eu de diversos modos, o que marca diferentes tendências e períodos na história do romance. Os primeiros narradores europeus não escreviam romances psicológicos; captavam o eu por meio da ação. Depois, o romance teve como foco o caminho da exploração do mundo interior. Uma busca sem limites que levou os narradores a novos rumos. *A insustentável leveza do ser* é um bom exemplo dessas linhas de exploração inovadoras:

> ... nunca se pode saber aquilo que se deve querer, pois só se tem uma vida e não se pode nem compará-la com as vidas anteriores nem corrigi-la nas vidas posteriores,
> Seria melhor ficar com Teresa ou continuar sozinho?
> Não existe meio de verificar qual é a boa decisão, pois não existe termo de comparação. Tudo é vivido pela primeira vez e sem preparação. Como se um ator entrasse em cena sem nunca ter ensaiado. Mas o que pode valer a vida, se o primeiro ensaio da vida já é a própria vida? É isso que faz com que a vida pareça sempre um esboço. No entanto, mesmo *esboço* não é a palavra certa, porque um esboço é sempre um projeto de alguma coisa, a preparação de um quadro, ao passo que o esboço que é a nossa vida não é esboço de nada, é um esboço sem quadro.
> Tomas repete para si mesmo o provérbio alemão: *einmal ist keinmal*, uma vez não conta, uma vez é nunca. Poder viver apenas uma vida é como não viver nunca. Não poder viver senão uma vida é como não viver nunca.[374]

Na Bienal de Veneza de 2003, pudemos observar a denúncia de situações de violência contra o ser humano apresentada por alguns artistas. A espanhola Alicia Framis, por exemplo, que expunha no pavilhão da Holanda, levou a Veneza a coleção de moda antiassédio, com roupas femininas desenhadas por ela para grifes famosas. A ideia, explicou a artista, surgiu do medo dos *skin heads* e de seus cachorros. As roupas eram de *taurón*, um material à prova de bala e de mordida de cães. Na Bienal, vários modelos iam aos jardins e posavam em silêncio. Uma

---

[374] *Idem, La insoportable levedad del ser*, Barcelona: Tusquets, 1986b, p.16. [Trad. Teresa Bulhões Carvalho da Fonseca, *A insustentável leveza do ser*, Rio de Janeiro: Nova Fronteira, 1986].

das peças era ainda mais simbólica: chamava-se *burka-minissaia*, uma imagem que remete à violência sofrida pela mulher, evidenciando-a. Também havia obras que criticavam as condições de trabalho em nossa sociedade. A obra de Carlos Amorales, por exemplo, no mesmo pavilhão, intitulada *Flames maquiadora*, fazia referência às confecções mexicanas que prestam serviço ao comércio dos Estados Unidos.

Outros criadores realizam essa indagação sobre a condição humana de modo menos evidente. É o caso de William Congdon, cuja obra se inscreve na trajetória da arte de meados do século XX e, concretamente, no expressionismo abstrato ou na chamada *action painting* (pintura gestual). O pintor conhece os campos de extermínio da Alemanha na Segunda Guerra, e o impacto que produzem nele o leva a confessar que nasce verdadeiramente como artista depois daquela experiência. A partir de 1959 e até sua morte, em 1998, ele se empenha em pintar repetidas vezes – umas duzentas obras – a imagem de Cristo. Congdon expressa o Crucificado com os meios plásticos do expressionismo, tendência em que se formou e que pode ser apreciada na obra anterior a 1959. Utiliza o preto, cores escuras, terrosas, riscadas com a espátula, marcando a matéria e a forma com grande força expressiva. Sobre a cor preta, o próprio artista explica: "Pinto sobre o preto porque pintar não é representar uma luz que existe e acabou, mas, antes, participar da luz que deriva da escuridão – e você a segue do preto até o ponto ou qualidade de luz que é a que o obstina porque essa luz é um milagre perto de seu ponto de partida, que é a ausência de luz do preto"[375]. O texto é fundamental para entender o sentido expressivo de Congdon como lugar de constituição primária da imagem, realizando em sua materialidade uma função simbólica. É assim com seus Cristos. Impressionam seus Cristos essencializados, antítese das figuras sangrantes do Barroco espanhol. A imagem de Cristo crucificado sintetiza, em suas formas sugeridas, a dor do sacrifício de Jesus. São Cristos sem rosto, sem auréola, que mostram a forma simbólica da matéria e manifestam o Mistério da Paixão. A cruz de Cristo é o lugar

---

375 William Congdon e Joseph Ratzinger, *El sábado de la historia*, Madrid: Encuentro, 1998, p. 66.

em que se desenvolve o drama e que convida cada um de nós a realizar a experiência de sua dor.

O artista nos faz participantes de uma experiência religiosa partindo de uma vivência estética. Esta culmina naquela e nela encontra seu sentido. Congdon indica ao receptor dessa obra o sentido que a configura e o convida a realizar a experiência plena, a ultrapassar os limites do estético para viver o drama da Cruz: "Interessava-me não a figura em si, mas a figura como Cruz, o que a Cruz faz do corpo de Cristo. No crucificado, o corpo que encontro é meu próprio corpo doente de pecado, corpo macerado de dor a ponto de não poder distinguir o corpo da dor, quase como se fosse a dor que se fez corpo e não um corpo que se fez dor"[376]. Os Cristos crucificados de Congdon mostram a experiência de quem passou pela escuridão espiritual; são a encarnação da dor.

No capítulo anterior, referi-me à reflexão de Aristóteles sobre a emoção que vivenciamos diante da trama da tragédia. Esta é uma ação comovente, significativa, que nos emociona porque participamos dela como se acontecesse conosco. Essa possibilidade está em nosso horizonte humano. Na experiência estética surgem as emoções trágicas, diz o filósofo, a compaixão e o temor. A compaixão pela dor imerecida de um semelhante e o temor de que a aflição do outro possa ser nossa. A emoção desencadeada e a compreensão que nos conduz ao julgamento de valor conformam o sentimento estético. A compaixão não é uma emoção cega, sentimental, leva-nos à compreensão e aí se impregna de sentido ético. A experiência estética tem uma dimensão ética. O encantamento que a arte exerce em nosso psiquismo acolhe a compreensão da inteligência.

---

[376] *Ibidem*, p. 98.

Na arte reconhecemos os sentimentos do "coração humano"

> *Um mau personagem se parece apenas a seu autor ou a seu modelo: um personagem convincente se parece a cada um de seus desconhecidos leitores.*
> Antonio Muñoz Molina[377]

A emoção que Aristóteles ressalta na experiência estética da tragédia se fundamenta no sentimento de humanidade que une todos os seres humanos. Em *Ética a Nicômaco* ele estuda a filantropia ou sentimento compartilhado de humanidade. A emoção trágica se insere no plano de ficção da obra. Participamos dela como se acontecesse conosco. Nós a vivenciamos como própria, porque o que a obra nos diz está em nosso horizonte de possibilidade. Experimentamos a situação representada, os sentimentos desencadeados nos personagens, porque é verossímil que toque a nós viver essa situação. A obra responde a nossas perguntas vitais, às inquietações de nossa existência no mistério do real; acolhe o desamparo de nossa circunstância humana. Esse é o espaço preferencial da arte, o campo de fundo em que se inscrevem suas formas.

Todos os seres humanos experimentam um horizonte de inquietações constitutivas de nossa própria humanidade. Todos nós enfrentamos questões cuja resposta é um mistério. São inquietações de nossa existência que compartilhamos na arte e podemos vivenciar em sua experiência. Antonio Machado nos oferece uma boa explicação para compreender essa reflexão. A partir de 1907, na segunda edição de *Soledades, galerías y otros poemas*, Machado quer dar forma às ideias cordiais ou aos sentimentos universais; algo que, sendo próprio, possa se tornar patrimônio comum. É a missão do poeta: inventar novos poemas do eterno humano. Trata-se de dar forma ao elementar humano, que remete ao essencial,

---

[377] *Pura alegría*, Madrid: Alfaguara, 1998, p.44.

ao comum originário que o poeta vê em si mesmo e nos outros. Jorge Meneses dialoga com Juan de Mairena e diz:

> A poesia lírica se engendra sempre na zona central de nossa psique, que é o sentimento; não há poesia lírica que não seja sentimental. Mas o sentimento tem que ter tanto de individual como de genérico, porque, embora não exista um coração geral, que sinta por todos, cada homem leva o seu e sente com ele, todo sentimento se orienta para valores universais, ou que pretendem sê-lo. Quando o sentimento encurta seu raio e não transcende o eu isolado, demarcado, proibido ao próximo, acaba por se empobrecer e, por fim, canta em falsete. Tal é o sentimento burguês, que me parece fracassado; tal é o fim da sentimentalidade romântica. Em suma, não há sentimento verdadeiro sem simpatia, o mero *pathos* não exerce função cordial nenhuma, tampouco estética. Um coração solitário – disse não sei quem, talvez Pero Grullo – não é um coração: porque ninguém sente se não for capaz de sentir com o outro, com os outros... por que não com todos?[378]

O sentimento não é criação do sujeito individual, por isso os poemas têm que refletir o eterno humano, aquilo que compartilhamos com outros. Nesse horizonte comunitário se ancora a descoberta a que nos leva a experiência estética: os afetos e as inquietações humanas, mais além dos perfis pessoais, coincidem no fundamental com os outros, com o que eles desejam ou com o que os inquieta. O pintor Edvard Munch realizou esse aspecto em muitas obras, como em *O grito*.

Esta obra nos confronta com o medo e a solidão do ser humano imerso em uma natureza estranha. Em 1892, convalescente em Nice, Munch recorda a situação que daria origem ao quadro:

> Estava andando na calçada com dois amigos – durante o pôr do sol –, o céu de repente ficou vermelho – eu parei – cansado, me apoiei em uma balaustrada – sobre a cidade e o fiorde azul escuro via somente sangue e línguas de fogo –, meus amigos continuavam a caminhada e eu continuava parado

---

[378] Antonio Machado, *Poesías completas,* Madrid: Espasa-Calpe, I, 1988, pp. 709-10.

no mesmo lugar – tremendo de medo – e sentia que um alarido infinito penetrava toda a natureza [...].[379]

O medo, a angústia tornada consciência viva, é o motivo deste grito, que se tornou paradigma da fragilidade da vida do ser humano na terra. A dor, a doença, a morte são temas reiterados em Munch. A capacidade expressiva com que o pintor realizou o traço, a forma pictórica, é impressionante.

Edward Said afirma que a música de Beethoven tem um forte vínculo com a ideia de "afirmação social do ser humano, a esperança da satisfação, da liberação, da irmandade [...] Parece nos dizer: *a aventura humana vale a pena*"[380].

Talvez nenhuma outra obra tenha chegado a ser símbolo dessa universalidade e humanidade como a *Nona Sinfonia* de Beethoven. A *Nona*, e especialmente o tema da "Ode à alegria", se tornou símbolo da fraternidade universal e da confiança no destino da humanidade. Beethoven encarnou na música a mensagem espiritual da *Ode a Schiller*, originalmente intitulada *An die Freiheit* (À liberdade), e cujo título definitivo foi *An die Freude* (À alegria). Desde muito jovem o músico acalentou esse projeto, que realizou quando sua surdez já estava muito avançada. A obra estreou em 1824, momento em que Beethoven não ouvia mais nenhum som, e, apesar de, no século XIX, ter tido críticas desfavoráveis, atualmente é reconhecida como um dos pontos máximos do patrimônio universal da humanidade. Seu caráter de conciliação ficou simbolicamente claro quando se iniciou com a *Nona* o festival de Bayreuth de 1951, na reabertura do teatro wagneriano, depois da Segunda Guerra Mundial.

Gustav Klimt realizou três painéis cujo tema se resume ao poder da arte sobre a adversidade, reunidos no *Friso de Beethoven*, uma imagem plástica do quarto movimento da *Nona Sinfonia*. O *Friso* encontra-se no Pavilhão da Secessão Vienense, em Viena, construído por Joseph Olbrich e coberto por uma cúpula perfurada, trançada em folhas de louro e em metal dourado. A fachada apresenta o lema do grupo: *Der Zeit ihre Kunst, der Kunst ihre Freiheit* [A cada tempo sua arte, a cada arte sua liberdade].

---

379 Ulrich Bischoff, *Edvard Munch 1863-1944*, Colônia: Taschen, 1990, p.53.
380 Daniel Barenboim e Edward W. Said, *Paralelismos y paradojas*, Barcelona: Debate, 2002, p.154.

O primeiro painel se intitula *Desejo de felicidade* e mostra a humanidade, fraca e ansiando por felicidade, procurando a proteção do forte, um cavaleiro armado. O segundo painel consiste nas forças hostis, femininas, e em um monstro da mitologia grega. O último painel leva a legenda: "O desejo de felicidade encontra sua culminação na poesia". As dificuldades dos seres humanos e do viver se saciam na arte: "As artes nos elevam até o reino ideal, único em que encontramos alegria pura, amor puro", destacaram no catálogo[381]. Seguindo o friso se chega ao final triunfal com cinco delicadas figuras nuas, uma sobre outra, antes de chegar à linha dourada. As três "artes" supremas chegam até o coro dos anjos do Paraíso: "As artes nos levam ao reino feliz onde só podemos encontrar a felicidade pura, a alegria pura, o amor puro".

Os símbolos artísticos têm um grande poder construtivo; modificam modelos e valores de nossa visão do mundo e interrogam nosso olhar acomodado da realidade. Mas sua eficácia cognitiva está enraizada em seu caráter humano, no horizonte comunitário que nos permite reconhecer suas formas como nossas e suas perguntas como próprias. A arte é um encontro com nós mesmos no âmbito comum e intersubjetivo do encontro com os outros e com o outro. A arte tem valor porque é rastro humano, é doação e apelo de outro que não é alheio a mim. Por isso que a obra de arte fala com cada um, como se nos dissesse isso diretamente[382], afirma Gadamer.

A experiência estética nos irmana em sentimentos e inquietações de nossa existência

A arte tem uma função cognitiva que nos permite entrar na vida dos outros e compartilhar com eles os problemas da existência humana. A pintura, a música, a escultura ou a literatura nos mostram o desamparo da condição humana, a insatisfação radical de nossa existência, nossos temores e nossas paixões, nossa ânsia de infinito. A arte – a arte que real-

---

[381] Gabriele Fahr-Becker, *El modernismo*, Barcelona: Konemann, 1996, p.342.
[382] Hans-Georg Gadamer, *Estética y hermenéutica*, Madrid: Tecnos, 1996, p.59.

mente nos importa – nos conduz ao mistério e desvela as inquietações do ser humano, um âmbito que todos compartilhamos. Essa dimensão comunitária do humano se destaca como uma vertente crítica na medida em que a arte é autônoma, o que não significa uma arte não comprometida. O potencial crítico da arte reside em sua forma estética e em sua autonomia perante as realidades sociais dadas.

No poema a seguir, de Machado, a angústia é velha companheira que agora se torna presente na nudez da terra, onde a alma do poeta grita – uiva – como um animal ferido. A imagem do caminho se torna, neste poema, uma trilha solitária, em que o caminhar é amargo, e as hirtas árvores enegrecem.

> Nua está a terra,
> e a alma uiva ao horizonte pálido
> como loba famélica. Que buscas,
> poeta, no ocaso?
> Amargo caminhar, porque o caminho
> pesa no coração. O vento gelado,
> e a noite que chega, e a amargura
> da distância!... No caminho branco
> algumas hirtas árvores enegrecem;
> nos montes longínquos
> há ouro e sangue... O sol morreu... Que buscas,
> poeta, no ocaso?[383]

O poeta é um *alter ego* do leitor, e este se identifica com as palavras condensadas e carregadas de sentido que aquele lhe oferece. Todo poeta escreve pensando em um você, em um leitor, que não conhece. O poeta tem que trabalhar com palavras que já são significações do humano. Com sua ação criadora, ele ilumina novos sentidos no coração das coisas. Sua tarefa não consiste em utilizar as palavras de forma bela, mas em fundar novos contextos de realidade, nomeando, essencialmente. A poesia é,

---

[383] Antonio Machado, *Poesías completas,* Madrid: Espasa-Calpe, I, 1988, p. 482.

assim, uma busca da palavra primordial, doadora de sentido. Em alguns poetas, como Juan Ramón Jiménez ou Antonio Machado, ela opera nessa busca um princípio de autenticação existencial. Juan Ramón se referia a isso com uma expressão clara e profunda: "A poesia é alma"[384]. Na palavra se fundem a realidade dada e a alma do poeta. Guiado pela intuição, o poeta penetra no mistério do real. A intuição é uma forma penetrante de conhecimento, a única capaz de alcançar as verdades mais profundas. A poesia não é um entretenimento vazio; é alumbramento concreto de sentido, permeado de uma atitude de conhecimento. A poesia, diz Machado, realiza o desrealizado pelo pensamento lógico. O pensar poético é um pensar qualificador: "Esse pensar se dá entre realidades, não entre sombras; entre intuições, não entre conceitos"[385]. O poeta realiza uma obra humanizadora. O valor da palavra reside nessa fidelidade à condição humana; é palavra criadora, em que a experiência do vivido se transcende em clareza da consciência. O poeta é consciência de si mesmo e do mundo. Sua palavra poética é capaz de sentir e nomear problemas da humanidade. Assim o reconhecemos como receptores quando temos em nossas mãos poemas que chegam ao fundo de nosso coração.

Segundo Saramago:

> É difícil considerar estranha uma pessoa que é igual a mim, Deixa-o continuar a ser o que foi até agora, um desconhecido, Sim, mas estranho nunca poderá ser, Estranhos somos todos, até nós que aqui estamos, A quem te referes, A ti e a mim, ao teu senso comum e a ti mesmo, raramente nos encontramos para conversar, lá muito de tarde em tarde, e, se quisermos ser sinceros, só poucas vezes valeu a pena, Por minha culpa, Também por culpa minha, estamos obrigados por natureza ou condição a seguir caminhos paralelos, mas a distância que nos separa, ou divide, é tão grande que na maior parte dos casos não nos ouvimos um ao outro[386].

---

384 Juan Ramón Jiménez, *Ideolojía (1897-1957)*, Barcelona: Anthropos, 1990a, p. 293.
385 Antonio Machado, *Poesías completas, op. cit.*, I, p. 691.
386 José Saramago, *El hombre duplicado*, Barcelona: Seix Barral, 2002, pp. 39-40 [Texto original disponível em: *O homem duplicado*, São Paulo: Companhia das Letras, 2008.].

Essas afirmações são válidas para qualquer obra, quer denuncie explicitamente determinadas situações históricas de opressão do ser humano, como o faz, por exemplo, B. Brecht, quer revele os problemas existenciais, à maneira de Kafka. A denúncia crítica reside em sua forma estética, e, portanto, sua relação com a práxis é indireta e mediata. Não penetra na ação; preserva-se na ficção da forma estética. Mas, mesmo quando as obras têm finalidade didática e de clara denúncia de uma situação histórica, a forma estética transcende essa determinação social e nos oferece o mundo humano em que todos podemos nos reconhecer. A estilização estética descobre "o universal" na situação social concreta. A sociedade da época é refletida e transformada na obra. O universal no destino dos indivíduos nas diversas situações da existência resplandece mediante a forma estética.

Antonio Muñoz Molina escreveu um livro intitulado *Sefarad*, em que o conhecimento de si mesmo e dos outros é um tema central. Trata-se de um romance original, construído sobre diferentes relatos, à primeira vista, independentes uns dos outros, em que se combinam a autobiografia e outras vidas conhecidas pelo narrador. É de grande interesse o fundo reflexivo presente na obra, que a torna próxima do ensaio. O romance convida a nos colocar na situação do outro e a fazer uma avaliação, um julgamento crítico formulado na pergunta implícita "e você, o que faria?".

> Você não é uma só pessoa e não tem uma só história, nem seu rosto, nem sua profissão, nem as outras circunstâncias da sua vida passada ou presente permanecem invariáveis. O passado se move, e os espelhos são imprevisíveis. Toda manhã você acorda pensando ser o mesmo da noite anterior e reconhecendo no espelho um rosto idêntico, mas, às vezes, no sono você foi perturbado por fragmentos cruéis de dor ou de paixões antigas que dão à manhã uma luz levemente turva, e esse rosto que parece o mesmo está sempre mudando, modificado pelo tempo a cada minuto, como uma concha pelo atrito da areia e pelas pancadas e pelos sais do mar. A todo instante, mesmo que se mantenha imóvel, você está mudando de lugar e de tempo graças às descargas químicas infinitesimais que formam a sua imaginação e a sua consciência. Regiões inteiras e perspectivas distantes do passado abrem-se e fecham em leque como as linhas retas

dos olivais ou os sulcos para quem olha da janela de um trem que avança a toda a velocidade sabe-se lá para onde. Por alguns segundos um sabor ou um odor, uma música no rádio ou o som de um nome fazem-no ser quem você foi trinta ou quarenta anos antes, com uma intensidade maior do que a consciência de sua vida atual. Você é um menino assustado no primeiro dia de aula ou um garoto de cara redonda e olhos fugidios e uma sombra de bigode sobre o lábio superior e quando se olha no espelho é um homem de quarenta e tantos anos que começa a ter o cabelo preto entremeado de fios brancos e em quem ninguém consegue encontrar rastros de um rosto infantil, e nem dessa espécie de vaga e permanente juventude em que você se imagina instalado desde que entrou na vida adulta, na primeira delas, no trabalho e no casamento, nas obrigações e nos sonhos secretos e na criação dos filhos. Você é cada uma das pessoas diversas que foi e também as que imaginava que seria, e cada uma das pessoas que nunca foi, e das outras que desejava ardentemente ser e agora agradece por não ter sido.[387]

A arte que nos comove com mais intensidade é a que confronta com maior densidade o mundo e tecnicamente consegue expressá-lo de maneira esplêndida. É aí que a intensidade da emoção e do pensamento se condensam em uma forma que tem uma grande força simbólica. Como não se emocionar com um texto como o seguinte, de *Macbeth*?

> Para enganar o mundo, é preciso ser semelhante ao mundo. Traze as boas--vindas nos olhos, nas mãos, na língua e apresenta-te como uma flor da inocência, porém sê a serpente que se esconde debaixo dessa flor. A vida é apenas uma sombra que caminha, um pobre ator que gagueja e vacila a sua hora sobre o palco e, depois, nunca mais se ouve. É uma história contada por um idiota, cheia de som e fúria, significando nada.[388]

---

[387] Antonio Muñoz Molina, *Sefarad*, Madrid: Alfaguara, 2001, pp. 375-76. [Trad. Rosa Freire D'Aguiar, *Sefarad*, São Paulo: Companhia das Letras, 2003.]
[388] William Shakespeare, *Macbeth*, Madrid: Alianza, 1980. [Trad. Carlos de Almeida Cunha Medeiros e Oscar Mendes, *Obra Completa de William Shakespeare*, I (tragédias), Rio de Janeiro: Nova Aguilar, 1995; e Millôr Fernandes, *O homem do princípio ao fim* (colagem de cenas consagradas do teatro mundial), Porto Alegre: L&PM, 2001.]

A obra de arte bem realizada, que une habilidade e profundidade de sentido, mostra o mundo, os problemas da existência, os sentimentos profundos, os âmbitos que marcam nosso existir. Dificilmente uma obra que só tem certa habilidade, uma técnica artesanal bem aprendida, nos emociona; talvez nos agrade, mas é uma obra trivial, não tem muito a dizer. Podemos lembrar, nesse sentido, a distinção de Schopenhauer e outros pensadores entre o belo e o gracioso. Todos nós, seres humanos, compartilhamos um horizonte de inquietações constitutivas de nosso próprio ser humano. Todos nós enfrentamos questões cuja resposta é um mistério. São inquietações de nossa existência que resistem a uma explicação racional e, por isso, acham sua melhor expressão no campo da arte: a dor, a temporalidade de nosso viver, o ser para a morte ou a incerteza do existir são os temas que angustiam o ser humano e que encontramos nas grandes obras de arte. Para ilustrar com um exemplo, lembremo-nos de *Morte e fogo*, de Paul Klee.

Comentei a célebre frase de Klee: "A arte não reproduz o visível, mas torna visível". Klee ressalta o valor da imagem como forma comunicativa. Sua frase sublinha o valor da comunicação estética através das imagens ou das formas simbólicas. Essa obra mostra um crânio branco sobre um fundo vermelho. As feições do rosto desse crânio são representadas mediante a palavra *Tod* (morte). Ao lado, um homem esquemático caminha para a morte; talvez seja o Barqueiro que transporta os mortos. O quadro é uma imagem da morte; se nos detivermos para contemplá-la, ela nos impressionará por sua força comunicativa e pela expressão de um tema que afeta todos os seres humanos.

Em suma, nesta obra, como em outras que comentei, o artista encarnou na forma o mundo com sua capacidade de sentir, de iluminar e de se interrogar sobre os problemas de nosso existir. Os artistas, nelas, nos oferecem um horizonte de valor de que podemos participar, nos enriquecendo-nos como pessoas.

A recriação da obra nos oferece um âmbito intersubjetivo que leva a um juízo crítico

> *A memória é o melhor recurso contra a angústia da lembrança.*
> Jorge Semprún[389]

Vimos que a arte estabelece em suas imagens um universo que revela o mundo do homem, com suas esperanças e ilusões e com suas inquietações e seu sofrimento. Com seu poder simbólico, ela torna transmissíveis esses campos de realidade criada, além de ser um horizonte de encontro dos seres humanos. A obra de arte carrega em si mesma a presença de seu criador e nos abre a uma dimensão de intersubjetividade, porque nela está o rastro do humano que todos compartilhamos. Essa presença nos leva a compreender o outro, não só o outro que eu sou, mas também o outro diferente. A dor de outro ser humano pode ser a nossa, somos capazes de torná-la nossa; na experiência estética nos colocamos em seu lugar, no lugar do semelhante. Esse processo nos ajuda a compreender melhor a nós mesmos e também a clarificar nossa consciência: convida a um juízo, a nos colocar no lugar do outro. Um juízo que parte da pergunta implícita na obra: "E você, o que faria se estivesse nesta situação?". Essa pergunta revela, mais uma vez, que a experiência estética tem uma dimensão ética, porque nos incita a questionar nossa postura, a nos conhecer e nos interrogar.

Na Bienal de Veneza de 2003, a obra do artista espanhol Santiago Serra, exposta no pavilhão da Espanha, ganhou destaque. Vamos nos situar, por um momento, diante da obra. O letreiro do pavilhão, na fachada do edifício, foi tapado e embrulhado com plástico reciclado de sacos de lixo e colado com fita adesiva. A porta está murada. Sabemos, no entanto, identificar o pavilhão espanhol por outro letreiro no qual se pede aos visitantes que se dirijam à parte posterior do edifício com o DNI,

---

[389] *Aquel domingo*, Barcelona: Tusquets, 1979, p.113.

o passaporte espanhol; só os espanhóis podem visitá-lo e, de fato, dois seguranças exigem a documentação e não permitem o acesso a quem não a possua, quer dizer, a quem não seja espanhol; não há exceções nem para jornalistas, nem para delegados, por isso as reações são de irritação e deram lugar a piadas desde o primeiro dia da inauguração. O público é um elemento-chave nesta obra, uma *performance*, e situa-se em ambos os lados de um cenário, fora e dentro. Aqueles que podem entrar encontram um interior vazio, quer dizer, a visão do outro lado da porta murada. A intenção do autor é clara: a obra exibe com crueldade o limite, o privilégio da nacionalidade, e conduz o espectador a diversos cenários que vão da limitação de fronteiras para os emigrantes às tragédias dos nacionalismos excludentes; as fronteiras não foram abolidas, e a exclusão do outro diferente se consolidou. Essa é a denúncia que Serra apresenta nessa obra vazia e que conduz a um ideal de humanidade sem fronteiras, em que o outro seja reconhecido, e não excluído.

A ação transformadora da arte em nossa consciência provoca uma mudança em nosso interior e nos convida a realizar um julgamento sobre a proposta da obra. Convida-nos a esperar uma vida melhor; alenta-nos para que fora da cena, do poema ou da imagem o ser humano possa viver de uma maneira melhor que a que a obra nos mostra. O que julgamos ante a sorte do personagem, suas situações, seus conflitos, sua evolução na trama e a intencionalidade das palavras, mostrado em uma tragédia clássica ou em uma videoinstalação, passa pelo modelo de ser humano que todos desejamos como paradigma de humanidade. Este é o último benefício que queria destacar da experiência da arte como vivência de ócio: sua dimensão ética e seu valor para nosso desenvolvimento humano.

As emoções estéticas nos fazem sentir a obra, mas também compreender e julgar. A dor de outro ser humano pode ser a nossa, somos capazes de torná-la nossa; na experiência estética nos colocamos em seu lugar, no lugar do semelhante: "E você, o que faria se estivesse nessa situação?". Essa pergunta revela que a experiência estética tem uma dimensão ética, porque nos ajuda a questionar nossa postura diante de uma determinada situação e a tomar partido.

Jorge Semprún, em *El largo viaje* [A longa viagem], lembra as terríveis condições das crianças nos campos de concentração, onde a crueldade se torna ainda mais dura e corrosiva aplicada às crianças. Ainda sob a forma estética, na qual a beleza pode distrair a finalidade da denúncia[390], o texto mostra claramente a crueldade:

> Um dia, num daqueles vagões em que havia sobreviventes, ao afastarem o monte de cadáveres congelados e colados uns aos outros, descobriram um grupo de crianças judias. De repente, na plataforma da estação, sobre a neve entre as árvores cobertas de neve, havia um grupo de crianças judias, por volta de quinze, olhando em volta com expressão atônita, olhando para os cadáveres amontoados como toras empilhadas na beira da estrada à espera de serem transportadas, olhando as árvores e a neve sobre as árvores, olhando como só as crianças sabem olhar.
> [...]
> Os S.S. voltaram em tropel, como que obedecendo a instruções precisas, ou quem sabe tivessem recebido carta-branca, já autorizados a improvisar o modo de massacrar aquelas crianças. Seja como for, voltaram em tropel, com cães, rindo alto, gritando gracejos que os faziam explodir em gargalhadas. Formaram um semicírculo e empurraram à sua frente, ao longo da grande avenida, aquelas quinze crianças judias. Lembro como os garotos olhavam a seu redor, olhavam para os S.S., talvez ainda pensando que simplesmente estavam sendo escoltados para o campo, como tinham visto fazer com os mais velhos havia pouco. Mas os S.S. soltaram os cães e começaram a bater nas crianças com seus cassetetes para obrigá-las a correr e dar início à caçada na grande avenida, àquela caçada que acabavam de inventar ou que haviam sido instruídos a organizar, e as crianças judias, sob os golpes de cassetete, acossadas pelos cachorros saltando em volta, mordendo-lhes as pernas, sem latir nem rosnar, como cães amestrados, as crianças judias puseram-se a correr em direção aos portões do campo. Talvez ainda não tivessem entendido o que as aguardava, pensando talvez que se tratasse apenas de uma última humilhação antes que as deixassem entrar no campo. E as crianças corriam, com seus bonés de grande pala encasquetados até às orelhas, e suas pernas se moviam desajeitadas, ao

---

[390] Jaime Vándor, *Al filo del holocausto*, Barcelona: Invisibles, 2013, p.122.

mesmo tempo apressadas e lentas, como nos velhos filmes mudos, como nos pesadelos em que você corre com todas as forças sem conseguir avançar um passo, com aquilo que o persegue a um triz de alcançá-lo, e já o alcança, e você acorda coberto de suor frio; e aquilo, aquela matilha de cães e de S.S. correndo no encalço das crianças judias logo devora as mais fracas, que não deviam passar dos oito anos, aquelas que primeiro ficaram sem forças para fugir, que foram derrubadas, pisoteadas, espancadas no chão, e que permaneciam estendidas ao longo da avenida, demarcando com seus corpos magros destroçados o avanço daquela caçada, daquela matilha que as perseguia. Logo restaram apenas duas, uma maior, outra menor, que tinham perdido os bonés na corrida desesperada, e seus olhos brilhavam como pedras de gelo no rosto cinza, e a menor já começava a perder terreno, os S.S. urrando atrás delas, e os cães começaram também a urrar, enlouquecidos com o cheiro a sangue, e então o garoto mais velho retardou o passo para pegar na mão do menor, que já tropeçava, e correram ainda mais alguns metros, juntos, a mão direita do mais velho apertando a mão esquerda do mais novo, sempre em frente, até tombarem sob os golpes, juntos, de cara no chão, as mãos cerradas para sempre. Os S.S. reuniram os cães, que latiam, e desandaram o caminho disparando à queima-roupa na cabeça de cada uma das crianças caídas na grande avenida, sob o olhar vazio das águias hitleristas.[391]

O impressionante texto de Semprún é impactante em um grau máximo por sua crueldade radical e porque o leitor sabe que a experiência narrada realmente aconteceu nos campos de extermínio. O autor-testemunha põe diante de nossos olhos o mal extremo, neste caso nutrido nas crianças. M. Teresa López de la Vieja destacou a especificidade dessa literatura para conservar a memória do sofrimento, seu valor como forma de conhecimento e sua riqueza ética, já que favorece um questionamento mais reflexivo e crítico sobre formas de vida e fatos do passado[392].

Tive a oportunidade de conhecer, em Berlim, o Museu Judaico, projeto do arquiteto Daniel Libeskind. O edifício foi pensado para que o

---

[391] Jorge Semprún, *El largo viaje*, Barcelona: Seix Barral, 1978, pp.192-4.
[392] María Teresa López de la Vieja, *Ética y literatura*, Madrid: Tecnos, 2003.

visitante viva uma experiência e se aproxime vitalmente dos sofrimentos dos judeus, durante sua perseguição e morte nos campos de extermínio. Os corredores foram desenhados de tal forma que o piso e os efeitos ópticos ajudem a reviver as histórias dos emigrantes judeus. O mesmo ocorre na torre do Holocausto, preparada fisicamente para que possamos reviver a experiência. Trata-se de uma sala de concreto, fria e escura. O visitante, colado à parede e em silêncio, se aproxima do sentimento de horror, medo, desolação e desorientação total que os prisioneiros devem ter sentido nos campos. Transitar por este museu é realmente uma experiência de ócio estético de grande intensidade. O túnel que desemboca no subsolo foi projetado para desorientar quem o percorre com corredores escalonados e mal iluminados. Um desses corredores leva à torre do Holocausto; outro, ao jardim do Exílio. A torre do Holocausto é uma pequena construção em uma planta em forma de quadrilátero, e suas fachadas são de concreto aparente. Possui somente uma abertura vertical no teto. Por ela penetra um pouco de luz e se escutam os ruídos do exterior. Todos esses elementos arquitetônicos convidam o visitante a aproximar-se, por um momento, das condições em que viveram os judeus na Alemanha nazista.

Talvez seja na experiência da dor que mais sentimos empaticamente o outro. Somos mais sensíveis ao sofrimento e à precariedade do outro do que a suas alegrias e prazeres. "Sou homem, a nenhum outro homem considero estranho"; com estas palavras Unamuno inicia sua obra *O sentimento trágico da vida*. Corrige assim a célebre frase de Terêncio, substituindo o adjetivo "humano" pelo substantivo concreto. O filósofo se refere ao homem concreto, quer dizer, à mulher e ao homem de carne e osso, que nasce, sofre e morre; o outro eu, o verdadeiro irmão. Para Unamuno, descobrir o outro é descobrir a secreta precariedade do homem na existência; é um olhar compassivo de um horizonte comum de sofrimento. Talvez ninguém como ele tenha encontrado imagens mais radicais para mostrar o drama de quem vê no outro um puro e real "outro eu".

A história do século xx também nos deixou exemplos heroicos de pessoas que, em situações-limite, ajudaram os outros. Termino essa seção com um depoimento de Viktor Frankl:

Enquanto andávamos aos tropeções por quilômetros, escorregando no gelo e nos apoiando continuamente um no outro, não dissemos palavra, mas ambos sabíamos: cada um pensava em sua mulher. De vez em quando, eu erguia os olhos para o céu e via as estrelas se apagarem no primeiro albor rosáceo da manhã que começava a aparecer atrás de uma escura franja de nuvens. Mas minha mente se aferrava à imagem de minha mulher, a quem vislumbrava com estranha precisão. Eu a ouvia a me responder, a via sorrindo para mim com seu olhar franco e cordial. Real ou não, seu olhar era mais luminoso que o sol do amanhecer. Um pensamento me petrificou: pela primeira vez em minha vida compreendi a verdade contida nos versos de tantos poetas e proclamada na sabedoria definitiva de tantos pensadores. A verdade de que o amor é a meta última e mais alta a que o homem pode aspirar. Foi então que aprendi o significado do maior de todos os segredos que a poesia, o pensamento e a crença humana tentam comunicar: a salvação do homem está no amor e através do amor. Compreendi como o homem, privado de tudo neste mundo, ainda pode conhecer a felicidade – ainda que apenas momentaneamente – se contemplar o ser querido. Quando o homem se encontra em uma situação de total desolação, sem poder se expressar por meio de uma ação positiva, quando seu único objetivo é limitar-se a suportar os sofrimentos corretamente – com dignidade –, esse homem pode, enfim, realizar-se na amorosa contemplação da imagem do ser querido. Pela primeira vez em minha vida, podia compreender o significado das palavras: "Os anjos se perdem na contemplação perpétua da glória infinita".[393]

A transcendência crítica é a aposta ética da experiência de ócio estético, como vimos no final do segundo capítulo. Assinalei ali, a propósito do teatro, que a transformação do espectador é um processo marcado pela dimensão temporária da representação e o impacto que esta provoca naquele. O desafio ético se abre para além da experiência vivida no teatro e nos convida à ação, à consecução de uma vida mais digna e justa para todos. Talvez seja esse o benefício mais ambicioso e, ao mesmo tempo, mais fecundo da arte. Em muitos casos, a experiência estética apela para

---

[393] Viktor Frankl, *El hombre en busca de sentido,* Barcelona: Herder, 1981, pp. 63-4.

a consciência moral da pessoa que a vive. É obvio que não estou aludindo à tese ou lição moral que possa conter. Não se trata desse nível didático. Reside no apelo ao espectador que a obra faz e na ação transformadora que opera nele. O espectador não pode ficar moralmente alheio à proposta da obra. O valor moral reside na razão, nela e não nas ações ou nos resultados. Por isso, no ato de compreensão estética o receptor julga com a lei de sua razão, que lhe proporciona uma máxima de ação elevada em nível geral: "Age de tal forma que a máxima de tua vontade possa sempre valer como um princípio de legislação universal"[394]. Kant nos lembra de que devemos agir de maneira que a máxima de nossa conduta possa ser, em todo momento, princípio objetivo ou lei universal. Não impõe um conteúdo determinado, mas uma forma que respeita a humanidade na pessoa do outro e lembra que o ser humano é um fim em si. A experiência da obra leva consigo o convite a um julgamento implícito que culmina na pergunta: "E você, o que faria, se estivesse nessa situação?". Esta questão que nos interroga mostra que a experiência de ócio estético nos convida a um espaço ético. O que julgamos diante da sorte do personagem, de suas situações, seus conflitos, sua evolução na trama e a intencionalidade das palavras, contrasta com o modelo de ser humano que todos queremos como paradigma de humanidade.

A arte ilumina nossa condição humana, tornando-nos partícipes de uma experiência comum que vivenciamos e compreendemos. A emoção estética não é instintiva, cega, psicossomática; é emoção e compreensão, e é ética e, ao mesmo tempo, estética.

A experiência da arte é um encontro com os outros em um horizonte de liberdade; um encontro que requer a cortesia de uma recepção honesta e que nos permita estabelecer um laço de comunicação com o autor. Este vínculo ganha um novo sentido no horizonte do sentimento compartilhado de humanidade que nos une como seres humanos; esse sentimento possibilita a compreensão da obra e nos abre à compreensão do outro e ao reconhecimento da natureza humana no espelho criado que a arte nos mostra.

---

[394] Immanuel Kant, *Crítica de la razón práctica*, Buenos Aires: Losada, 1968.

BIBLIOGRAFIA

ACHÚCARRO, Joaquín. Entrevista. *El Correo*, Bilbao, 24 out. 1999.
_____. Entrevista a César Coca em "Territorios". *El Correo*, Bilbao, 2010.
AGOSTINHO, Santo. *Confesiones*. Madrid: Alianza, 1999.
ALBERTI, Rafael. *A la pintura*. Buenos Aires: Losada, 1976.
ALEIXANDRE, Vicente. *Obras completas*. Madrid: Aguilar, 1968.
ALMARZA, Juan Manuel; SORIA, Fernando. *Arte contemporáneo y sociedad*. Salamanca: San Esteban, 1982.
AMIGO, María Luisa. *El arte como vivencia de ocio*. Bilbao: Universidad de Deusto, 2000.
_____ et al. "La literatura cauce de humanismo. Algunas propuestas de la narrativa del siglo XX: Borges, Kundera y Muñoz Molina". Em: *Humanismo para el siglo XXI*, edição em CD. Bilbao: Universidad de Deusto, 2003.
_____. "El ocio como desarrollo humano: beneficios de la experiencia del ocio. Algunas reflexiones en torno a la 50ª Bienal de Venecia de 2003". Em: LÁZARO FERNÁNDEZ, Yolanda (org.). *Ocio, inclusión y discapacidad*. Bilbao: Universidad de Deusto, 2004, pp. 349-74.
_____. "Estética del ocio". Em: CUENCA, Manuel (org.). *Aproximación multidisciplinar a los estudios de ocio*. Bilbao: Universidad de Deusto, 2006, pp. 41-58.
_____. *Bilbao, un encuentro con el arte*. Bilbao: Beta, 2007.
_____. *Las ideas de ocio estético en la filosofía de la Grecia clásica*. Bilbao: Universidad de Deusto, 2008.
_____. *Experiencias de ocio estético: el gozo de la sensibilidad, la inteligencia y la conciencia*. Instituto de Estudios de Ocio. Bilbao: Universidad de Deusto, 2010.
_____. "Espiritualidad y belleza de la obra de Gaudí". *Mensajero*, nº 1421, 2011, pp. 24-6.
_____; CUENCA AMIGO, Jaime. "La creatividad como cauce de transformación social. Contribuciones de las vanguardias históricas". Em: AHEDO, Ruth; BAYÓN, Martín Fernando (org.). *OcioGune 2011. Ocio e innovación social: hacia un ocio comprometido con el desarrollo humano*. Bilbao: Universidad de Deusto; Instituto de Estudios de Ocio, 2011, pp. 43-54.

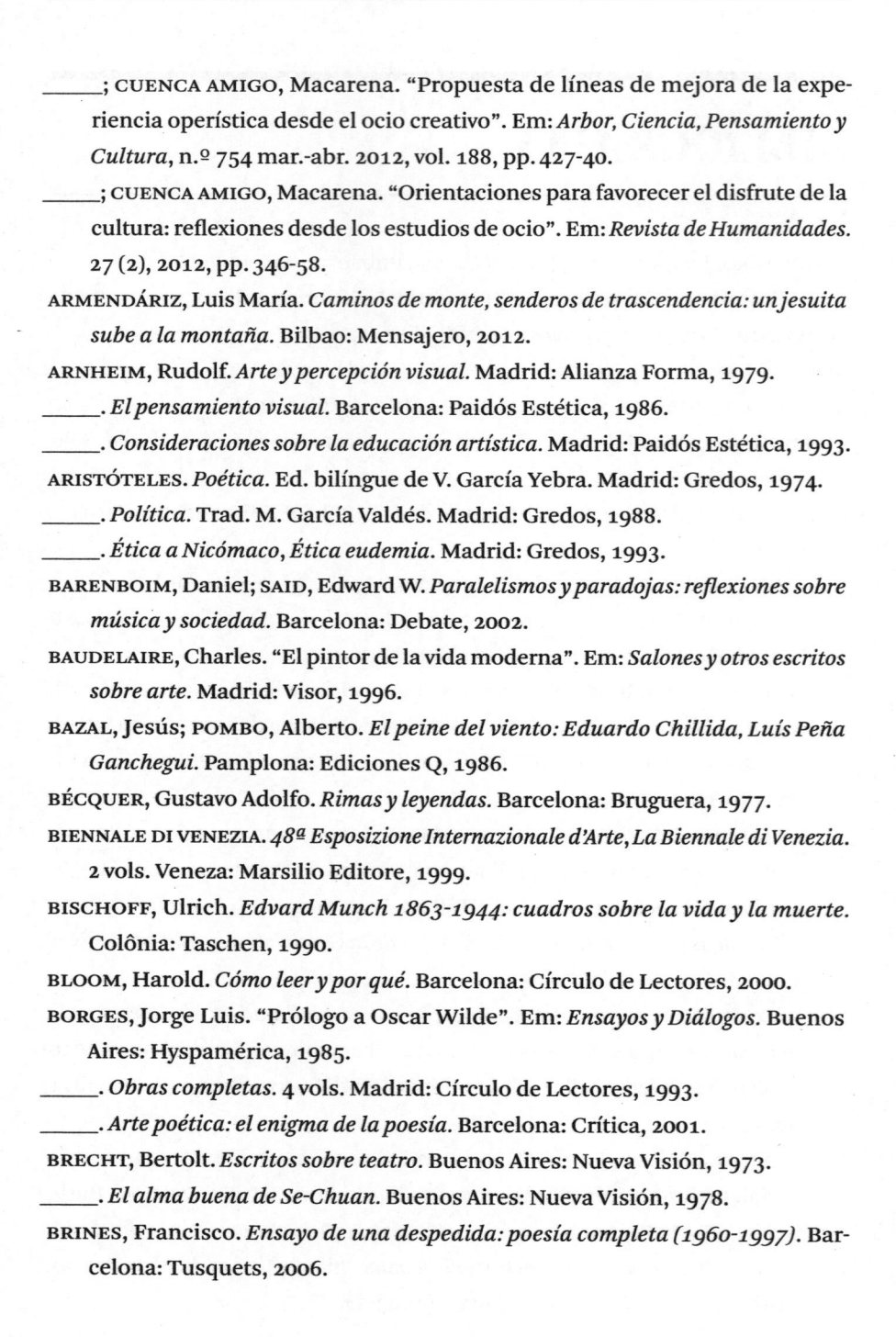

_____; CUENCA AMIGO, Macarena. "Propuesta de líneas de mejora de la experiencia operística desde el ocio creativo". Em: *Arbor, Ciencia, Pensamiento y Cultura*, n.º 754 mar.-abr. 2012, vol. 188, pp. 427-40.

_____; CUENCA AMIGO, Macarena. "Orientaciones para favorecer el disfrute de la cultura: reflexiones desde los estudios de ocio". Em: *Revista de Humanidades*. 27 (2), 2012, pp. 346-58.

ARMENDÁRIZ, Luis María. *Caminos de monte, senderos de trascendencia: un jesuita sube a la montaña*. Bilbao: Mensajero, 2012.

ARNHEIM, Rudolf. *Arte y percepción visual*. Madrid: Alianza Forma, 1979.

_____. *El pensamiento visual*. Barcelona: Paidós Estética, 1986.

_____. *Consideraciones sobre la educación artística*. Madrid: Paidós Estética, 1993.

ARISTÓTELES. *Poética*. Ed. bilíngue de V. García Yebra. Madrid: Gredos, 1974.

_____. *Política*. Trad. M. García Valdés. Madrid: Gredos, 1988.

_____. *Ética a Nicómaco, Ética eudemia*. Madrid: Gredos, 1993.

BARENBOIM, Daniel; SAID, Edward W. *Paralelismos y paradojas: reflexiones sobre música y sociedad*. Barcelona: Debate, 2002.

BAUDELAIRE, Charles. "El pintor de la vida moderna". Em: *Salones y otros escritos sobre arte*. Madrid: Visor, 1996.

BAZAL, Jesús; POMBO, Alberto. *El peine del viento: Eduardo Chillida, Luís Peña Ganchegui*. Pamplona: Ediciones Q, 1986.

BÉCQUER, Gustavo Adolfo. *Rimas y leyendas*. Barcelona: Bruguera, 1977.

BIENNALE DI VENEZIA. *48ª Esposizione Internazionale d'Arte, La Biennale di Venezia*. 2 vols. Veneza: Marsilio Editore, 1999.

BISCHOFF, Ulrich. *Edvard Munch 1863-1944: cuadros sobre la vida y la muerte*. Colônia: Taschen, 1990.

BLOOM, Harold. *Cómo leer y por qué*. Barcelona: Círculo de Lectores, 2000.

BORGES, Jorge Luis. "Prólogo a Oscar Wilde". Em: *Ensayos y Diálogos*. Buenos Aires: Hyspamérica, 1985.

_____. *Obras completas*. 4 vols. Madrid: Círculo de Lectores, 1993.

_____. *Arte poética: el enigma de la poesía*. Barcelona: Crítica, 2001.

BRECHT, Bertolt. *Escritos sobre teatro*. Buenos Aires: Nueva Visión, 1973.

_____. *El alma buena de Se-Chuan*. Buenos Aires: Nueva Visión, 1978.

BRINES, Francisco. *Ensayo de una despedida: poesía completa (1960-1997)*. Barcelona: Tusquets, 2006.

BUERO VALLEJO, Antonio. "La tragedia". Em: *El teatro: enciclopedia del arte escénico*. Barcelona: Noguer, 1958.

_____. *El tragaluz*. Madrid: Escelicer, 1969.

_____. *Tres maestros ante el público: Valle-Inclán, Velázquez, Lorca*. Madrid: Alianza, 1973.

_____. *Obra completa*. Edição crítica de Luis Iglesias Feijoo e Mariano de Paco, 2 vols. Madrid: Espasa-Calpe, 1994.

CAMUS, Albert. *El mito de Sísifo. El hombre rebelde*. Buenos Aires: Losada, 1953.

CARIDE, José Antonio. "Lo que el tiempo educa: el ocio como construcción pedagógica y social". Em: *Arbor, Ciencia, Pensamiento y Cultura*, nº 754 mar.-abr. 2012, vol. 188. pp. 301-13.

CASSIRER, Ernst. *Antropología filosófica*. México: Fondo de Cultura Económica, 1971.

CELAYA, Gabriel. *Poesía y verdad*. Barcelona: Planeta, 1979.

_____. *Poesía*. Introdução de seleção de Ángel González. Madrid: Alianza, 1977.

CERNUDA, Luis. *Ocnos*. Barcelona: Seix Barral, 1977.

_____. *La realidad y el deseo*. Barcelona: Círculo de Lectores, 2002.

CÉZANNE, Paul. "Testimonios de Paul Cézanne". Em: *La pintura contemporánea en el Museo Thyssen-Bornemisza: guía didáctica,* Madrid: Fundación Colección Thyssen-Bornemisza, 1993.

CHARNEY, Noah. *El ladrón de arte*. Barcelona: Seix Barral, 2007.

CHILLIDA, Eduardo. *Escritos*. Madrid: La Fábrica, 2005.

CHILLIDA, Susana (org.). *El elogio del horizonte: conversaciones con Eduardo Chillida*. Barcelona: Destino, 2003.

CONGDON, William; RATZINGER, Joseph. *El sábado de la historia*. Madrid: Encuentro, 1998.

CORTÁZAR, Julio. *Histórias de cronópios e famas*. Trad. Glória Rodriguez. São Paulo: Civilização Brasileira, 2009.

CORTINA, Adela. "Valores morales y comportamiento social". Em: GARCÍA DE CORTÁZAR, Fernando (org.). *El siglo XX: mirando hacia atrás para ver hacia delante. Papeles de la Fundación para el Análisis y los Estudios Sociales*, nº 60. Madrid: 2001, pp. 319-45.

CORREDOR, José María. *Conversaciones con Pablo Casals*. Buenos Aires: Sudamericana, 1955.

CREMADES, Raúl; ESTEBAN, Ángel. *Cuando llegan las musas: cómo trabajan los grandes maestros de la literatura.* Madrid: Verbum, 2016.

CSIKSZENTMIHALYI, Mihaly. *Creatividad: el fluir y la psicología del descubrimiento y la invención.* Barcelona: Paidós, 1998.

_____. *Fluir. Una psicología de la felicidad.* Barcelona: Kairós, 2008.

CUENCA AMIGO, Jaime. "Muerte en Venecia, un drama metafísico". Em: *Anthropos. Thomas Mann: la estética y la escritura, lucidez indagadora de los abismos de la modernidad,* nº 210 (monográfico), 2006, pp. 233-48.

_____. *El valor de la experiencia de ocio en la modernidad tardía: génesis y condiciones de posibilidad.* Bilbao: Universidad de Deusto, 2012.

_____; LANDABIDEA, Xabier. "El ocio mediático y la transformación de la experiencia en Walter Benjamín: hacia una comprensión activa del sujeto receptor". Em: *Inguruak. Revista Vasca de Sociología y Ciencia Política,* número especial: *Sociedad e Innovación en el Siglo XXI,* 2010, pp. 25-40.

CUENCA AMIGO, Macarena. *La creación y desarrollo de públicos de la ópera en Europa: análisis y propuesta de mejora desde los estudios de ocio.* Tese de doutoramento, Bilbao: Universidad de Deusto, 2010.

CUENCA, Manuel. *Córdoba y la leyenda de los infantes de Lara.* Córdoba: Cajasur, 1988.

_____. *Temas de pedagogía del ocio.* Bilbao: Universidad de Deusto, 1995.

_____. *Ocio y formación: hacia la equiparación de oportunidades mediante la educación del ocio.* Bilbao: Universidad de Deusto, 1999.

_____. *Ocio humanista: dimensiones y manifestaciones actuales del ocio.* Bilbao: Universidad de Deusto, 2000.

_____. *Pedagogía del ocio.* Bilbao: Universidad de Deusto, 2004.

_____ (org.). *Aproximación multidisciplinar a los estudios de ocio.* Bilbao: Universidad de Deusto, 2006.

_____; AGUILAR, Eduardo; ORTEGA, Cristina. *Ocio para innovar.* Bilbao: Universidad de Deusto, 2010.

_____. "Aproximación a las experiencias culturales desde los planteamientos del ocio humanista: pautas para una profundización cualitativa". Em: ORTEGA, Cristina. *Nuevos desafíos de los observatorios culturales* (pp. 19-48). Bilbao: Universidad de Deusto, 2011a.

_____. "Valores que dimanan del ocio humanista". Em: MADARIAGA, Aurora; CUENCA AMIGO, Jaime (org.). *Los valores del ocio: cambio, choque e innovación.*

Bilbao: Universidad de Deusto, 2011b, pp. 17-47. (*Documentos de Estudios de Ocio*, nº 43.)

_____; GOYTIA, Ana. "Ocio experiencial: antecedentes y características". Em: *Arbor: Ciencia, Pensamiento y Cultura*, nº 754, mar.-abr., 2012, vol. 188, pp. 265-81.

_____; LÁZARO, Yolanda; AMIGO, María Luisa; CUENCA, Jaime. "Ocio experiencial en la universidad: el programa multigeneracional Cultura y Solidaridad". Em: *Revista de Ciencias de la Educación*, nº 225-6, 2011, pp. 251-69.

_____. "Ocio valioso en tiempo de crisis". Em: TORÍO, Susana *et alii* (org.). *Crisis social y el estado del bienestar: las respuestas de la pedagogía social*. Oviedo: Universidad de Oviedo, 2013, pp. 5-20.

DANTO, Arthur. *El abuso de la belleza*. Madrid: Paidós, 2005.

DEWEY, John. *El arte como experiencia*. México: Fondo de Cultura Económica, 1949.

DIEGO, Gerardo. *Poesía española, Antología*. Madrid: Signo, 1934.

DÍEZ, Mateo. "Recurrir a la literatura solo para entretenerse es perder el tiempo". *El Diario Vasco*. San Sebastián: 2006. Disponível em: www.diariovasco.com/prensa/20061006/cultura/recurrir-literatura-solo-para_20061006.html. Acesso em: 27 fev. 2018.

DUFRENNE, Mikel. *Fenomenología de la experiencia estética*. Valencia: Fernando Torres, 1982.

DURRELL, Lawrence. *Justine (El cuarteto de Alejandría, I)*. Barcelona: Edhasa, 2000.

ECO, Umberto. *Obra abierta*. Barcelona: Ariel, 1979.

_____. *Apocalípticos e integrados*. Barcelona: Lumen, 1984.

_____. *Interpretación y sobreinterpretación*. Cambridge: Cambridge University Press, 1995.

_____. *Historia de la belleza*. Barcelona: Lumen, 2004.

ECHARRI, Jaime. *Filosofía fenoménica de la naturaleza*. Bilbao: Universidad de Deusto, 1990.

EISNER, Elliot W. *Educar la visión artística*. Barcelona: Paidós, 1995.

_____. *El arte y la creación de la mente: el papel de las artes visuales en la transformación de la conciencia*. Barcelona: Paidós, 2005.

FAHR-BECKER, Gabriele. *El modernismo*. Barcelona: Konemann, 1996.

FERNÁNDEZ ALBA, Antonio. *La metrópoli vacía: aurora y crepúsculo de la arquitectura en la ciudad moderna*. Barcelona: Anthropos, 1990.

_____. *Formas de mirar en el arte actual*. Madrid: Edilupa, 2004.

FICHTE, Hubert. "Entrevista con Jean Genet". Em: *Quimera*, Madrid, 16 fev. 1982.

FORSTER, Edward M. *Alejandría*. Epílogo e notas de Michael Haag. Barcelona: Seix Barral, 1984.
FRANCASTEL, Pierre. *El impresionismo*. Barcelona: Bruguera, 1983.
_____. *La realidad figurativa*. 2 vols. Barcelona: Paidós, 1988.
FRANKL, Viktor. *El hombre en busca de sentido*. Barcelona: Herder, 1981.
FRANK, Anne. *Diario*. Barcelona: Plaza y Janés, 1982.
GADAMER, Hans-Georg. *Verdad y método*. Salamanca: Sígueme, 1977.
_____. *Estética y hermenéutica*. Madrid: Tecnos, 1996.
GALA, Antonio. *En propia mano*. Madrid: Espasa-Calpe, 1983.
_____. *Córdoba de Gala*. Textos e seleção de Ana Padilla. Córdoba: Caja de Ahorros de Córdoba, 1993.
_____. Entrevista. *El País Semanal*. Madrid, 2 dez. 1995, nº 250.
GAMONEDA, Antonio. *Arden las pérdidas*. Barcelona: Tusquets, 2003.
_____. *La voz de Antonio Gamoneda: poesía en la Residencia*. Madrid: Publicaciones de la Residencia de Estudiantes, 2004.
_____. *Un armario lleno de sombra*. Barcelona: Galaxia de Gutenberg, 2009.
GARCÍA LORCA, Federico. *Obras completas*. Madrid: Aguilar, 1968.
GARCÍA MONTERO, Luis; MUÑOZ MOLINA, Antonio. *¿Por qué no es útil la literatura?* Madrid: Hiperión, 1993.
GARDNER, Howard. *Educación artística y desarrollo humano*. Barcelona: Paidós Educador, 1994.
_____. *Mentes creativas: una anatomía de la creatividad*. Barcelona: Paidós, 2010.
_____. *Verdad, belleza y bondad reformuladas: la enseñanza de las virtudes en el siglo XXI*. Barcelona: Paidós, 2011.
GAUGUIN, Paul. *Escritos de un salvaje*. Madrid: Debate, 1989.
GIESZ, Ludwig. *Fenomenología del kitsch*. Barcelona: Tusquets, 1973.
GODBEY, Geofrey. "El ocio y la celebración de la vida". Em: CUENCA, Manuel. *Ocio y desarrollo humano. Documentos de Estudios de Ocio*, nº 18. Bilbao: Universidad de Deusto, 2000, pp. 25-35.
GOETHE, Johann Wolfgang. *Poesía y verdad*. Barcelona: Alba, 1999.
_____. *Viaje a Italia*. Barcelona: Zeta, 2009.
GOMBRICH, Ernst Hans. *Historia del Arte*, III. Barcelona: Garriga, 1995.
GONZÁLEZ GARCÍA, Ángel; CALVO SERRALLER, Francisco; MARCHÁN FIZ, Simón. *Escritos de arte de vanguardia 1900-1945*. Madrid: Turner Orbegozo, 1979.
GOODMAN, Nelson. *Los lenguajes del arte*. Seix Barral, Barcelona, 1976.

_____. *Maneras de hacer mundos*. Madrid: Visor, 1990.
GOYTIA, Ana. *Los rostros de Ulysses: modelo para el análisis de turistas en función de la experiencia de ocio*. Saarbrücken: Dr. Müller, 2008.
GOYTISOLO, José Agustín. *Poesía*. Edição de Carme Riera. Madrid: Cátedra, 1999.
GRASS, Günter. *Escribir después de Auschwitz*. Barcelona: Paidós, 1999.
GUILADI, Yael. *El amor de Spinoza*. Barcelona: Edhasa, 2007.
GÓMEZ DE AVELLANEDA, Gertrudis *et alii*. *Cuentos y novelas de Bilbao*. Prefácio de Juan Bas. Barcelona: FNAC, 2007.
GUILLÉN, Jorge. *Cántico*. Buenos Aires: Sudamericana, 1973.
_____. *Final*. Madrid: Castalia, 1989.
HAUSER, Arnold. *Sociología del arte*. Barcelona: Labor, 1977.
HEGEL, Georg Wilhelm Friedrich. *Estética*. 2 vols. Barcelona: Península, 1989.
HERNÁNDEZ, Miguel. *Poemas*. Barcelona: Plaza y Janés, 1967.
_____. *Obras completas*. Madrid: RBA-Instituto Cervantes, 2005.
HOFMANN, Werner. *Los fundamentos del arte moderno*. Barcelona: Península, 1992.
HOSPERS, John. *Significado y verdad en las artes*. Valencia: Fernando Torres, 1980.
HUIDOBRO, Vicente. *Obras completas de Vicente Huidobro*, 1. Santiago de Chile: Andrés Bello, 1976.
INSTITUTO DE ESTUDIOS DE OCIO. *Manifiesto por un ocio valioso para el desarrollo humano*. Bilbao: Universidad de Deusto, 2013. Disponível em: www.unisinos. br/otium/wp-content/uploads/2017/01/Manifiesto-por-un-Ocio-Valioso-para--el-Desarrollo-Humano.pdf. Acesso em: 29 maio 2018.
JANOUCH, Gustav. *Conversaciones con Kafka*. Barcelona: Fontanella, 1969.
JAUSS, Hans Robert. *Experiencia estética y hemenéutica literaria: ensayos en el campo de la experiencia estética*. Madrid: Tauros, 1986.
JIMÉNEZ, José. *Imágenes del hombre: fundamentos de estética*. Madrid: Tecnos, 1986.
_____ (org.). *El nuevo espectador*. Madrid: Visor-Fundación Argentaria, 1998.
JIMÉNEZ, Juan Ramón. *El trabajo gustoso (Conferencias)*. México: Aguilar, 1961.
_____. *El modernismo: notas de un curso (1953)*. Madrid: Aguilar, 1962.
_____. *La corriente infinita*. Madrid: Aguilar, 1966.
_____. *Estética y ética estética*. Madrid: Aguilar, 1967.
_____. *Libros de prosa, 1*. Madrid: Aguilar, 1969.
_____. *Crítica paralela*. Madrid: Narcea, 1975.
_____. *La obra desnuda*. Edição de Arturo del Villar. Sevilla: Aldebarán, 1976.

_____. *Historias y cuentos*. Barcelona: Bruguera, 1979.

_____. *La realidad invisible (1917-1920-1924)*. Edição crítica de Antonio Sánchez--Romeralo. Londres: Tamesis Book, 1983a.

_____. *Alerta*. Introdução e notas de Francisco Javier Blasco. Salamanca: Universidad de Salamanca, 1983b.

_____. *Ideolojía (1897-1957)*. Reconstrução, estudo e notas de Antonio Sánchez--Romeralo. Barcelona: Anthropos, 1990a.

_____. *Y para recordar por qué he venido*. Valencia: Pre-Textos, 1990b.

_____. *Lírica de una Atlántida*. Edição de Alfonso Alegre. Madrid: Círculo de Lectores, 1999.

_____. *Obra poética*. Edição de Javier Blasco e Teresa Gómez Trueba, 2 vols. Madrid: Espasa-Calpe, 2005.

JUAN DE LA CRUZ, San. *Obras de San Juan de la Cruz*. Madrid: Aldus, 1943.

KANDINSKY, Wassily. *De lo espiritual en el arte*. Barcelona: Barral-Labor, 1981.

KANT, Immanuel. *Crítica de la razón práctica*. Buenos Aires: Losada, 1968.

_____. *Crítica del juicio*. México: Editorial Nacional, 1973 [1790].

KAVÁFIS, Konstantinos. *Poesías completas*. Trad. José Mª Álvarez. Madrid: Hiperión, 1976.

KLEIBER, Douglas A. "La intervención para el desarrollo y la educación del ocio: una perspectiva/visión a lo largo de la vida". Em: DE LA CRUZ, Cristina (org.). *Educación del ocio. Documentos de Estudios de Ocio,* nº 23. Bilbao: Universidad de Deusto, 2002, pp. 69-83.

KUNDERA, Milan. *El arte de la novela*. Barcelona: Tusquets, 1986a.

_____. *La insoportable levedad del ser*. Barcelona: Tusquets, 1986b.

LÉGER, Ferrnand. *Funciones de la pintura*. Madrid: Cuadernos para el Diálogo, 1975.

LESSING, Gotthold Ephraim. *Laocoonte o los límites de la pintura y la poesía*. Madrid: Tecnos, 1990.

LÓPEZ DE LA VIEJA, María Teresa. *Ética y literatura*. Madrid: Tecnos, 2003.

LÓPEZ QUINTÁS, Alfonso. *La formación por el arte y la literatura*. Madrid: Rialp, 1993.

_____. *Estética de la creatividad*. Madrid: Rialp, 1998.

_____. *Estética musical*. Valencia: Rivera Editores, 2005.

MACHADO, Antonio. *Poesías completas,* 1 e *Prosas completas,* 11. Ed. crítica de Oreste Macrí. Madrid: Espasa-Calpe, 1988.

MACHADO, Manuel. *El mal poema y otros versos*. Granada: Biblioteca de la Cultura Andaluza, 1984.
MAGRIS, Claudio. *El infinito viajar*. Barcelona: Anagrama, 2008.
MAHLER-WERFEL, Alma. *Mi vida*. Barcelona: Tusquets, 1984.
MALEVITCH, Kazimir. *El nuevo realismo plástico*. Madrid: Comunicación, 1975.
MANGUEL, Alberto. *Una historia de la lectura*. Madrid: Alianza, 1988.
MANFREDI, Valerio Massimo. *Akropolis*. Barcelona: Debolsillo, 2003.
MANN, Thomas. *La muerte en Venecia*. Barcelona: Planeta, 1966.
MARCHÁN FIZ, Simón. *La estética en la cultura moderna: de la ilustración a la crisis del estructuralismo*. Barcelona: Gustavo Gili, 1982.
_____. *Del arte objetual al arte del concepto*. Madrid: Akal, 1986.
MARCUSE, Herbert. *La dimensión estética del hombre*. Barcelona: Materiales, 1978.
MARÍ, Antoni. *La vida de los sentidos: fragmentos de una unidad perdida*. Barcelona: Tusquets, 2006.
MARINA, José Antonio. *Dictamen sobre Dios*. Barcelona: Anagrama, 2001.
_____; VÁLGOMA, María de la. *La magia de escribir*. Barcelona: Plaza y Janés, 2007.
MATISSE, Henri. *Sobre arte*. Barcelona: Barral, 1978.
MAYORAL, Marina. "The Rothko Chapel". Em: *MUSA (Revista de los Museos de Andalucía)*, nº 12, maio 2010, pp. 6-8.
MICHAUD, Yves. *El arte en estado gaseoso*. México: Fondo de Cultura Económica, 2007.
MIRÓ, Gabriel. *El humo dormido*. Madrid: Cátedra, 1978.
MOLINUEVO, José Luis. *La experiencia estética moderna*. Madrid: Síntesis, 1998.
MONDRIAN, Piet. *Realidad natural y realidad abstracta*. Barcelona: Barral, 1973.
_____. *La nueva imagen en la pintura*. Murcia: Colegio Oficial de Aparejadores y Arquitectos Técnicos, 1983.
MONTEAGUDO, María Jesús. "Reconstruyendo la experiencia de ocio: características, condiciones de posibilidad y amenazas en la sociedad de consumo". Em: MONTEAGUDO, María Jesús (org.). *La experiencia de ocio: una mirada científica desde los estudios de ocio*. Documentos de Estudios de Ocio, nº 35. Bilbao: Universidad de Deusto, 2011, pp. 81-110.
_____. *Los itinerarios de ocio deportivo: estudio de los jóvenes de Bizkaia*. Tese de doutoramento. Bilbao: Universidad de Deusto, 2011.
MORENO VILLA, J. *Poesías completas*. Edição de Juan Pérez de Ayala. Madrid: El Colegio de México; Residencia de Estudiantes, 1998.

MUÑOZ MOLINA, Antonio. *Córdoba de los Omeyas*. Barcelona: Planeta, 1991.
_____. *Pura alegría*. Madrid: Alfaguara, 1998.
_____. *Sefarad*. Madrid: Alfaguara, 2001.
_____. *Ventanas de Manhattan*. Barcelona: Seix Barral, 2004.
_____. *El viento de la luna*. Barcelona: Seix Barral, 2006.
MUÑOZ ROJAS, José Antonio. *Las sombras*. Valencia: Pre-Textos, 2007.
NUSSBAUM, Martha. *Paisajes del pensamiento: la inteligencia de las emociones*. Barcelona: Paidós, 2008.
_____. *Desarrollo de las capacidades*. Barcelona: Paidós, 2013.
NERUDA, Pablo. *Confieso que he vivido*. Barcelona: Seix Barral, 1999.
NERVO, Amado. *Obras completas*. Edição de Francisco González Guerrero e Alfonso Méndez Plancarte, 2 vols. Madrid: Aguilar, 1951.
OLIVERAS, Elena. "La apreciación estética". Em: XIRAU, Ramón; SOBREVILLA, David (org.). *Estética*. Madrid: Trotta, 2003, pp. 145-67.
OTERO, Blas de. *Verso y prosa*. Madrid: Cátedra, 1976.
_____. *Ángel fieramente humano*. Buenos Aires: Losada, 1973.
PAMUK, Orhan. *Estambul: ciudad y recuerdos*. Barcelona: Mondadori, 2006.
PAZ, Octavio. *El laberinto de la soledad*. Madrid: Cátedra, 1995.
_____. *Obras completas. Obra poética II*. México: Fondo de Cultura Económica, 2004.
PESSOA, Fernando. *Poemas de Alberto Caeiro*. Madrid: Visor, 1995.
_____. *42 poemas*. Madrid: Mondadori, 1998.
_____. *Antología poética. El poeta es un fingidor*. Madrid: Austral, 2009.
PIEPER, Josef. *El ocio y la vida intelectual*. Madrid: Rialp, 1974.
PINE, B. Joseph; GILMORE, James H. *Economía de la experiencia*. Barcelona: Gránica, 2000.
PLATÃO. *Diálogos III. Fedón, Banquete, Fedro*. Tradução, introdução e notas de C. García Gual, M. Martínez Hernández, E. Lledó Íñigo. Madrid: Gredos, 1981.
_____. *Diálogos I. Apología, Critón, Eutifrón, Ion, Lisis, Cármides, Hipias Menor, Hipias Mayor, Laques, Protágoras*. Tradução, introdução e notas de J. Calonge Ruiz, C. García Gual, E. Lledó Íñigo. Madrid: Gredos, 1985.
_____. *Diálogos IV. República*. Tradução, introdução e notas de C. Eggers Lan. Madrid: Gredos, 1986.

PLAZAOLA, Juan. *El arte y el hombre de hoy: apuntes para una filosofía del arte contemporáneo.* Valladolid: Diputación de Valladolid, Institución Cultural Simancas, 1978.

_____. *Introducción a la estética.* Bilbao: Universidad de Deusto, 1991.

PLOTINO. *Enéadas.* Tradução e notas de J. Igal. Madrid: Gredos, 1982.

PRECIADO, Nativel; MARINA, José Antonio. *Hablemos de la vida.* Madrid: Temas de Hoy, 2002.

PROUST, Marcel. *En busca del tiempo perdido. Por el camino de Swann.* Madrid: Alianza, 1975.

QUEVEDO, Francisco. *Obras completas I, Poesía original.* Introdução e notas de José Manuel Blecua. Barcelona: Planeta, 1963.

READ, Herbert. *El significado del arte.* Madrid: Emesa, 1974.

_____. *La educación por el arte.* Barcelona: Paidós, 1991.

REAL ACADEMIA ESPAÑOLA (RAE). Diccionario de la Lengua Española. Disponível em: www.dle.rae.es. Acesso em: 11 abr. 2018.

RIED LUCI, Andrés. "Una aproximación a la relación naturaleza y ocio: percepciones y particularidades". Em: LÁZARO, Yolanda; MAKUA, Amaied. *OcioGune 2010. Ocio y valores: un horizonte de cambio, choque e innovación.* Bilbao: Instituto de Estudios de Ocio, Universidad de Deusto, 2010, pp. 305-15.

RILKE, Rainer Maria. *Antología poética.* Madrid: Zeus, 1964.

_____. *Epistolario español.* Madrid: Espasa-Calpe, 1976.

RODRÍGUEZ, Claudio. *Reflexiones sobre mi poesía.* Madrid; Santa María: Escuela Universitaria de Formación del Profesorado de EGB; Universidad Autónoma, 1985.

_____. *Don de la ebriedad. Conjuros.* Madrid: Castalia, 1998.

_____. *Casi una leyenda.* Barcelona: Tusquets, 1991.

RUEDA, Salvador. *Canciones y poemas.* Seleção, introdução e notas de Cristóbal Cuevas. Madrid: Fundación Ramón Areces, 1986.

SALINAS, Pedro. *Poesías completas.* Barcelona: Seix Barral, 1981.

SAINT-EXUPÉRY, Antoine de. *Piloto de guerra.* Buenos Aires: Cs. Ediciones, 1995.

_____. *El Principito.* Barcelona: Salamandra, 2008.

SAN SALVADOR DEL VALLE, Roberto. *Políticas de ocio.* Bilbao: Universidad de Deusto, 2000.

SÁNCHEZ DE MUNIÁIN, José María. *La vida estética: contribución al conocimiento del hombre.* Madrid: BAC, 1981.

SARAMAGO, José. *El hombre duplicado*. Barcelona: Seix Barral, 2002.
SAVAGE, Sam. *Firmin*. Barcelona: Seix Barral, 2008.
SCHILLER, Friedrich. *Cartas sobre la educación estética del hombre*. Madrid: Aguilar, 1961.
_____. *Escritos sobre estética* (antologia). Edição e estudo preliminar de Navarro Cordón. Madrid: Tecnos, 1990.
SCHUMANN, Roberto. *Schumann por él mismo*. Barcelona: Ave, 1955.
SEGURA, Santiago; CUENCA, Manuel. *El ocio en la Grecia clásica*. Bilbao: Universidad de Deusto, 2007.
SEMPRÚN, Jorge. *El largo viaje*. Barcelona: Seix Barral, 1978.
_____. *Aquel domingo*. Barcelona: Tusquets, 1979.
SHAKESPEARE, William. *Macbeth*. Madrid: Alianza, 1980.
SILVA, José Asunción. *Poesías*. Edição e notas de Rocío Oviedo e Pérez de Tudela. Madrid: Castalia, 1997.
SONTAG, Susan. *Sobre la fotografía*. Barcelona: Edhasa, 1981.
SOURIAU, Étienne. *La correspondencia de las artes*. México: Fondo de Cultura Económica, 1965.
STEBBINS, Robert A. "Un estilo de vida óptimo de ocio: combinar el ocio serio y casual en la búsqueda del bienestar personal". Em: CUENCA, Manuel (org.). *Ocio y desarrollo humano: propuestas para el 6º Congreso Mundial de Ocio*. Bilbao: Universidad de Deusto, 2000.
_____. "Ocio serio: ¿debemos fomentarlo?". *Revista ADOZ*, nº 28, 2004, pp. 47-50.
_____. *Serious leisure: a perspective for our time*. New Brunswick: Transaction, 2008.
STEINER, George. *Presencias reales: ¿Hay algo en lo que decimos?* Barcelona: Destino, 1991.
_____. *Pasión intacta*. Madrid: Siruela, 1997.
_____. *Errata: el examen de una vida*. Madrid: Siruela, 1998.
_____. *Gramáticas de la creación*. Madrid: Siruela, 2001.
_____. *Los logócratas*. Madrid: Siruela, 2006.
STRAVINSKY, Igor. *Poética musical*. Madrid: Tauros, 1977.
SÜSKIND, Patrick. *El perfume*. Barcelona: Seix Barral, 1992.
TAGORE, Rabindranath. *Obra escojida*. Traducción de Zenobia Camprubí de Jiménez. Madrid: Aguilar, 1970.
TANIZAKI, Junichiro. *El elogio de la sombra*. Madrid: Siruela, 2004.
TÀPIESÀ, Antoni. *La práctica del arte*. Barcelona: Ariel, 1973.

REFLEXÃO FINAL

Chegamos ao final. Ao longo dos três capítulos deste livro tentei esmiuçar os aspectos essenciais que caracterizam o ócio estético e o tornam valioso. Delimitei o campo de ócio estético, circunscrevendo-o à experiência de ócio criadora e re-criadora de um sujeito em que o objeto primário de atenção é o estético. Seu estudo, do ponto de vista da estética e da teoria do ócio, nos ofereceu traços-chave, como a atitude, a liberdade, a criatividade, a participação, o autotelismo e a satisfação, que confluem em nossa disposição diante da realidade, marcando a experiência de ócio estético. Junto a eles destaquei a beleza como traço específico, cujo desdobramento conceitual nos respalda para compreendê-la em diferentes sentidos que iluminam os diversos níveis de experiência, com menor ou maior complexidade conceitual. Ambas as experiências podem ser valiosas sob a condição de um processo de interpretação, embora as de maior complexidade conceitual possibilitem um leque mais rico na ampliação das capacidades humanas. Nas experiências valiosas de ócio estético, a interpretação culmina no processo de compreensão participante. Justamente a análise do paradigma de experiência de ócio estético nos ofereceu os traços que as caracterizam centrados no assombro ou na admiração, na participação, na descoberta, na compreensão e no prazer. A dimensão ética e a transformação do receptor completam a experiência de ócio estético valioso.

Seu caráter processual pôs em relevo os elementos temporais que configuram a experiência e a transcendência de ser fiéis na compreensão teórica da riqueza da realidade. As consequências de situar-se em um modelo ou no outro incidem na compreensão dos valores que a experiência oferece.

No último capítulo vimos alguns valores da experiência de ócio estético da criação e da recriação. Perguntei-me pelas razões que tornam as experiências criadoras valiosas e em que poderíamos focar esse *plus* de valor que trazem à vida. A dimensão simbólica se destacou como o traço essencial que enlaça outros, como a exaltação da riqueza sensível em uma forma clarificada, as novas significações, a ampliação do mundo ou a distorção da realidade e sua abertura ao sentido: todas facetas do prisma complexo que é a experiência criadora de ócio estético.

Algumas obras de arte nos convidam à transcendência, em um arco que vai da superação do sensível ao mistério, ao enigma da realidade, à abertura ao incondicionado e a Deus. Devemos entender essa transcendência encarnada na forma simbólica, que se desdobra e se abre ao sentido. Em correspondência a essa plenitude, a compreensão da obra não se circunscreve ao sentido literal, nem se reduz à imitação; propõe ao receptor uma compreensão profunda para descobrir a profundidade do mundo que a obra encerra. Essa experiência também é valiosa porque desenvolve capacidades da pessoa, a sensibilidade, a inteligência e a consciência; ajuda a ver, a compreender e a compartilhar com outros seres humanos.

Em suma, o ócio estético se apresenta como um âmbito de experiências valiosas para a pessoa e a sociedade porque desenvolve capacidades especificamente humanas, amplia a dimensão ética e abre um horizonte de possibilidades na apreciação e na fruição da beleza.

_____. *La realidad como arte*. Murcia: Colegio Oficial de Aparejadores y Arquitectos Técnicos de Murcia, 1989.

TARKOVSKI, Andrei. *Esculpir el tiempo: reflexiones sobre el arte, la estética y la poética del cine*. Madrid: Rialp, 2005.

TATARKIEWICZ, Wladyslaw. *Historia de la estética*. Três livros: I. *La estética antigua*. II. *La estética medieval*. III. *La estética moderna (1499-1700)*. Madrid: Akal, 1987.

TOLSTOI, León. *La muerte de Ivan Ilich: novelas cortas*. Barcelona: Maucci, 1902.

UGALDE, Martín. *Hablando con Chillida, escultor vasco*. Donostia-San Sebastián: Txertoa, 1975.

UNAMUNO, Miguel de. *Recuerdos de niñez de mocedad*. Madrid: Espasa-Calpe; Austral, 1958.

_____. *Poesías escogidas*. Buenos Aires: Losada, 1965.

_____. *Del sentimiento trágico de la vida*. Buenos Aires: Losada, 1966.

_____. *El otro*. Madrid: Espasa-Calpe, 1969.

VÁNDOR, Jaime. *Un bien por compartir*. Madrid: Sefarad, 2006.

_____. *Al filo del holocausto: diálogos con un superviviente*. Barcelona: Invisibles, 2013.

VAN GOGH, Vincent. *Cartas a Théo*. Barcelona: Labor, 1982.

VEGA, Lope de. *Obras poéticas*. Ed. de J.M. Blecua. Barcelona: Planeta, 1969.

VEGA, Garcilaso de la. *Poesías castellanas completas*. Madrid: Castalia, 1972.

VENTURI, Lionello. *Historia de la crítica de arte*. Barcelona: Gustavo Gili, 1979.

WAGNER, Richard. *Novelas y pensamientos*. Madrid: Lípari, 1995.

WINGLER, Hans Maria. *La Bauhaus: Weimar, Dessau, Berlín, 1919-1933*. Barcelona: Gustavo Gili, 1980.

WOOD, Ghislaine. *Cosas del surrealismo: surrealismo y diseño*. Londres; Bilbao: Victoria and Albert Museum; Museo Guggenheim, 2008.

ZAMBRANO, María. *La España de Galdós*. Barcelona: La Gaya Ciencia, 1982.

_____. *Algunos lugares de la pintura*. Madrid: Espasa-Calpe, 1989.

_____. *Filosofía y poesía*. México: Fondo de Cultura Económica, 2001.

SOBRE A AUTORA

María Luisa Amigo Fernández de Arroyabe, doutora em filosofia pela Universidade de Deusto, na Espanha, é professora de estética e filosofia grega na mesma instituição. Integra o grupo de pesquisa Ócio e Desenvolvimento Humano. Nos últimos anos publicou os seguintes livros: *Poesía y filosofía en Juan Ramón Jiménez* (1987), *Guía para leer a Platón* (1989), *El arte como vivencia de ocio* (2000), *La aurora del assombro: guía para pensar con los filósofos griegos* (2007), *Bilbao, un encuentro con el arte* (2007), *Las ideas de ocio estético en la filosofía de la Grecia clásica* (2008), *Experiencias de ocio estético: el gozo de la sensibilidad, la inteligencia y la conciencia* (2010) e *Valores, razonamiento y creatividad en la filosofía griega* (2011).

fontes Atlas e Arnhem
papel Pólen Soft 80 g/m²
impressão Colorsystem
data junho de 2018

MISTO
Papel produzido a partir
de fontes responsáveis
FSC® C084825